성공 웨딩플래너를 위한 실무가이드

백산출판사

성공 웨딩플래너를 위한 실무가이드

2006년 5월 10일 초판 1쇄 발행
2015년 4월 10일 초판 4쇄 발행

지은이 박영
펴낸이 진욱상 · 진성원
펴낸곳 백산출판사
교 정 편집부
본문디자인 편집부
표지디자인 편집부

저자와의 합의하에 인지첩부 생략

등 록 1974년 1월 9일 제1-72호
주 소 서울시 성북구 정릉로 157(백산빌딩 4층)
전 화 02-914-1621/02-917-6240
팩 스 02-912-4438
이메일 editbsp@naver.com
홈페이지 www.ibaeksan.kr

ISBN 89-7739-844-4
값 15,000원

들어가면서

먼저, 저자 자신이 웨딩에 첫발을 내딛으며 오늘날까지 어렵고 힘들었던 시간들을 더듬어 본다. 전업을 한 입장으로 제도와 시스템의 부재에서 온 업무를 익히기 위한 지침서가 없었다는 것이다. 알고 싶고, 묻고 싶은 것들에 대한 창구가 없다는 것은 달리 말해 그 직종의 발전이 느리다는 것이다. 저자는 이번 기회를 통하여 웨딩과 관련한 좋은 서적들이 줄 이어 출간되길 바란다.

여기서 잠깐 호칭에 대한 정리를 해 보기로 하자.

웨딩매니저, 웨딩컨설턴트, 웨딩플래너 등 여러 가지의 호칭으로 불리어지고 있는 웨딩의 관계자들은 우선 호칭의 통일이 필요하다.

웨딩 전문 Shop에서 스케줄 관리와 판매를 돕는 사람은 매니저의 역할이 주이고, 웨딩컨설턴트의 개념은 정보 전달자로서의 역할이 강하며, 웨딩플래너는 Presentation능력과 기획력이 필수요건이라 하겠다.

현재 웨딩플래너의 역할인 웨딩 아이템의 상품을 소개하는 단순 업무에서 탈피하여 더 나아가 결혼에 대한 총체적인 기획과 진행을 책임질 수 있는 전문인 양성이 필요한 시기에 놓인 것이다. 상담을 직업으로 하는 직업군은 국민소득과 밀접하기 때문에 정보전달과 서비스에 대한 소비자들의 의식이 정착되기까지는 어느 정도의 시간이 필요하다.

웨딩플래너가 분명 선진국 직업임에는 틀림없으나 지금 우리가 놓여 있는 실정이 선진국이 아님을 인정함이 선행되어야 한다. 현 웨딩시장에 대한 이해와 바른 해석만이 미래의 확실한 전문직으로 부상할 수 있는 해결방안이라고 생각한다.

웨딩컨설팅을 찾는 고객 대다수의 욕구는 상품을 저렴하게 이용하는데 그 목적이 있다 해도 과언은 아닐 것이다. 현재 웨딩의 유통으로 표현되고 있는 현 웨딩플래너 시장에 깊이 있는 반성과 새로운 패러다임이 열리는 그 날까지 웨딩플래너 스스로가 발전에 발전을 거듭해야 한다.

이 책은 여기저기 흩어져 있는 내용들을 한 곳에 모으는데 주력하고 현 웨딩컨설팅의 업무에 대한 프로세스를 익히는 것에 포인트를 두기로 했다. 고도의 영업스킬을 필요로 하는 웨딩플래너가 되기를 희망하는 후배들과 현업에서 활동하고 있는 동료 웨딩플래너들 또한 이번 기회를 통하여 자기발전의 기회로 삼는데 조금이나마 도움이 되길 바라는 마음을 가져 본다.

또한 현재 결혼준비를 하고 있는 이들에도 많은 도움이 될 것이라고 생각된다. 이번 출판작업에 도움을 준 이승하 웨딩플래너와 원미 웨딩플래너에게 깊은 감사를 전한다.

참고로 사람들은 최소의 비용으로 최대의 효과를 얻고자 하는 심리가 있다. 진정으로 조화로운 설득은 진실한 마음으로 상대방의 입장에 서서 그 사람을 있는 그대로 받아들일 때 이루어지는 것이다. 상대방의 마음 깊은 목소리에 귀 기울일 수 있는 웨딩플래너가 되길 기원하며……

저자 박 영

CONTENTS

chapter 1

Wedding Planner 맛보기

chapter 2

Wedding Planner 따라가기

chapter 3

Wedding Planner 성공하는 상담기법

chapter 4

Wedding Planner 성공하는 고객관리

Appendices 부록

결혼 후 30일 - 주 별 플래닝

Chapter 1

Wedding Planner 맛보기

Wedding Planner

결혼을 준비하려면 적게 30여 가지의 준비가 필요한데 예비 신랑·신부들이 많은 시간을 할애하여 정보를 수집하고 결혼준비를 함에도 불구하고 생기는 미비점들이나 리스크 또한 상당하다. 이런 이유에서 시간과 예산을 절약하여 체계적인 결혼준비를 할 수 있도록 웨딩플래너의 도움이 필요한 것이다.

웨딩플래너

현대인의 바쁜 직장생활로 인하여 결혼준비의 시간이 부족한 예비 신랑·신부들을 위하여 전문적인 지식을 가지고 결혼의 총체적인 도움을 주는 사람이다.

결혼준비 과정에서의 웨딩플래너의 역할

신랑·신부들의 심정과 여러 가지 상황을 배려할 줄 알아야 한다. 이는 웨딩플래너로서의 매우 중요한 덕목이자 자질이라 할 수 있을 것이다.

웨딩플래너는 웨딩의 정보와 웨딩 관련업체를 연결하는 다리라고 할 수 있다. 업체와 신랑·신부들로 하여금 편안한 다리 구실을 충실히 해 주어야 한다.

또한 솔직하고 꾸밈없는 스케줄 관리에 임해야 한다.

결혼을 하고자 하는 신랑·신부들은 처음 경험하는 일이므로 섬세하게 그들의 라이프스타일과 경제력에 근거를 두고 나(웨딩플래너)의 개인감정이 아닌 고객(신랑·신부)들의 입장에서 결혼준비의 진행을 돕는 것이 만족도를 높일 수 있는 방법이다. 또한 이들에게 안정감을 주고 신뢰할 수 있는 이미지 관리에 모든 노력을 기울여야 한다.

> 필수덕목 3가지
> → 신뢰성, 창의성, 유연성

다음에서 열거하는 표를 통하여 웨딩플래너에 대해 알아보도록 하자.

〈현재 웨딩플래너의 역할〉

- 최선의 선택을 돕는 정보 제공(전문지식과 정보의 전달)
- 예식의 컨셉트 기획
- 일정관리
- 시간과 예산의 절약
- 스케줄 관리
- 섬세한 배려(신랑·신부들의 심리적인 안정)
- 신뢰할 수 있는 이미지
- 신랑·신부들에 대한 라이프스타일과 예산에 맞는 선택
- 구매대행과 시행착오 방지를 결혼식의 절차와 혼수준비의 노하우 전달
- 신부를 결혼식 날 전문가의 시각으로 최고의 아름다움으로 연출

〈웨딩플래너의 서비스〉

- 예산과 컨셉트에 맞는 예식
- 예식장 선택과 예약대행
- 웨딩사진의 코디
- 드레스와 턱시도와 예복의 코디
- 혼수일체(가구, 가전, 침구, 주방, 등)의 정보와 구매대행
- 신혼여행과 예물, 예단에 대한 코디와 정보제공
- 집들이의 출장 요리사 코디
- 피로연의 사회자 섭외와 웨딩 연주의 코디
- 그 외의 여러 가지 서비스

〈차세대 웨딩플래너의 역할〉

- Concept Wedding의 창의력과 전문성
- 예식의 기획력과 연출력 겸비

〈웨딩플래너를 통한 결혼준비의 효과〉

- 체계적인 준비로 인한 효율성
- 가맹과 제휴의 시스템으로 개별적인 준비에 비해 많은 예산의 절약
- 1 : 1 맞춤 서비스로 인해 자기만의 결혼식 추구
- 신부들의 원만한 사회활동을 도움으로써 스트레스의 해소
- 최저의 비용으로 최상의 효과연출
- 결혼준비 과정과 결혼식 날의 돌발사태 대비와 리스크 관리

〈웨딩플래너들의 자격 요건〉

- 지적 능력 → 신랑·신부의 문제검토와 해결방안 제시
- 의사소통 능력 → 설득력과 자신감이 있는 사람
- 대인관계가 원만하고 적극적이며 외향적인 사람
- 신뢰성, 창의성, 유연성
- 열정 → 일을 즐기는 사람

〈웨딩시장의 동향〉

1990 ~ 1991년
초반
- 웨딩 전문업체 출현 -

⬇

단일품목의 업체들이 모이기 시작
(1992 ~ 1994년)
- TOTAL 매장의 탄생 -

⬇

패키지 상품 활성화
Wedding Manager 탄생
(1995 ~ 1996년)
- 웨딩박람회 -

⬇

Wedding Manager
성장기
(1997 ~ 1999년)
- 웨딩박람회 -

⬇

웨딩 컨설팅 출현
(Wedding Planner)
(2000년)
- 전문화 선호 -

〈웨딩시장의 평균규모〉

예식인구	연간 25만 쌍 ~ 30만 쌍 정도
평균 결혼비용	약 1억 ~ 1억 5천만 원 정도(전세가 포함)
전체 웨딩 시장의 규모	약 30조

- 봉사정신과 희생정신이 필요한 직업이 웨딩플래너

  → 현재 웨딩시장의 현안과제로 주말을 즐기기 어렵다.
- 컨설팅의 fee가 제도적으로 책정되어 있지 않다.

  → 서비스에 대한 유료의 의식변화와 경제 성장이 필요하다.
- 웨딩플래너가 없이도 예식은 진행된다.

  → 웨딩플래너가 예식을 진행한다면 시간과 비용을 줄일 수 있다.
- 자기관리가 철저해야 한다.

  → 평상심을 유지하며, 공과 사를 명확히 구분해야 한다.

  → 고객의 스케줄 관리가 곧 웨딩플래너 본인의 스케줄 관리라는 것을 명심하자.

〈웨딩플래너의 전망도〉

- 전문적인 세분화에 따른 웨딩의 전문가 수용 급증
- 고정관념을 탈피하려는 계층의 증가
- 여성 특유의 섬세함을 발휘할 수 있는 전문직으로 급부상
- 나이 제한과 기혼자의 차별이 심하지 않으며, 소자본 창업이 가능

〈전문교육 과정 이수 후 취업 전망도〉

- 웨딩관련업체로의 취업(컨설팅 회사, 드레스샵, 스튜디오, 한복샵, 예물샵, 여행사 등)
- 소규모 창업
- 프리랜서 ┌ 회사소속의 프리랜서
  └ 독립 프리랜서

웨딩 플래닝 Process

고객의 창출에서 계약이 이루어지면 스케줄 관리가 시작되며, 더 구체적으로 설명하자면 고객(신랑 · 신부)의 접점이 일어나는 시점부터 스케줄 관리에 들어가게 되는 것이다.

♣ POINT

- 계약이 성사되기 전과 후의 태도는 고객의 만족도에 크게 기여하게 되는 기본사항이다.
  상담 ⇨ 진단 ⇨ 실행 계획 수립 ⇨ 실행
  ↳ 종료 ⇨ 마무리 ⇨ 사후관리

웨딩플래너와 함께 할 때의 장점

신랑 · 신부들이 웨딩플래너와 함께 한다면 당사자들이 직접 다리품을 팔지 않고도 최상의 웨딩 상품을 선택할 수 있으며, 동일한 물품을 개인적으로 구매할 때보다 할인혜택을 받을 수 있다는 것이 장점이다.

혜택을 줄 수 있는 방법

결혼을 준비하는 사람들보다는 다양하고 전문적인 정보를 가지고 있다는 점과, 공동구매와 같은 형식의 가맹 시스템 제도로 절대적인 비용절감에 그 효과를 두고 있다.

나 자신에 대해서는 누구보다도 나 자신이 더 잘 알고 있어야 하지만 현실적으로는 그렇지 못한 경우도 있다. 그런 경우에는 대부분의 사람들이 지인들에게 도움을 요청하게 된다. 그렇다면 앞으로 웨딩플래너를 지원하게 될 사람이나, 현재 현업에서 활동하는 웨딩플래너들은 자신을 얼마나 더 잘 알고 있는가를 스스로 판단해 보아야 한다.

자신의 눈으로 바라보는 신체적인 것들과 현실에서의 자신을 보고 자신의 모든 것들을 이해하면서 살고 있는 것은 아닌지, 깊이 생각해 볼 필요가 있을 것이다.

너 자신을 알라라고 한 소크라테스의 말처럼 이 세상에서 가장 중요한 것은 나 자신인 것이다.

만약, 사람들이 이 화두에 대해 깊이 고민하고 생각해 보았다면, 아마도 세상은 지금처럼 혼탁해지지 않았을지도 모른다.

가장 멋지고 훌륭한 이미지와 자신의 발견은 나를 사랑하고 아끼는 것에서부터 시작하는 것이라는 것을 잊지 말아야 한다.

또한, 고객의 입장에서 바라볼 수 있는 시각을 키우는 것이 서비스업의 시작이라고 본다.

첫 번째

나 자신, 변화시키기

사회생활을 함에 있어서 풍요로우면 그것을 더 지키고 부족하면 부족한 것을 채우기 위해 우리는 나 자신을 변화시키는 것이 매우 중요한 것이다. 대인관계에 있어서 긍정적으로 나 자신의 이미지를 부각시키기 위해서는 자신의 개성을 다음 3 박자(T.P.O)에 맞게 연출하는 노력을 꾸준히 한다.

시간 (Time)	장소 (Place)	상황 (Occasion)

〈자신변화하기〉

- 예측한 현재와 미래의 모습 분석하기
- 장점과 단점에 맞게 갖추어야 할 조건 파악하기
- 전공과 함께 장점 발휘하기

〈변화계획도〉

- 체크리스트를 꾸준히 실천하기
- 목표한 수준까지 도달할 수 있도록 노력하며, 포기하지 않기

〈계획수립도〉

- 단점의 보완과 장점을 강화할 수 있는 계획서 작성하기
- 변화에 대한 목표와 수준 설정하기
- 인생에 대한 설계도와 조화를 이룰 수 있도록 체크하기

〈변화계획 점검도〉

- 체크리스트에만 의존하지 않기
- 일기 혹은 메모 등을 통한 달성도 체크하기
- 실행과 함께 불충분한 부분은 체크하여 다음 계획에서 다시 추진할 수 있도록 철저한 분석과 그에 따른 자료 준비하기

두 번째

나, 자신의 변화에 대한 체크리스트 작성시의 점검사항

- 환경변화에 따른 정보수집하기
- 과거의 경험, 혹은 자신의 능력 파악하기
- 나와 관계있는 사람들과의 관계의식하기
- 나, 자신에 대한 자화상 그리기
- 웨딩플래너라는 직업에 대한 의식과 책임감 강화

〈상담 스케줄 전 준비자세 체크리스트〉

구 분		체크사항	본인체크	
			YES	NO
첫인상	표정	오늘 나의 표정은 밝은가?		
		기분전환은 시도했는가?		
	복장	화장은 진하지 않는가?		
		현재의 옷차림은 단정한가?		
		지나치게 많은 액세서리를 착용하지는 않았는가?		
		향수가 너무 자극적이지는 않았는가?		
태도		오늘 목소리는 생기 있고 발랄한가?		
		상담에 대한 공포증은 해소되었는가?		
		친절하게 인사하는 연습은 했는가?		
상담준비		명함과 각종자료들은 빠짐없이 준비되었는가?		
		앨범 등의 상품에 대한 샘플과 계약서 등은 빠짐없이 준비하였는가?		
		상품에 대한 지식은 충분한가?		
상담예절		상담예절은 정확히 숙지하고 있는가?		

개인의 이미지를 향상시키고자 하는 사람의 출발점은 먼지 나 자신을 바르게 아는 일이다.

그렇게 해야만 자기가 바라는 이미지와 비교하여 어느 부분을 어떻게 향상 시킬까하는 방법도 나오게 되는 것이다.

이 방법은 미국의 아이오와 대학의 Manford Kuhn이 개발한 “Who am I?"라는 20가지의 진술 테스트(TST : Twenty Statement Test)로 한 번쯤 체크해 보면 자기들의 이미지 향상에 큰 도움이 될 것이다.

〈이미지 변화를 위한 체크 리스트〉

WHO AM I ?

▶ 나는 누구인가라는 질문에 당신이 어떤 사람인가를 기술하는 문장 20가지 정도를 기술해 보자. 생각나는 대로 기술하되, 가능하면 속도를 빠르게 하라.
그대의 특징으로 성격이나 감정, 외모, 사회적 성향, 지적 능력, 신념, 가치관, 희망, 관심사, 걱정거리, 사회적 역할 등이 포함되어 있으면 더욱 좋다.

▶ 위의 내용들을 적은 후에 그대가 가장 중요하다고 생각되는 것부터 우선순위를 매겨 보라.

▶ 눈을 감고 앞에서 기술한 20개의 문장내용을 바탕으로 자기자신의 이미지를 생각해 보자.

▶ 머릿속에 이러한 자기의 이미지를 확실히 한 뒤, 만약 그대가 20번째의 특성을 가지고 있지 않다면 어떻게 달라질까 하는 생각을 해 보자. 그대의 기분이 더 좋아질까, 나빠질까를 상상해 보자. 하지만 그 특성을 포기하기란 얼마나 어려울까?

▶ 20번째 특성이 포기되었으면 이제는 19번째 특성을 포기해 보자.
그대에게서 무엇이 달라질 것인가? 그대의 생각과 느낌이 어떻게 변화되었는지를 잠시 생각해 보자. 계속해서 18번째, 17번째 순으로 해서 첫 번째까지 포기해 보자.

▶ 이렇게 그대가 모두 버린 후에 그대가 버린 것들을 모아서 한 사람의 이미지를 만들어 보자. 그대는 다시 모아진 것의 총체가 그대이기를 바라는가?

시간창조의 목표 & 관리

'나는 현재 인생의 어느 위치에 있는가? 에서는 평균 80년을 산다고 가정하고 각 연령대(20~80세)에서 해야 할 중요 일정을 표시해 놓고 있다. 그런데 80세까지는 613,200시간을 살게 되는데, 30세까지는 인생의 37.5%를 점유하는 262,800시간을 살고, 50세는 62.5%인 438,000시간을 산 것이다. 이처럼 생애설계(career plan)는 인생에 대한 종합적인 시간계획이 없는 사람이라면, 열심히 살아가더라도 자기의 인생목표를 달성하기 어렵고, 시간낭비 요소가 많이 발생하게 될 것이다.

자본이나 물자에 대해서는 미리 계획을 세우고 재고를 파악하면서 인생의 가장 소중한 시간자원에 대해서는 재고도 파악하지 않고 예산계획도 수립하는 사람이 극히 드물다.

시간을 창조하기 위해서는 시간 관리에 대한 목표가 정립되어야 한다. 모든 행동의 기준은 시간이 되어야 하기 때문인 것이다.

첫째 : 시간계획

관리의 순환(management cycle), 즉 PLAN(계획) – DO(실행) – SEE(통제)에서 계획이 첫 번째 행위이다. 인생은 하나의 관리이다. 시간관리를 다른 말로 표현하면 계획이다.

일하기 전에 20분 정도만 미리 생각하고 계획한다면, 분명 시대에 앞서는 사람이 될 것이다.

시대를 앞서가는 원동력이 계획력이고 창조력인 것이다. 낭비를 줄이고 충실한 삶을 위해서는 다음의 체크리스트를 참고하는 것도 좋다.

〈계획력 체크리스트〉

체　크	자가 진단	
	YES	NO
• 스케줄(schedule)을 잘 짠다.		
• 일에 대한 문제의식이 있다.		
• 기분대로 살지 않는다.		
• 시간활용을 잘 한다.		
• 생각과 행동의 일관성이 있다.		
• 목표와 마감일을 정한 후 일을 한다.		
• 신중하고 깊이 생각하는 성격이다.		
• 오늘 시간낭비의 원인이 무엇인가를 반성한다.		
• 가장 능률적으로 일하는 방법을 생각해 낼 수 있다.		
• 정보를 잘 모으고 분류해 둔다.		
• 시행착오와 헛수고가 적다.		
• 오늘의 활동 중에서 배재해도 좋았을 일을 회고한다.		
• 일하는 시간과 노는 시간의 구별이 확실하다.		
• 기록 남기기를 좋아한다.		

위의 체크리스트에서 계획과 관련한 용어해설을 해 둘 필요가 있다.

① **목표**(goal)와 **목적**(purpose)

목표는 미래에 놓여 있는 바람직한 결과 또는 달성할 수 있는 미래의 사건이고, 목적은 목표를 달성했을 때 얻어지는 부산물이다. 예를 들어, 젊었을 때 링컨의 목표는 대통령이 되는 것이었고, 목적은 노예를 해방시키는 것이었다. 목표에는 변화의 개념이 포함되어 있다. 실현 불가능해진 목표는 다른 목표로 전환하거나 포기할 수 있어야 한다.

② **계획**(plan)

목표에 도달하기 위한 사건들을 자세히 기술한 것으로, 매 사건을 성취하기 위해서 필요한 시간과 자원을 표시한다.

③ **기획**(planning)

목표를 달성하기 위해 만족할 만한 방법을 발견하는 과정을 뜻한다.

둘째 : 계획의 원리

잘 짜 놓은 계획은 틀림없이 보다 낳은 결과를 거둘 수 있고, 이미 반 이상 성취된 것이라고 한다. 그럼에도 불구하고 계획하기 싫어하는 이유는 무계획적 습관에 젖어 있거나, 깊이 생각하기를 싫어하거나, 시간이 없다고 핑계 대거나, 계획의 중요성을 깨닫지 못하는 것 등이다.

계획은 현실적이고 실현 가능성이 있어야 한다. 하지만 꼭 계획대로 되지 않을 때가 많고 예기치 못한 상황이나 변화가 일어나므로, 이미 세운 계획도 수정해 나아가야 하기 때문에 여러 가지 경우에 대처할 대안을 다방면으로 마련해야 할 때가 있다. 즉, 융통성이 있는 계획이어야만 한다. 큰일뿐만 아니라, 작은 일이라도 계획하는 습관을 가져야 한다. 계획이란 다른 말로 표현한다면 과학적이고 합리적으로 준비하는 것이라고 말할 수 있다. 집이 크고 아름다울수록 설계도는 정확하고 자세한 것처럼 우리의 고귀한 인생설계도 이와 같이 철저하게 하지 않으면 안 된다.

호주의 피터 다니엘즈는 젊은이들로부터 어떻게 하면 의미 있는 삶을 살 수 있느냐는 질문을 받았을 때 다음의 네 가지 사항을 대답하게 한다.

- 자기 생의 궁극적 목표를 세운 때는 몇 살이었는가?
- 자기의 일생 중에서 생활하고자 하는 것에 대해 최소한 50페이지 이상의 계획서를 만든다.
- 자기의 가능성을 100이라 할 때 현재 사용하고 있는 능력은 수치로 얼마나 되는가?
- 가능성과 현재 사용하고 있는 능력 사이의 간격을 채우기 위해 어떤 계획을 세우고 있으며, 언제 그것을 실현할 것인가?

이상의 계획을 다시 분석해 본다.

■ 첫 번째 질문

♧ 사명감의 문제

인생이 다시 태어난 날은 나의 궁극적 생의 목적인 사명감을 발견한 날이다.

■ 두 번째 질문

♧ 자기의 일생계획서를 만드는 일

피터 다니엘즈가 자기의 일생계획서를 50페이지 이상을 정한 것은 상당한 의미가 있다. 일생계획을 그만큼 충분히 생각하고 계획서를 만들어야 한다는 것이다. 4절을 보면 일생 계획서의 구체성, 치밀성, 완벽성, 종합성과 그 방대함에 놀라게 될 것이다. 창조적이고 사기왕성하고 진지하고 야심찬 젊은이는 그래야 한다.

■ 세 번째 질문

♧ 자기 가능성의 활용문제

보통 사람은 자기 잠재력 5~6%밖에 활용하지 못한다고 한다. 자기의 가능성을 1%나 2%만이라도 향상시키면 엄청난 결과를 거둘 것이라는 것이다. 심리학자 매슬로의 말처럼 인간에게는 사용되어지기를 기다리는 능력이 잠재해 있는 기능을 더 많이 습득하기보다는 이와 같은 내적 자원을 끌어내는 것이 더 중요하다.

■ 네 번째 질문

♧ 실천계획의 문제

비전과 현실 간의 간격은 엄청나게 크다. 그러므로 비전을 실천하기 위해서는 수많은 디딤돌이 있다. 주요목표(전략)와 중간목표(전술)를 설정하고, 세부계획(실시계획 : 전투)을 설정해서 단계적으로 목표를 성취해 나가야 한다. 일생계획(생애교육)을 작성한 사람은 자기가 현재 어디에 있으며, 앞으로 어느 곳을 가야 한다는 목표의식과 방향감이 뚜렷하므로, 오히려 정신적 여유를 누리게 된다. 따라서 서둘지 않고 열심과 끈기를 갖고 비전을 추구해 나간다.

셋 째 : 인간과 시간의 중요성과 장애요인

현대는 정보홍수의 시대이다. 우선순위가 잘못 설정되면 개인이나 단체가 시간적으로나 물질적으로 많은 손해를 보게 된다. 여러 가지 업무가 동시다발적으로 몰려오기 때문이다. 먼저 해야 할 일을 최우선 과제로 삼고 중요도에 따라 일을 처리하면 일의 생산성을 높이고 여유 있는 시간을 창조할 수 있다. 하지만 우선순위를 정하는 문제는 그렇게 쉽지만 않다. 그것은 우리가 과거에 가지고 있는 정신적인 습관과 깊은 관련이 있기 때문이다.

즉, 대부분의 경우에 업무처리는 우리가 과거에 지니고 있던 경험, 지식, 가치체계에 의존한다. 각자의 가치관이 우선순위에 미치는 영향은 매우 크다. 가치관은 오랫동안 사고와 생활습관 속에서 형성되어 온 것이다. 그러나 정보화 사회의 급격한 변화와 다양성은 과거의 경험, 지식, 가치체계만으로는 대응할 수 없다.

한편, 우리는 긴급한 것과 중요한 것 사이에서 긴장하며 살고 있는데, 중요한 사항이란 목표에 기여하는 바가 큰 사항이며 높은 가치를 가지고 있다. 긴급사항은 지금 당장 해결하지 않으면 안 되는 사항이다. 중요한 사항을 빠뜨리지 말아야 하며, 긴급한 사항은 긴급의 정도를 검토하여 중요한 사항을 우선 해결할 수 있는 노력이 필요하다. 긴급한 과제는 끊임없이 매일 매시간 압력을 가하고 있다. 그러나 긴급한 것이 반드시 중요한 것은 아니라는 점에 우리의 문제가 있다. 가령, 장관을 면회하러 가는 도중에 자가용이 고장이 났다면 긴급한 것은 차의 고장을 고치는 것이지만 시간이 많이 걸리기 때문에 중요한 일, 즉 장관을 만나기 위해 다른 차를 이용하여 장관을 만나고, 그 후에 와서 차를 고치면 된다. 경영자가 전략수행을 위해 우선순위를 결정하는 데는 아이젠하워 그리드(eisenhower grid)를 활용하는 것이 유용하다.

〈아이젠하워 그리드란?〉

- 중요하고 긴급한 과제는 최고 경영자 본인이 즉시 처리한다.
- 매우 긴급하지만 중요도가 조금 떨어지는 것은 적합한 부서의 관리자 또는 다른 집단에 지시한다.
- 매우 중요하지만 중간 이하의 긴급한 과제는 차후로 미룬다.
- 중요성과 긴급성이 떨어지는 것은 보류한다.

자신을 경영자의 입장에 놓고 아이젠하워 그리드를 이용하는 것이다. 우선순위를 정하는데 어려운 점은 전인적 인간(whole man)에 대한 이해가 부족한 것이다. 소경이 코끼리 만지는 식으로 우리는 전체적으로 볼 수 있는 안목이 부족하다. 나무는 보고 숲은 보지 못하는 것인데, 성숙한 삶이란 이 정체성을 향하여 뜻있는 기여를 하는 것이다. 모든 삶은 통합적인 것이다. 삶의 궁극적 목적은 무엇인가를 확인하고 목표와 관련이 없는 것들은 될 수 있는 한 제거해야 한다.

한편, 우리는 다원화 시대에 살고 있으며 한 사람이 많은 역할을 해야 한다. 집에서는 가장이요, 교회에서는 목사다. 장로다 하며 나를 중심으로 다른 사람과 사회와 연결되는 무수한 선전이 거미줄같이 존재한다.

따라서 역할 혼돈 중에 빠져 있다고 해도 과언이 아니다. 그러므로 우리는 모순을 포용하고 살 수밖에 없으며, 상황과 형편에 따라 우선순위에 혼란을 야기할 수 있다.

넷 째 : 시간관계 우선순위의 설정방법

적자에 허덕이고 있었던 미국의 찰스 스왑이 베들레헴 철간의 회장이었을 때 회사의 고문인 아이비 리의 5대 제안으로 3개월 안에 노동 생산성의 증가를 가져오게 되어서, 아이디어의 제공에 대한 사례비로 3만 불을 제공하였다.

그 5대 제안은 다음과 같다.

- 내일 당신이 하기를 원하는 가장 중요한 일 여섯 가지를 기록하라.
- 그것들을 중요도에 따라 번호를 매기라.
- 아침에 제일 먼저 1번 순위의 일만 바라보라.
- 제 1번 순위의 일이 완성될 때까지 계속하라.
- 그 나머지 열거된 것도 똑같은 방식으로 하라.한 번에 한 가지씩 그 날을 마칠 때까지 이런 식으로 하라.

아이비 리의 방식을 고려하여 우선순위를 설정하려면 다음과 같다.

- 당신의 목표들을 모두 나열하라.
  볼 수 있도록 종이에 적고 그것들을 평가하라.
- 이 모든 목표들이 측정할 수 있는(measurable) 것이며, 시간이 정해져 있는(time – bounded) 것인가를 확인한다.
- 매 목표마다 왜, 이것을 해야 되는가? 라는 질문을 하여 중요도를 분석한다.

자신의 가치 체계와 분석에 근거하여 이 목표들의 알림표를 A, B, C로 분류할 수도 있다.

- A는 꼭 해야 할 일이나 다소 중요한 것
- B는 해야 될 일이나 다소 중요한 것
- C는 시간이 있으면 할 수도 있으나 별로 중요하지 않은 것

목표를 분류할 때 A에 해당하는 목표들을 다시 a, b, c로 분류해 나간다.

다섯째 : 시간소비의 원인분석

시간의 관리는 우리들을 속박하기 위해 고안된 것이 아니라, 우리를 시간낭비의 원인으로부터 분리시킴으로써 계획된 업무량을 달성할 수 있도록 유도하는데 있다.

- 전화

  전화는 본래 시간절약의 목적으로 발명되었는데…
- 방문객

  사전 예고 없이 찾아와 잡담으로 인한 시간의 낭비
- 회의

  요령이 없는 회의의 진행으로 지루하고 불필요한 시간의 낭비
- 긴급상황

  사전 계획이 불가능한 상황에 적절히 대응하지 못한 경우
- 목표의 우선순위

  최종기한의 부재로 인한 시간의 낭비
- 혼란한 사무실의 배치

  인적 조직화의 실패로 인한 시간의 낭비
- 일상적 또는 세부적 업무위임의 실패
- 과중한 업무로 한 번에 시도하려다 실패하는 경우
- 책임한계의 부재로 서로 책임을 지지 않으려고 할 때
- 부정확한 정보

  정보의 부적절성, 부정확한 정보와 정보전달의 지연
- 우유부단

  의사결정이 느리고 갈팡질팡함
- 의사전달의 불명확성

  수단의 부재로 인한 시간의 낭비
- 거절능력의 부재
- 기준 및 진보상황 보고의 부재

  위임의 기준과 진보상황 보고의 지연과 시간의 낭비
- 피로

  지쳐 있을 때 혹은 능률저하로 인한 시간낭비

■ 시간위임의 정의

위임(delegation), 조직화(organize), 제거(eliminate)로 표현된다. 업무의 일부를 타인에게 위임하여 시간을 절약하거나 하루의 일과를 조직화하여 우선순위에 따라 능률적으로 일함으로써 또한 불필요한 행위나 나쁜 생활습관을 제거하여 시간을 절약할 수 있다(제거는 이미 시간낭비의 요인분석에서 설명하였으므로 생략하겠다).

위임이란 자신에게 필요한 일을 타인이 하도록 하여 시간을 절약하고 후계자를 기르며, 조직에 기여할 수 있도록 기회를 부여하는 업무 수행방법을 말한다. 특히, 타인이 나보다 더 잘할 수 있는 일을 하도록 하는 것이 바람직하며, 어떤 책임을 다른 사람들과 나누어 행함으로써 그에 대한 영향력의 범위를 확장시킬 수 있다. 타인의 능력을 활용하여 자신의 업적을 더욱 빛나게 할 수 있을 것이다. 그러나 우편물을 개봉하는 것과 같은 일들은 비서로 하여금 중요한 것들과 그렇지 않은 것들을 추려내게 하거나 여러 날을 모아 두었다가 휴식시간에 한꺼번에 훑어보거나 화장실에서 또는 TV 옆에 놓았다가 광고를 할 때나 지루한 시간에 읽어 보면 될 것이다. 다른 사람에게 직무를 위임함으로써 부재 시에 그 직무수행에 지장을 초래하지 않는 지도자가 이상적인 관리자라고 할 수 있다.

위임의 목적은 직무 중 핵심적인 것들에 전념함으로써 그 분야에서 최고의 권위자가 되는 것이다. 어떤 조직에서든지 권위란 과업의 완수 또는 목표의 달성에 따라서 부여되기 때문에 과업이나 목표를 보다 더 많이 달성하려면 타인에게 더 많은 것을 위임하여야 한다.

위임을 받게 된 피위임자는 사기가 고조되어 조직에의 소속감(belongingness)을 느끼게 되어 자발적인 업무수행의 기회가 되므로 일의 질(質)이 향상된다. 인간은 자신의 능력이나 재능을 자유로이 발휘될 기회를 줄 때 흥미를 가지고 몰두하게 된다는 것이다. 뿐만 아니라, 상호간의 이해와 공동체 의식과 응집력이 증진되며, 능동적이고 신뢰에 대한 존엄성과 자유로움을 느낀다. 또한 관리자는 위임을 통한 유능한 직원으로 하여금 자신의 후계자가 될 수 있는 후임자 양성의 기회도 된다.

여섯째 : 시간위임의 문제점

위임을 하기 위해서는 우선 관리자 자신이 수행하여야 할 직무의 성격 파악이 선행되어야 한다. 즉, 자신의 업무수행에서 얻은 결과 중 어떤 것의 대가로 봉급을 받게 되는가? 또는 상사가 자신에게 요구하는 업무 결과 중 가장 중요한 것이 무엇인가를 묻고, 자신이 궁극적으로 추구하는 최종 단계의 업무결과를 파악해야 한다.

이러한 분석을 하기 위해서는 자신의 직위나 직무가 존재하는 이유를 밝혀 내는 것이 중요하며, 자신의 직위와 관련하여 가장 핵심이 되는 업무에 집중적으로 노력해야 한다. 이상의 요소 이외에는 모든 위임이 가능한 것으로 간주 될 수 있다. 위임은 관리자 자신의 권리라는 사실을 알아야 하며, 타인의 재능을 자신의 약점을 보완하는데 이용한다면 훌륭한 경영인이 될 수 있다. 위임시에는 최적임자를 찾아내어야 한다. 그리고 창조적인(creative work) 업무와 단순하고 일상적인 업무(routine work)를 구분하고, 단순한 업무에도 위임자와 피위임자 간에는 위임사항에 대하여 25% 정도의 차이(gap)가 있다는 통계를 고려하여 각자를 천천히 단계적으로 지도하고 중간보고를 들어야 한다.

〈절대로 위임할 수 없는 사항〉

- 핵심적인 의사결정
- 고용과 해임에 대한 권한

위임의 문제점은 곧 위임의 실패라는 말로써 하급자의 능력을 과소 또는 과대평가함에 따라 발생하는 문제이며, 위임사항의 오차를 줄이기 위한 과중한 통제는 오히려 시간 뺏기로 생산성이나 작업의 질의 저하를 초래한다. 그렇다고 방치해 두라는 말은 아니다.

위임의 통제 정도를 명확히 결정짓지 못하는 경우는 조직의 상황적 요청보다 개인의 필요에 의한 통제로써 위임의 실패 위험부담을 높게 하는 것이다.

한편, 위임할 과제에 대한 위험부담 분석을 통해 각기 다른 하급자에게 위임될 각기 다른 위험부담 정도를 가진 과제를 피위임자들이 택하도록 한다. 각 과제마다 과제위임을 위한 적임자를 기록하도록 한다. 과제해결을 위한 피위임자의 예상되는 단점과 그 결과를 기록하고, 이를 보완할 방법을 열거한다. 권한의 조절, 지원방법, 지휘감독이 이에 속한다. 경제적 풍요를 누리고 있는 직장인에게는 생리적 요구나 안전욕구의 위협수단으로는 일을 시킬 수 없을 것이다. 존경의 욕구나 자아실현의 욕구는 누구에게나 강력한 동기부여의 수단이 될 수 있다. 위임을 통해 개발과 자기성장이라는 동기부여를 해 주는 것이 필요하다.

Chapter 2

Wedding Planner 따라가기

결혼일정 잡기

이번 페이지부터는 예식준비에 대하여 깊이 있게 들어가보도록 한다. 결혼일정잡기의 효과는 결혼일정잡기를 하는 이유를 먼저 살펴보면 이해가 빠르다. 일에는 순서와 중요성이 따르게 되며, 또한 결혼은 경건한 소비의 형태를 갖추고 있다. 그렇기 때문에 순간의 판단오류와 욕심에 과욕을 부르게 된다. 이를 경계하고 계획된 구매에 따른 체계적이고 합리적인 결혼준비를 돕는데 그 효과가 있다. 다음의 표를 활용하면 도움이 될 것이다.

〈결혼 일정관리 체크리스트〉

	항 목	계획 1	계획 2	계획 3	최종 결정
1	결혼식 날짜				
2	결혼식 시간				
3	결혼식 장소				
4	드레스 디자인				
5	턱시도 디자인				
6	드레스 메이크업 업체				
7	스튜디오 업체				
8	하객참석의 수				
9	피로연 장소				
10	신혼여행 날짜와 장소				
11	혼수장만				
12	비자와 여권의 발급				
13	신혼집(분가의 경우)				

현명한 신부

〈현명한 신부들의 결혼준비〉

현명한 신부	⇨	시간 절약	예산 절약	체계적인 준비

■ 상견례

양가의 공식적인 첫 만남의 자리이며, 예의를 갖추어야 하고 가장 조심스러운 시간이다.

하지만 서로가 너무 깊이 있는 대화는 피하는 것이 좋다.

근래에는 이 자리를 통하여 약혼식도 겸하는 경우도 있으며, 신랑·신부의 분가여부가 결정되고 대략적인 결혼 이야기가 오고 가는 자리가 된다. 상견례가 끝나면 신랑집에서 신부집으로 사주가 가게 되는데, 이를 근거로 예비신부의 집에서 택일(결혼날짜를 잡음)을 하게 된다.

〈상견례 준비 방법〉

상견례 후

신랑측에서 신부측으로 사주가 간다.
택일은 신부측에서 한다.

시 간	2 ~ 3주 전에 약속잡기
장 소	한정식, 중식당, 일식당(독립적 공간 필요)
위 치	양가의 중간 정도로 교통이 좋은 곳

사주(四柱)

사주단자는 길이 1자 3치, 너비 9치 2푼 정도의 백지를 다섯 칸으로 접어 그 한가운데에 육십갑자에 따른 생년월일과 출생시간을 기록하여 흰 봉투에 넣은 다음, 봉하지 않은 채 뚜껑을 접는다.

사주는 봉투 길이보다 아래위로 각각1cm 정도 길게 잘라 중앙을 쪼갠 싸리 가지 사이에 끼우고 청실, 홍실의 둥근 타래실로 사진과 같이 위쪽으로부터 매듭지지 않게 옭아 묶은 후 사주보에 싼 뒤, 근봉(謹封)이라고 쓴 띠를 두르고 싸리나무 가지와 청실과 홍실로 묶어 청홍 겹보에 싼다.

사주단자

사주단자 한지에 生, 年, 月, 日, 時를 적어 보내는데, 한지를 5번 접어 중앙에 쓴다.

〈택일 때의 고려사항〉

- 결혼연도 :
- 좋아하는 계절 :
- 특별한 의미 :
- 생각하는 날짜(2개 정도) :
- 예식장의 예약상황 :
- 신부의 혼수기간 고려 :
- 하객이 참석하기 좋은 날 :
- 휴가가 가능한 날 :

결혼일정 잡기의 필수사항

① 경제성

결혼준비물은 대부분의 같은 품목이라도 더 저렴하고, 같은 가격이라도 더 많은 서비스를 원한다. 가격적인 면에서 적합한 곳을 추천해 주는 것도 웨딩플래너의 일이지만 무조건 싸다고 좋은 것만은 아니라는 것을 고객(신랑·신부)으로 하여금 이해할 수 있게 도와 경제적이며, 질 또한 정확히 고려하여 추천해야 한다.

② 만족성

결혼은 일생에 한 번뿐인 소중한 것인데, 신랑·신부 혹은 혼주들로 하여금 만족하지 못하는 상담이 이루어진다면 이는 실패한 웨딩컨설팅이라 할 수 있다. 웨딩플래너에게 감동을 받는다면 최고의 결혼식이라는 생각을 하게 되며, 주위 사람들에게 웨딩플래너를 추천하게 된다.

③ 차별성

예식장을 가 본 사람들이라면 판에 박힌 듯 모든 예식이 똑같다는 것을 느낄 것이다. 요즘 사람들은 자신이 다른 사람과 똑같아 보이는 것을 원하지 않으며, 남들과 다른 예식을 하길 원한다. 즉, 다시 말해 세상에서 단 두 사람을 위한 예식과 작은 웨딩 이벤트를 준비해 주는 것도 차별화된 결혼을 위한 웨딩플래너의 업무라 할 수 있다.

Concept wedding

신랑·신부가 원하는 이미지를 정확히 파악하라.

예쁜, 정겨운, 깜찍한, 호화로운, 장엄한 등의 형용사 등을 사용.

신랑·신부로 하여금 표현하도록 하여 원하는 이미지에 맞는 결혼식을 준비하라.

장엄한 분위기를 원한다면 성당이나, 교회 등의 종교예식을 권유.

드레스 또한 품위 있는 것을 선택하며, 헤어 메이크업 역시 너무 화려한 것은 피한다.

Concept wedding을 통해 통일되고 판에 박힌 예식이 되지 않도록 하라. 그러기 위해서 전문적인 지식과 꾸준한 노력이 필수이다.

④ 편리성

신랑 · 신부가 편하기 위해 웨딩플래너를 찾았는데, 더 번거롭고 수고스럽게 한다면 그러한 웨딩플래너는 필요 없는 존재임에 틀림없을 것이다.

웨딩플래너는

- 신랑·신부 혹은 혼주가 선택할 수 있는 폭을 좁혀 준다.
- 쉽게 결정할 수 있도록 많은 정보를 미리 준비해 두어야 한다.
- 처음부터 끝까지 웨딩플래너가 결정해 버리면 곤란하다.
- 웨딩플래너 입장에서 최고의 상품이라고 생각되더라도 신랑·신부가 참여하고 결정할 수 있도록 기회를 주어야 한다.

신랑·신부의 입장

만약, 처음 만난 웨딩플래너를 신뢰하지 못한다면 결혼식을 의뢰 할 수 없을 것이다.

또 몇 번 만나 보지 못한 웨딩플래너에게 내 결혼식을 맡겨야 한다면 불안감으로 인하여 더 믿지 못하게 될 것이다.

※ 어느 정도 기본적인 것은 웨딩플래너가 진행을 하되, 신랑 · 신부가 참여할 수 있는 여지를 남겨 두어야 한다.

→ 현재는 집 – 신랑, 혼수 – 신부라는 공식이 깨지고 있는 추세이다.

→ 하지만 아직까지는 전통적인 구분이 있으므로 나중에 오해가 생기지 않도록 친지 혹은 가족들과 함께 충분한 상담이 선행된 후 결혼비용을 분담하도록 한다.

→ 결혼비용 분담 전에 필요한 물품의 체크리스트 작성이 필요하다.

체크리스트 작성의 장점은

불필요한 지출을 줄일 수 있으며, 결혼에 필요한 비용들 혹은 각자 분담해야 하는 비용들을 한눈에 파악할 수 있다.

어느 쪽이 부담해야 할지 애매한 경우에는 양가에서 공동으로 부담하며, 어른들과의 상의 또한 필수이다.

다음 페이지의 표를 활용하여 연습해 보면 도움이 될 것이다.

[연습용] 양가의 결혼비용 분담 항목

구 분	품 목	비용분담		
		신랑	신부	함께
결혼식				
신혼 여행				

신랑 측 부담 항목

신혼집 마련

비용의 대부분을 신랑이 부담하지만 신부가 보낸 예단비나, 혼수비용의 일부를 집을 구하는 비용에 보태는 신부들이 늘고 있다.

집 값 비용이 많을 경우에는 신랑이 대출을 받아 마련한 후 함께 갚아 가는 경우도 있다.

신부의 예물과 의상

결혼반지를 비롯한 신부의 예물은 신랑의 혼주가 준비하는 것이다. set의 경우에는 짝수가 아닌 3set, 5set와 같이 홀수로 준비하는 것이 관례이다.

현재는 실속위주로 준비하는 추세이므로 예물은 1set만 받고 평소 원하는 목걸이 혹은 귀걸이와 같이 단품으로 받는 추세이다. 웨딩드레스의 경우, 예식비용에 포함되어 있다면 공동부담한다.

신부혼주의 의상

신부혼주의 의상은 돌려 주는 예단비로 마련하며, 예단비의 경우에는 보통은 $^1/_3$~$^1/_2$ 정도는 되돌려주는데 큰 기대는 하지 않는 것이 좋다.

사회자와 주례의 사례

사회자와 주례의 사례는 신랑의 지인들에게 부탁하는 경우가 많으므로 신랑측에서 부담하며, 현금보다는 상품권이나 여행지에서 준비한 선물로 하는 것이 좋다.

신부측 부담 항목

혼수마련

신혼집 꾸미기와 가전, 주방용품 등의 혼수는 신부가 마련하는 것이 관례인데, 만약 공동부담으로 신혼집을 마련했다면 혼수 역시 함께 준비하도록 한다.

약혼식 비용

요즘 약혼식은 대부분 생략하는 추세이지만 약혼식을 하게 된다면, 약혼식 비용은 모두 신부측에서 부담하는 것이다.

폐백음식

결혼식 당일의 폐백음식과 신혼여행 후에 시댁에 갈 때 가져가야 할 이바지 음식인 이바지 음식 또한 신부측에서 부담한다.

■신랑의 예물과 의상

신랑이 신부의 예물을 마련하는 것과 마찬가지로 신부 역시 반지와 시계 등의 예물과 신랑의 의상 일체를 준비하는 것이다.

■예단

요즘 예단은 형식적으로 간소하게 하는 추세이다. 현물과 현금을 반반 정도 하는 경우도 있지만 현금으로 대신하는 경우도 많다. 신랑 · 신부 양측이 예단비로 감정이 상하는 경우가 종종 발생하기 때문에 서로가 어느 정도 상의한 후에 금액을 정하는 것이 좋은데, 일반적으로는 현금 70%, 현물 30%로 준비하도록 한다.

■헤어 & 메이크업

결혼식 당일 헤어와 메이크업의 비용은 신부측에서 부담하는 것이 관례이다. 신랑의 헤어와 메이크업은 액수가 크지 않으므로 신부측에서 같이 부담하는데, 예식장에서 패키지로 하거나 컨설팅을 통해 하면 예식비용에 모두 포함되기 때문에 공동부담한다.

■부케

결혼식 부케는 신부측에서 부담하는데, 신랑 꽃과 혼주들의 꽃,

주례, 사회자의 꽃도 함께 준비한다.

■ 신랑의 예물과 의상

신랑측에서 신부의 예물을 마련하는 것과 마찬가지로 신부측 역시 반지와 시계 등의 예물과 신랑의 의상 일체를 준비하는 것이다.

공동부담 항목

■ 예식장 대여

예식에 관련된 비용은 공동으로 부담하는 것이 일반적인 형태이지만 예식장 대여비용 부분에 헤어와 메이크업, 리허설 촬영까지 패키지로 묶여 있는 경우가 많으므로, 공동으로 부담하는 것이 좋을 것이다. 단, 피로연비는 신랑·신부측의 하객 수가 비슷하다면 공동으로 부담하고, 신랑·신부 중 한 쪽이 월등히 많다면 많은 쪽에서 더 많이 부담하면 된다.

■ 신혼여행 경비

신혼여행에 관련된 경비는 50:50으로 부담하는 것이 가장 좋다.

▪ 축하연주와 리허설 촬영

리허설 촬영과 결혼식(본식) 촬영이 같이 이뤄지는 경우가 많으므로 공동으로 부담하며, 축하 연주를 할 경우에는 결혼식 비용에 해당하므로 공동으로 부담하면 된다.

> 모든 것이 끝난 후에 구체적인 일정잡기로 들어간다.
> 구입을 하되, 될 수 있으면 덩치가 큰 항목부터 준비하도록 한다.

〈결혼준비 순서도〉

1. 상견례
2. 택일
3. 예산 세우기
4. 예식장소결정
5. 신혼집결정
6. 이벤트 & 웨딩플래너 선정
7. 한복맞추기
8. 신혼여행지 결정
9. 웨딩연출사진(RHS)촬영
10. 예단준비
11. 가구 & 가전(혼수)준비
12. 예물준비
13. 청첩장준비
14. 예단보내기
15. 함받기
16. 드레스가봉
17. 결혼식
18. 감사의 인사
19. 결혼식 앨범 찾기
20. 집들이

상견례

상견례는 양가의 공식적인 첫 만남의 자리이다. 결혼 결정의 마지막 관문이자 두 사람의 결혼을 허락받는 마지막 단계로, 양가의 혼주들이 공식적으로 만나는 자리이다. 일반적으로 신랑이 신부의 집을 방문하여 신부의 부모님께 허락을 받은 후, 신부가 신랑의 집을 방문하여 인사드린 후에 결혼승낙이 어느 정도 이루어지면 자리를 마련하는 것이다.

양가의 분위기와 신랑 · 신부의 가정교육, 집안의 가풍 등을 알 수 있는 자리이다. 때문에 결혼이 순조롭게 진행되기도 하지만 잘될 것 같은 결혼이 깨지기도 한다. 그러므로 상견례 자리는 결혼의 성패가 달려 있다고 해도 과언이 아닐 것이다. 상견례는 보통 2~3주 전에 날짜를 정하고, 양가의 부모(혼주)님과 당사자들의 스케줄을 맞추는 것 또한 매우 중요하며, 시간은 토요일과 일요일 혹은 휴일의 점심시간이 가장 좋다.

장소

양가로부터 중간 정도의 위치가 적당하지만 한쪽 집안이 지방일 경우에는 사전에 양해를 구해 적절한 곳으로 선택하는데, 일반적으로 연배가 높은 쪽을 배려해 가까운 곳으로 정하는 것이 예의이다. 약혼식을 겸하는 경우에는 양가의 친지들을 본격적으로 소개하고 집안의 적당한 사람이 진행을 하는 것이 좋다.

이 때에는 경망스러운 말투나 행동은 삼가며, 어른들의 기분을 풀어 주는 분위기로 이끈다.

상견례가 시작되면 양가의 부모님들을 소개하는데, 신랑이 직접 양가의 부모님을 소개하는 방법이 있고, 각각 당사자가 어른을 소개하는 방법이 있다.

■ 소개의 순서

집안의 어른인 아버지부터 소개하고 어머니와 형제순으로 한다.

■ 상견례에서 하는 것

주로 결혼시기를 결정하므로, 신부측에서는 이 점을 염두에 두고 시기를 대략 생각하고 나가는 것이 좋다. 결혼 날짜는 주로 3~4개월 후로 잡는 것이 일반적이나 당사자들의 스케줄에 맞추는 것이 좋다.

어른들은 양가 부모님의 인품을 중요시 여길 것이다.

딸을 시집 보내도 괜찮은지, 아들을 장가 보내도 괜찮은지에 대한 생각으로 어른들의 마음 속은 복잡하다. 상견례 자리에서는 서로에게 결례가 되는 행동을 자제하며, 조심스런 대화가 중요하다. 예단·혼수 관련 사안들도 대략적으로 결정하는데, 너무 구체적인 부분까지 의논하면 얼굴을 붉힐 수도 있으므로 어른들이 생각하고 있는 범위만 결정하고 예식장의 위치정도만 의논한다.

3개월 전 준비사항

양가부모들의 상견례 후에는 결혼식 택일과 약혼 발표/방법에 대해 의논하고, 양가부모들의 의견을 존중하여 식장을 예약하여야 한다. 피부관리도 이 때부터 한다.

2개월 전 준비사항

예단과 예물준비는 시부모와 반드시 상의하도록 한다.

결혼식 관련 예약하기

예식장을 위치와 본인의 예산이 맞는 곳(교통편리)을 선택하고, 리허설(야외/실내) 촬영을 할 경우에는 촬영 날짜를 정해서 진행하도록 한다. 예약시에 미리 약속을 하여 일정에 차질이 없도록 하며, 촬영 전에 한복 한 벌 정도는 맞추는 것이 좋은데, 한복착용은 신랑·신부다운 아름다운 모습이기도 하다.

〈드레스 선택 주의 사항〉

- 전체적인 분위기 조화
- 신부의 체형과 얼굴, 예식장소

〈웨딩사진 선택요령〉

- 스튜디오의 컨셉트,
- 신랑·신부의 취향과 비용을 고려

〈청첩장 주문의 필요항목〉

- 주문할 매수와 예식장의 정보
- 초대 글 문안, 양가 주소

〈청첩장의 봉투 표기법〉

- 부모님 성함을 기록한다.
  ○○○ ○○○ 배상

상견례의 매너

상견례의 옷차림

자연스럽고 단정한 스타일이 가장 무난하며, 지나치지도 모자라지도 않은 중용의 미덕이 필요한다. 너무 요란한 의상은 경망스러워 보일 우려가 있으므로 피한다.

상견례의 헤어 · 메이크업

헤어와 메이크업은 단정하고 자연스럽게 연출하는 것이 포인트이며, 화려한 메이크업은 어른들을 만나는 자리에는 적절치 못하다. 너무 진한 메이크업은 깨끗한 느낌보다는 가식적인 느낌을 줄 수 있으므로 유의한다.

상견례 치르기

상견례에서 과거 이야기를 화제에 올린다면 '이번 결혼에 별 뜻이 없습니다'라는 의미가 될 수 있으므로, 과거에 사귀었던 사람이나 선을 보았던 집안의 이야기는 하지 않도록 엄중히 단속한다. 자칫 잘못하면 상대의 집안에서는 반대의 뜻으로 받아들일 수 있기 때문이다. 비록, 처음에는 반대한 결혼일지라도 이 사실을 계속 거들먹거릴 필요는 없다.

계속해서 상대방의 심기를 건드린다면 분위기만 흐려지고 아무런 도움도 되지 않을 것이다. 이왕에 결혼을 허락한 상황이라면 덮어 두는 것이 서로를 위해 좋다.

- 요리가 짜다, 서비스가 엉망이다, 화장실이 엉망이다, 등의 불평만 늘어놓는다면 매우 까다롭고 신경질적으로 보일 수 있으므로 주의한다.
- 험담이나 불만보다는 칭찬을 하는 것이 좋은 인상을 남길 수 있다.

■ 시간선택

양가의 스케줄을 고려하여 토요일이나 일요일 혹은 휴일로 정하되 적어도 1～2주 전에 정하는 것이 적당하다.

■ 장소선택

양가의 지리적 위치와 경제적인 상황과 식습관 등을 고려하여 결정하고 거리는 중간정도가 적당하지만, 한쪽이 지방에서 올라 올 경우에는 교통편도 고려하여 연배가 높은 쪽의 의견을 따르는 것도 좋다.

■ 음식선택

굳이 비싼 음식점을 선택할 필요는 없으며, 조용하게 대화할 수 있고 음식이 깔끔하다면 손색없는 장소가 될 것이다.

■ 장소답사

장소를 미리 숙지하여 당일 날 헤매는 일이 없도록 주의하고, 장소가 결정되었다면 분위기와 좌석의 배치, 교통편, 주차시설 등을 미리 파악하여 실수가 없도록 한다.

■ 첫인상의 연출

요즘의 부모들은 예전과 달리 촌스러운 며느리보다는 세련되고 현명한 며느리를 선호하시기 때문에 센스 있는 의상 또한 염두에 둔다.

■ 의상선택

상견례의 의상으로는 바지보다 치마를 선택하는 것이 좋으며, 너무 화려하지 않으면서 심플하고 세련된 느낌을 주는 의상을 선택하여 연출하도록 한다. 구입의 경우라면 1 벌로 된 정장을 선택하기보다는 다른 스타일로 매치 또는 믹스가 가능한 것을 구입하게 되면 평소에도 입을 수 있어 실용적일 것이다. 또한 사랑스런 느낌을 주도록 시계와 핸드백 등으로 연출하는 것도 좋다.

※ 주의사항

너무 짧은 스커트나 몸에 딱 달라붙는 의상 또는 트임이 너무 깊은 스커트나 블라우스 등은 삼갈 것이다.

■ 헤어

자신의 스타일을 살려 자연스럽고 단정하게 연출한다.

※ 주의사항

너무 진한 메이크업 혹은 향이 너무 짙은 향수는 삼간다.

■ 시간 지키기와 자리 배치하기

약속시간보다 10분 정도 먼저 도착하면 좋다. 하지만 너무 빨리 도착하여 상대방이 부담을 느끼게 된다면 그 또한 실례가 된다는 것을 명심한다. 서서 간단하게 인사를 나눈 후 신랑이 양가의 부모들을 상석으로 모신 후 신부가 자리에 앉을 수 있도록 배려하고, 자리에 앉는 모습을 보여 드리는 것도 좋다. 원활한 대화가 될 수 있도록 자리 배치에도 신경쓴다.

■ 소지품은 한 곳에 따로 모아 둔다.

일반적으로 핸드백 혹은 소지품 등은 등 뒤에 놓지만 이럴 경우에는 상대방으로 하여금 불안한 느낌이 들 수 있으며, 자세 또한 불안하므로 대화의 흐름에 방해가 될 수 있을 것이다.

좌빵우물 시스템을 숙지한다.

메뉴를 양식으로 정한 경우에는 테이블의 세팅이 복잡하여 어느 쪽의 것이 자신의 것인지에 대해 혼란을 겪을 수 있을 것이며, 원탁의 테이블의 경우라면 더욱 심하다. 이럴 때를 대비하여 좌빵우물이라는 단어를 만들어 숙지하고 있으면 도움이 된다.

좌빵우물이라는 단어는 사전상의 용어가 아니므로 생소한다. 왼쪽의 빵과 샐러드 그리고 오른쪽의 물 또는 음료수가 자신의 것이라는 의미로 기억하고 있으면 상대방의 것을 사용하는 실수를 범하지 않을 수 있다. 물 잔과 와인 잔의 경우에는 구분이 더 애매한데, 다리가 짧은 것이 물 잔이 된다.

올바른 식사도구의 사용

■ 양식의 경우

포크는 애피타이저 – 샐러드 – 메인디시 순서로 되어 있으므로 바깥쪽에 있는 것부터 사용하며, 식사 중에 손에 쥔 포크, 나이프는 세워서는 안 된다. 손에 식사도구를 쥐고 큰 제스처를 취하며 말을 한다면 어른들로 하여금 산만하다는 말씀을 듣기 쉬울 것이다. 그러므로 말을 하거나 제스처를 취할 경우에는 손에 든 식사도구를 내려놓는다.

한식, 중식, 일식의 경우

■ 한식

어른들을 출입문에서 떨어진 안쪽 상석 자리로 안내해 드리고, 어른들이 앉으시면 따라서 앉아야 한다. 한정식당은 온돌방이 대부분이기 때문에 스커트 정장의 경우에는 앉을 때 쓸려 올라가므로 냅킨을 바르게 펴서 무릎 위를 가린다. 숟가락과 젓가락을 한 손에 쥐거나 양 손으로 쥐지 말고 번거롭더라도 천천히 번갈아 들고 사용해야 한다. 한 번에 반찬 한 가지를 음미하도록 하고, 음식은 씹을 때 소리가 나지 않도록 한다. 어른들이 식사를 마치지 않았을 경우, 수저를 상 위에 내려놓지 말고 국그릇에 잠시 걸쳐 놓았다가 어른의 식사가 끝난 후에 얌전히 수저를 내려놓는 것이 우리나라의 식사 중 예의이다.

※ 수저

숟가락과 젓가락을 함께 일컫는 말이다. 요즘 들어 숟가락만을 지칭할 때에도 수저라는 표현을 쓰는 경우도 있는데, 이는 옳지 않은 표현인 것이다.

■ 중식

요리 접시를 중심으로 둘러앉아 덜어 먹는 방식과 종업원이 서빙을 해 주는 방식이 있는데, 덜어 먹는 음식의 경우에는 새로운 요리가 나올 때마다 새로운 접시를 써야 하며, 어른이 먼저 요리를 덜 수 있도록 하고 신부가 가까이 앉은 어른의 접시에 음식을 덜어 드리는 모습을 보여 드리는 것도 점수 따는 방법의 하나일 것이다. 식사 중 젓가락 사용을 하지 않을 경우에는 접시 끝에 살짝 걸쳐 놓는 것이 예의이다.

■ 일식

일식은 숟가락이 없기 때문에 국물을 먹을 때는 불편한 경우가 많을 것이다. 이 때에는 그릇을 들고 젓가락을 이용해 입으로 쓸어 넣듯이 국물을 먹는다. 어느 것을 먹을까 고민하면서 젓가락이 왔다 갔다 한다든지, 젓가락에 붙어 있는 음식을 빨아먹는다거나 접시에 있는 음식을 뒤섞어 놓는다거나, 젓가락으로 음식을 찔러 보며 먹는 것은 금물이다. 또한 보기에도 좋지 못하며 점수를 깎이는 지름길이다.

※ 재채기와 기침

식사 중에 재채기 혹은 기침이 나오면 당황하지 말고 반드시 손수건 등으로 코와 입을 가리며, 코를 풀고 싶을 때에는 잠시 양해를 구하고 자리를 뜬다. 가볍게 코를 닦을 경우에는 손수건이나 휴지를 사용해야 한다. 땀을 닦을 경우에도 냅킨 사용은 금물이다.

■ 웨이터와 웨이터리스에게 지키는 매너

웨이터나 웨이터리스에게 매너를 지키는 것도 식사예절에 속한다는 것을 명심해야 한다. 도움을 요청할 때에도 큰 소리를 내어 부르지 말고 가벼운 손짓을 해야 하며, 음식이 잘못되었을 경우에도 큰 소리로 불평하지 말고 조용히 말하는 것이 세련된 매너이다.

■ 자연스러운 대화

말실수를 하지 않도록 상견례에서 할 얘기들을 미리 연습해 두거나 생각해 보는 것도 좋다. 부모님께 상대방의 정보를 미리 말씀드린다면 대화의 흐름이 더욱 자연스러울 것이다. 대화의 흐름 또한 어른들께만 맡겨 드리면 어색하거나 딱딱한 분위기가 될 수 있다. 신랑 · 신부가 자연스럽게 대화를 유도하는 것도 좋다. 또 상대방에게 너무 일방적으로 칭찬을 하거나, 지극히 개인적인 질문들의 경우에는 오히려 역효과가 날 수 있으므로 주의한다.

■ 자신감

보통 긴장을 하면 말이 빨라져서 경박하다는 이미지를 줄 수 있으니 주의하며, 긴장이 될 경우에는 마음을 가라앉히고 천천히 말을 하면 도움이 된다.

말꼬리를 흐리거나 작게 말한다면 똑소리 나지 못하다는 이미지를 줄 수 있기 때문에 또박또박 말을 한다면 여유로운 인상을 심어 줄 수 있다.

※ 주의사항

비어 혹은 속어 등의 단어 또한 사용하지 않도록 한다.

■ 반듯한 자세

식사가 시작되면 긴장감이 가라앉아 자칫 자세가 흐트러질 수 있다. 하지만 자세가 흐트러진다면 느슨해질 수 있으므로, 긴장감을 잃지 않도록 한다. 소요시간은 대략 2시간 정도인데, 계속 반듯한 자세를 유지하기란 쉽지만은 않겠지만 때가 때인 만큼 주의하도록 한다.

■ 적당한 애교

앞에서도 잠시 언급을 했다시피 예전에는 조용하고 참한 것을 미덕으로 삼았으나, 요즘에는 예의에 벗어나지 않으면서 솔직하고 발랄한 며느리가 사랑받는다. 한 집안의 식구가 될 사이이므로 지나치게 격식에 얽매이지 않으면서 지나친 내숭보다는 밝은 표정과 애교로 어른들을 대한다.

■ 계산의 센스

상견례 비용은 일반적으로 신랑이 부담하게 되는데, 처음부터 계산서를 자신이 챙겨 놓아 어른들께서 신경을 쓰지 않으시도록 배려하는 모습도 필요하다. 상견례가 끝나기 전에 계산하는 것이 좋은데, 식사 후 디저트와 차를 마시는 동안 계산을 한다면 자연스러운 마무리가 될 수 있다.

■ 마무리의 센스

헤어질 때에는 먼저 교통편을 확인한 후 신부가족들을 먼저 배웅한다. 도착한 후에는 각자가 상대방의 집안에 전화를 드려 도착여부를 확인하고 인사드리는 것으로 마무리를 짓는다.

Hair & Make - up

일반 웨딩홀

화려한 조명이 특징이다.

메이크업

일반적인 웨딩홀의 조명은 노란기가 많은 샹들리에와 할로겐을 사용하는데, 아주 밝으므로 피부 톤은 본인의 피부 톤과 같은 톤으로 하되 약간 붉게 해 주면(노란빛의 조명 아래서는 얼굴이 노랗게 보인다) 밝고 화사해 보인다. 립스틱 펄이 핑크빛이 도는 밝은 와인 계열로 바른다.

헤어스타일

깔끔하게 업스타일로 올려 주고, 옆머리 · 뒷머리를 모아 웨이브를 살려 볼륨감을 연출한다.

호텔

고급스러운 인테리어와 넓은 장소가 특징

메이크업

웨딩홀과 같이 약간 붉은 기를 더해 주어 화사하게 보이도록 하고, 예식장소가 넓을 경우에는 윤곽을 뚜렷하게 표현해 준다.

헤어스타일

고급스러우면서 우아한 분위기의 헤어스타일이 어울린다. 앞머리는 올려 업스타일로 연출하고, 톱 부분은 화려하면서 볼륨감 있게 표현한다.

성당 & 교회

경건하면서 웅장한 분위기에 어두운 조명이 특징이다.

■ 메이크업

어두운 조명에서 신부의 얼굴을 살리기 위해서는 화사하게 연출하는 것이 좋다. 피부 톤은 자신의 피부 톤보다 한 단계 밝게 표현해 주되, 메이크업 베이스 혹은 메이크업 젤은 얼굴에 음영을 넣어 윤곽을 뚜렷하게 보이도록 하고, 눈썹은 자연스럽고 풍성해 보이도록 그려 준다. 입술은 가을 분위기에 와인이나 와인 브라운이 잘 어울린다.

■ 헤어스타일

머리는 깔끔하게 올려 주고 화려한 왕관이나 헤드피스로 포인트를 준다.

야외

화려한 조명 대신에 자연채광이 특징이다.

메이크업

피부는 자신의 피부 톤보다는 한 톤 정도 어둡게 표현하고, 메이크업 베이스 혹은 메이크업 젤은 충분한 쉐딩을 주어 얼굴에 입체감을 주며, 생기 있게 보이기 위해 약간 붉게 해 준다. 눈썹은 자연스럽고 풍성해 보이도록 그리며 아이 라이너로 눈매를 뚜렷하게 표현하고, 색조 메이크업은 포인트를 확실하게 주고 화려한 색상으로 이미지를 연출한다.

헤어스타일

인위적인 느낌이 드는 스타일보다 자연스런 스타일이 좋으며, 전체적으로 볼륨감을 주면서 헤드피스로 개성을 살린다.

신랑에게도 자연스런 피부화장은 필요하다. 결혼식 날 긴장감이나 조명 등으로 인해 피부색이 자칫 창백해 보일 우려가 있기 때문에 자연스런 피부화장이 필요한 것이다. 다소 흰 피부를 지녔다면 메이크업 베이스, 그리고 지성인 경우라면 메이크업 젤 정도를 얼굴에 골고루 바르고 피부에 잘 밀착시킨다.

약간 거무스름한 피부는 어두운 색상의 파운데이션을 사용하여 건강하고 활기 있는 표정이 되도록 연출한다. 신랑 역시 결혼식 준비로 입술이 트고 거칠어지기 쉬우므로 거칠어진 입술에는 미리 로션이나 크림을 발라서 촉촉하게 해 주며 눈썹도 살짝 터치해 주면 윤곽이 훨씬 살아 보인다.

헤어 케어

깨끗한 머리

남성들의 경우 대개 머리가 짧고 스타일이 단순하기 때문에, 손질에 소홀하기 쉬운데, 일주일에 1회 정도는 머리를 감은 뒤 두피 마사지를 해 주면, 두피에 영양을 공급할 뿐만 아니라 건강하고 윤기 있는 모발로 유지시켜 준다.

단정한 헤어스타일

자연스런 광택과 보습효과를 함께 원할 때에는 헤어크림을 사용하고, 뻣뻣하거나 숱이 많아 정리가 잘 안 되는 모발에는 왁스, 촉촉함과 매끄러움을 주며 자연스런 헤어스타일을 원할 때에는 헤어 리퀴드를 바르도록 한다.

깔끔한 세련미

결혼 당일의 헤어스타일이 어색해 보이지 않으려면 일주일 전에 머리를 자르는 것이 자연스럽다. 또한 그 날의 헤어스타일을 생각해 보도록 한다. 얼굴이 둥근 경우에는 옆머리를 붙이며, 각이 진 얼굴은 양 쪽 옆머리에 볼륨을 주면 효과적인 헤어로 연출할 수 있다.

스킨 케어

남성의 매력은 청결에서 시작

남성의 피부는 피지분비가 왕성하여 더러워지기 쉽다. 그러므로 피부의 청결유지가 우선인데, 세안시에 거품을 내어 고루 닦아 준 후 충분히 헹구어 주며 마사지하듯 부드럽게 문질러 준다. 특히, 검은 여드름이 있는 코 주위는 페이셜 브러시로 세심히 닦아 내면 한층 피부가 깨끗해 보인다.

깔끔한 신랑의 표정을 위해

모든 남성이 마찬가지이듯 신랑의 하루 또한 면도로 시작된다. 면도는 반드시 얼굴을 깨끗이 세안한 다음에 실시한다. 면도시에는 셰이빙 폼을 사용하여 뺨, 코밑, 턱, 목덜미 순으로 털이 난 방향으로 가볍게 힘을 주며 깎아 준다.

탄력 있고 건강한 피부

세안이나 면도 후 당기고 불균형해진 피부에 스킨로션을 두드리듯 발라 주면 시원한 감촉과 함께 피부수렴 및 유연효과로 탄력 있는 피부로 가꾸어 준다.

예식장소의 선택

〈예식장 선택 조건〉

- 예식의 날짜
- 결혼식의 형태
- 위치
- 음식의 종류와 가격
- 하객의 수(최소지불 보증 인원)

〈예식장소〉

- 뷔페 또는 일반 예식장
- 강당 혹은 회관
- 호텔 예식
- 일반적인 웨딩 홀
- 전통·궁중혼례
- 이벤트 예식
- 종교식

■ 예식일 선정 유의사항

〈과거택일〉

운세
길일선호
봄 or 가을 선호

➡

〈현재의 택일〉

휴, 휴가기간은 피한다.
비수기 활용
평일예식의 혜택

일반 예식장

일반적으로 가장 많이 이용되는 장소로서 끼워 팔기, 옵션 강요 등이 성행되므로 계약 전에 철저하게 확인하며, 문제가 발생하지 않도록 사전 준비가 필수이며, 여러 사람들이 한꺼번에 이용되는 곳이므로 위생상 청결한지 확인한다. 여러 예식이 동시에 진행되므로 시간과 촉박함과 혼잡함의 불편이 있다.

〈일반예식장의 체크사항〉

- 웨딩드레스
- 원판스냅사진
- 신부화장
- 기타

호텔

고급스러운 분위기와 여유로운 예식이 특징이다.

〈호텔 예식의 체크사항〉

- 패키지 상품
- 피로연 음식
- 기타
- 이벤트
- 장식비용

회관

신랑 · 신부나 가족 등이 회사시설을 이용한 저렴한 예식이 장점이다. 일반적으로 이런 곳들은 평일에는 회의나 세미나 혹은 연회장으로 사용되지만, 처음부터 예식을 목적으로 마련된 곳들도 있다. 예식 때에는 우선권 또는 할인혜택을 받을 수 있으나, 일반인의 경우에는 우선권 또는 할인혜택이 없다. 식대가 비싸거나 피로연장이 따로 없는 곳도 있고, 예식장으로 마련된 일부 회관에서는 옵션을 강요하거나, 할인혜택을 부풀리기도 하므로 주의한다. 예약할 때에는 외부업체들과의 가격과 상품의 질, 할인혜택과 서비스 품목 등을 비교·검토한 후 결정한다.

공공기관

각 시청의 시민회관 혹은 구청의 구민회관 또는 사회복지회관과 공원 등과 같은 공공시설은 대여료가 없거나 실비로 청소비 명목의 사용료만 받고 대여해 주는 경우도 있다. 예식을 위한 시설이 아니기 때문에 조명이나 인테리어 그리고 부대시설의 사용이 불편하고 피로연 등의 문제들이 해결되지 않는 경우가 대부분이다. 장소별로 사정은 다르겠지만 녹지조성 지역에 위치해 있을 경우에는 음식물 반입이 금지되어 있는 경우도 있어, 대부분은 주위의 식당이나 연회시설을 이용하기도 한다. 따라서 주위에 큰 식당이 없다면 예식진행에 불편을 겪을 수 있다. 시민회관과 구민회관 등은 예식을 원하는 신랑·신부가 해당지역에 3개월 이상의 거주사실이 증명되거나 본인 또는 직계가족만 이용이 가능하며, 신청자가 많을 경우에는 3개월 전에 미리 예약한다.

▪ 장소선정하기

한가롭고 여유로운 예식을 원하거나 알뜰한 예식 또는 급히 택일한 경우에는 예식장소에 자리가 없어서 궁여지책으로 예식장을 알아보기 때문에 마음에 들지 않는 경우도 있으므로, 잘 알아보고 선택하는 것이 무엇보다도 중요하다.

▪ 준비물 파악하기

선정한 예식장소에 결혼에 필요한 물건이 제대로 구비되어 있는지 확인한 후 자신들이 준비해야 할 것들은 무엇이 있는지 리스트를 작성한다.

▪ 하객들의 편의제공

결혼식에 참석할 하객들의 편의를 제공해야 한다. 무료예식장의 경우, 주차시설이 취약한 경우가 대부분이다. 예식당일 날 하객들이 주차공간으로 인해 불편을 겪지 않도록 체크하고, 주차장이 협소하다면 주위의 주차시설을 섭외해 놓는 배려도 한다.

공공기관 예식장소의 Check point

공간이 넓을 경우에는 썰렁하지 않도록 장식한다.

일반 예식장에 비해 장소가 넓기 때문에 장식에도 특별히 신경을 써야 하고, 단상 뒷부분이 상대적으로 넓어 보일 수 있으므로 화사한 장식이 필수이다.

입장공간을 최대한 확보한다.

공공회관은 입장공간이 상대적으로 협소한 경우가 있으므로, 이 경우에는 꽃 아치 장식을 세우지 말고 의자에 묶어 장식하는 등의 입장공간을 최대한 넓게 활용한다.

출장 뷔페 활용

식당이나 연회장이 없을 경우에 피로연은 출장 뷔페를 이용하는 것이 좋고, 인근 식당까지 이동하게 될 경우에는 음식 세팅 시간이 중요하다. 참석할 하객들의 수를 고려하여 준비시간을 결정한다.

조명의 체크

무대 쪽은 원활하고 신랑 · 신부의 입장공간은 약한 경우도 있다.

하객들의 편의시설 확인

화장실과 엘리베이터 등 하객들이 사용하게 될 시설은 사전 답사가 필수이다.

야외 예식장소의 Check point

■ 혼주들의 입장

대부분의 혼주들은 예식의 내용보다 결혼식 자체를 중요시 여기므로, 불편하고 튀기보다는 일반적이고 편안한 결혼식을 원하는 경우가 많으므로 혼주들의 의사도 고려해야 한다.

■ 기후 조건

야외 결혼식의 승패를 좌우하는 것은 무엇보다도 날씨이다. 비가 오는 것도 문제가 되겠지만, 바람이 불면 꽃 장식과 주례단상이 넘어지는 위험도 있다. 우천이나 심한 바람을 대비하여 실내예식의 가능여부 혹은 최소한의 천막이라도 사용이 가능한지도 확인해야 한다.

■ 예식장소의 세팅

처음부터 야외예식 전용 장소라고 한다면 결혼식을 치를 수 있도록 모든 것이 구비되어 있겠지만, 공원 등의 장소를 사용한다면 당사자들이 직접 준비를 하거나 이벤트 업체를 이용해야 한다. 단, 이벤트 업체를 이용하더라도 체크는 직접 해야 한다.

〈야외 예식 준비사항〉

- 주례단상과 의자
- 방송시설과 음향시설
- 꽃 장식
- 신부 대기실과 폐백장소
- 혼구용품(방명록, 양가 혼주들의 장갑 등), 축의금 접수 테이블

■ 장소

대부분의 야외예식은 공원에서 진행되는 경우가 많은데, 공원까지는 쉽게 찾아오지만 예식장소를 찾지 못하는 경우가 대부분이므로, 지하철역이나 버스 정류장에서부터 안내판 표시를 해 두는 것이 좋다.

■ 피로연

일반적인 야외예식의 경우, 피로연을 할 수 있는 장소는 갖춰져 있으나 장소만 대여해 주는 공원 같은 경우에는 인근 식당이나 출장 뷔페를 이용해야 하며, 출장 뷔페는 상설 뷔페와 달리 미리 음식을 만들어 오기 때문에 모자라는 경우가 생길 수 있으므로, 참석하객 수를 정확히 파악하기 어렵다면 여유롭게 추가 주문하는 것이 좋다.

〈야외 예식의 체크사항〉

- 충분한 공간의 확보와 우천시의 대비책
- 가격의 점검
- 음식의 종류와 세팅시간
- 웨딩 케이크, 얼음조각 등의 장식여부
- 음식 테이블의 설치여부와 장소사용 후의 정리문제

야외예식의 당일 Check point

좌석의 배치와 식장 꾸밈 점검

넓은 야외가 장소인 만큼 확실한 구분이 필요하다. 우선 꽃길 혹은 줄 테이프 등으로 예식의 범위를 구분한 뒤 주례, 사회 그리고 양가 혼주님들의 좌석을 정하고 나머지 필요한 시설을 설치한다. 축주는 오른쪽에 하객좌석은 줄을 세워 정렬한 다음에 접수와 기타 시설을 설치한다. 신랑・신부가 입장하는 길 위에는 주단을 깔고 출발하는 곳은 플라워 아치를 설치한다.

진행과정에 필요한 소품 점검

어수선하고 산만한 야외결혼식에서 마이크 소리가 작으면 하객들의 웅성거림이 많아지고, 예식진행에 차질을 초례할 수 있으므로 마이크 소리를 적당히 맞춰 놓고 소음은 나는지, 음향효과는 제대로 작동하는지 확인한다. 신랑·신부가 입장할 때, 비눗방울 혹은 안개 연출 등의 장치를 사용할 경우에는 미리 바람이 부는 방향을 고려해 설치하는데, 바람의 방향은 예측하기 어려우므로 부적합하다고 볼 수 있다.

▪ 이벤트 예식과 프로그램의 확인

야외예식은 자칫 잘못하면 산만하고 부족해질 수 있으므로, 잔잔한 음악보다는 즐겁고 경쾌한 음악을 준비해 하객의 입장도 고려해 분위기를 조성한다. 이벤트가 있는 경우, 하객들이 함께 할 수 있는 프로그램을 준비하는 것이 좋다. 주례와 사회자는 분위기를 돋을 수 있는 멘트와 함께 진행방법을 숙지하고 있어야 한다.

▪ 예식의 시작

예식의 순서는 야외결혼식이라고 하여 특별히 다르지 않다. 하지만 지나치게 딱딱한 순서보다는 분위기에 맞게 경쾌한 음악과 함께 하객들이 집중할 수 있도록 스피커의 볼륨을 충분히 살려 진행한다.

■ 폐백

야외예식장에 따라 폐백실이 준비된 곳도 있으나 그렇지 않은 곳도 있다. 더러 예식진행 장소에서 돗자리를 깔고 병풍을 세워 바로 폐백을 진행하는 경우도 있다.

■ 결혼식 순서

다음은 예식 종류별에 따른 일반적인 식순을 정리한 내용이다. 예식의 컨셉트와 상황에 따라 달라질 수 있으므로 유의하고, 이벤트의 기획이 필요하다면 식순 또한 그에 따라 달라져야 한다.

일반 결혼식

일반 결혼식의 경우에는 다채로운 이벤트가 가능하다는 이점이 있다. 아래의 자료는 참고자료일 뿐이며, 새로운 식순을 만들어 보는 것도 좋을 것이다.

〈일반 예식의 예식 순서의 예〉

• **예식 10분 전**

(사회자 멘트) 밖에 계시는 하객 여러분께 안내의 말씀을 드리겠습니다. 잠시 후 신랑 ○○○군과 신부 ○○○양의 예식을 거행할 예정이오니, 참석하신 내빈 여러분들께서는 식장 안으로 입장하셔서 자리를 정돈하여 주시기 바랍니다.

• **예식 5분 전**

(양가 어머니의 촛불 점화) 이제 오늘의 성스러운 예식을 위하여 양가의 어머니께서 축복의 촛불을 밝히는 순서가 있겠습니다. 양가의 어머니께서는 입장하여 주시기 바랍니다.(반주 혹은 음악)

• **개식사**

(사회는 주례 선생님과 양가 혼주님들의 참석 등을 점검한 후 예식을 진행한다) 내빈 여러분 대단히 감사합니다. 지금부터 ○○○님의(장/차)남 신랑 ○○○군과 ○○○님의(장/차)녀 신부 ○○○양의 결혼식을 거행하겠습니다. 축복된 예식을 위하여 예식 중에는 조용한 분위기와 경건한 마음으로 지켜봐 주시기 바랍니다.

• **주례 선생님 소개(사회는 주례의 약력을 소개한다)**

오늘 새로 부부의 연을 맺는 신랑과 신부를 위하여 주례를 맡아 주신 ○○○ 선생님(사회적 직함)을 소개해 드립니다. 평소 두 사람과 그 가문을 가까이에서 지켜봐 주신 선생님께서는 현재(　　)에서 사회와(　　)를 위하여 헌신하고 계십니다. 특별히 오늘의 뜻 깊은 예식에 주례를 맡아 주심을 진심으로 감사드립니다.

• **신랑 입장(사회는 신랑의 대기 상태를 확인 한 후) – 신랑 입장 –**

(입장하는 동안 멘트) 현재 신랑 ○○○군은(　)에서 근무하고 있는 엘리트(혹은 본인 사업의 경우 사업체 소개)로서, 슬기롭고 다정다감하며, 또한 매우 활동적인 남성입니다. 뜨거운 박수로 축하해 주시기 바랍니다.

- **신부 입장(사회는 신부의 대기상태를 확인 한 후)**

다음은 오늘의 주인공인 신부의 입장이 있겠습니다. – 신부 입장 –
지금 화려한 조명 속에 우아한 자태로 입장하고 있는 신부 ○○○양은 엄격한 가정교육과 소정의 교육을 마치고 현재(　　)에서 근무하고 있는 여성입니다. 따뜻한 격려의 박수로 맞아 주시기 바랍니다.

- **신랑·신부의 맞절(주례)**

이제 두 사람의 입장을 마치고, 다음은 여러 증인과 가족 앞에서 성인의 절차인 맞절의 순서가 있겠습니다. – 신랑 · 신부 맞절 –

- **혼인서약**

이제 존경하는 주례선생님으로부터 귀중한 혼인서약을 받는 순서가 있겠습니다.

- **혼인 선언문 낭독(사회)**

혼인 서약에 이어 이제 두 사람의 완전한 부부됨을 선언하는 성혼선언문 낭독이 있겠습니다.
–일부에서는 사화가 멘트하는 곳도 있다. 대체적으로 멘트 없이 바로 주례가 진행한다.

- **신랑·신부 예물 교환**

- **주례사(사회자의 멘트)**

이제 두 사람이 법적인 절차를 마치고, 존경하는 주례 선생님으로부터 결혼생활의 좌우명으로 갖추어야 할 귀한 말씀이 있겠습니다.
– 주례 말씀 후 –
사회는 “주례 선생님께서 두 사람에 대한 새 가정에 귀감이 될 말씀을 해 주셨습니다.”

- 이벤트 진행

신랑 · 신부의 결혼을 축하하는 마음으로 신랑 · 신부의 친구(선 · 후배)의 축가 혹은 축주가 있겠습니다. - 따로 마련된 이벤트가 있으면 이 때 진행한다. -

- 신랑·신부, 내빈께 인사

주례가 하객에게 인사라는 말씀을 하기 전에, 따로 인사의 말씀을 하는 경우도 있다. 주례가 인사의 말씀을 하지 않을 경우에는 사회가 멘트 한다. 이제 성인이 된 두 사람을 축하해 주시고, 또한 증인이 되신 양가의 부모님과 내빈 여러분께 감사의 인사를 드리겠습니다. 신랑 · 신부가 인사를 드리면 박수로 화답해 주시면 감사하겠습니다.

- 신랑·신부의 경례

(신부의 혼주, 신랑의 혼주, 내빈의 순서로 한다)

- 신랑·신부의 행진

이제 신랑 · 신부의 행진이 있겠습니다. - 신랑 · 신부 행진 -

- 폐식

이상으로 신랑 ○○○군과 신부 ○○○양의 결혼식을 모두 마치겠습니다. 이제 갓 태어난 두 사람의 복된 새 가정의 앞날을 축복해 주시기 바랍니다. 예식에 참석해 주신 모든 분들께 신의 가호가 함께 하시길 기원합니다.

전통혼례

우리의 전통혼례에는 남녀의 결합을 우주관에 비추어 우리 민족 특유의 우주관과 인생관이 담겨져 있다. 남녀를 서로 음과 양으로 보아, 서로가 만나는 시각인 해질 무렵인 어두워지려 할 때쯤 혼례를 올렸다. 그럼 친영례에 대해 알아보겠다. 다음은 전통혼례 식순이다. 참고자료로 활용할 수 있다.

〈전통혼례 식순〉

• 초자례 – 남성 / 초녀례 – 여성

혼례 당일 아침 각각의 조상들과 부모님의 은혜에 감사의 마음을 표하고 부모님께서는 자녀에게 술을 내리고 당부의 말을 건네는 의식으로 혼례 당사자가 부모님께 새 생활을 다짐하는 풍속이다.

• 전안례

혼례식의 첫 번째 순서로 신랑이 기럭아비와 함께 신부집에 도착하여 장모되실 분께 기러기를 드리는 의식을 말한다.(예전에는 살아 있는 기러기를 드렸으나 요즘은 나무로 조각된 기러기를 드린다) 기러기를 드리는 이유는 세 가지 덕목을 받자는 의미이다. 기러기는 사랑의 약속을 영원히 지킨다. 한쪽이 죽어도 다시 짝을 찾지 않고 홀로 지낸다. 상・하의 질서를 지켜 날아갈 때에도 행렬을 맞춰 날아가며, 왔다가 흔적을 분명히 남기는 습성이 있다. 이러한 기러기를 본받아 훌륭한 삶의 업적을 남길 수 있는 사람이 되리라는 뜻으로 기러기를 놓고 예를 올리는 것이다.

- **교배례**

신랑・신부가 처음 상견하는 것으로 맞절하는 의식이다.

- **동례지례(혹은 상반지례라고도 한다)**

신랑・신부가 음식을 나누는 예이다.

- **합근례**

신랑・신부가 한 표주박을 둘로 나눈 잔에 술을 부어 마시는 의식으로 술은 부부로써 인연을 맺는 것을 의미하며, 이 때에 신랑・신부는 술을 세 번 나누어 마시는데, 첫 번째는 자신에게 고시례하는 잔이며, 두 번째와 세 번째는 표주박에 담아 나누어 마심으로써 부부의 화합을 기원하는 잔이다.

- **하객께 큰절**

합근례가 끝나면 혼례절차가 모두 끝난 것이므로 신랑・신부는 자리에서 일어나 하객들에게 큰절을 올린다.(이 부분은 현대의 전통혼례에서 시행하는 순서이다)

- **현 부모례(이 부분이 폐백이다)**

= 폐백이라는 말 자체는 선물이라는 뜻이므로 현 부모례라 표현하는 것이 옳다.

궁중혼례

조선시대 왕실에서 행한 왕과 왕비의 대례인 국혼례이다. 요즘은 현대·적인 의미에 맞게 구성하여 화려하고 장엄한 분위기로 혼례가 진행되며 또한 신랑 · 신부의 친구들이 궁중 복식을 입고 도우미로 출현하기도 하며 양가의 혼주님들이 성인으로서의 첫 출발을 하는 신랑 · 신부에게 주례된 입장으로 참여하여 아름다운 감동과 참된 의미도 함께 느낄 수 있도록 구성된다. 전문용어가 언급되지만 이 책의 성격상 전문용어의 뜻풀이는 일부 생략됨을 이해하기 바란다. 참고자료로 활용하기 바란다.

〈궁중혼례 식순〉

• 어가행렬 궁중의식으로 신랑(왕)은 구장복, 신부(왕비)는 적의를 갖춰 입는다. • 구장복 왕위에 오를 때, 종모제례, 정초의 하례식, 비(妃)를 맞을 때 입는 왕의 대례복. 적의 대례복으로 법복(法服)이라고도 한다.
• 상견례 양가 혼주님들의 상견례이다.
• 대소신료 입장 문신과 무신 신료들의 입장의식이다.

- 국혼선포

왕의 혼례를 백성들에게 선포하는 의식이었는데, 신랑·신부의 혼례를 백성들에게 알리는 것이다. 외국인 신랑과 한국인 신부의 경우에는 생략되며 집사관이 진행한다.

- 입어청정

신랑(왕)이 어연을 타고 혼례장소로 입장하는 의식이다.

- 전안례

신랑이 평생 가약의 징표로 행하는 의식이다.

- 혼례고사

신랑(왕)이 하객에게 평생가약을 약속드리는 의식이다.
외국인 신랑과 한국인 신부의 경우는 생략된다.

- 왕비정청

신부(왕비)가 부연을 타고 혼례장소로 입장하는 의식이다.

- 책봉문

임금이 왕비를 한 집안의 며느리로 삼는다는 것을 선포하는 의식이다.

- 교명문

시댁의 어머님이 신랑·신부에게 당부하는 말씀을 전달하는 의식이다.
외국인 신랑과 한국인 신부의 경우는 생략된다.

- 혼례고사

신부가 여러 어르신들 앞에서 평생 가약할 것을 아뢰는 의식이다.

- 국궁사배(이 때, 대소신료의 역할은 친구 혹은 후배들이 할 수도 있다)

대소신료들이 왕과 왕비에게 4배를 행하는 의식이다.

- **답문**

  출가하는 딸에게 친정아버지께서 당부의 말씀을 하시는 의식이다.

- **교배지례**

  왕과 왕비가 큰 절로 상견례하는 의식이다.

- **사천지례**

  왕과 왕비가 하늘과 땅에 평생가약을 맹세하는 의식이다.

- **동뢰지례**

  신랑과 신부는 서로 합환주를 나누어 마심으로 부부가 되는 의식이다.

- **축언**

  출가하는 딸에게 당부의 말씀을 하는 의식이다.

- **보은보배**

  신랑·신부가 양가의 부모님들께 마지막으로 큰 절을 올리는 의식이다.

- **출궁**

  대소신료들의 국궁례를 받아 출궁하는 의식이다.

종교 결혼식

다음 항목은 종교 결혼식 부분이다. 종교 결혼식에서는 예식 자체가 엄격한 의식에 따라 진행되므로 이벤트도 조심스럽게 진행하며, 식순 또한 바꿀 수 없음을 염두에 두길 바란다.

■ 천주교

천주교의 결혼식은 사제(가톨릭의 성직자)가 결혼식의 주례가 되어 거행된다. 신랑·신부가 가톨릭 신자여야 한다. 만약, 한쪽이 신자가 아니라면 추후에 교리를 통해서 신자가 되겠다는 약속이 선행되어야 한다. 천주교에서 주례는 사제가 아닌 당사자들이 주례가 되어 진행된다고 하는데, 이 책에서는 편의상 사제가 주례가 된다고 표현하였음을 이해하기 바란다. 결혼식 또한 엄격한 전례에 따라 진행되는데, 이혼이 인정되지 않는다. 이유는 아랫부분 식순을 보면 이해가 될 것이다. 당사자와 혼주들은 신앙에 바탕을 둔 결혼식이 되게 하기 위해 성당의 주임신부를 찾아가 혼인할 때 신자로서의 준비와 예식에 대한 지도를 받아야 한다. 또한 혼인 당사자는 각 교구청에서 신랑·신부를 대상으로 열리는 가나 혼인강좌에 참석하여 교육을 받아야 한다. 혼인에 대한 상담지도가 끝나면 혼인절차를 진행시키기 위해 당사자의 성명, 세례명, 생년월일, 본적과 현주소를 적은 서류를 제출해야 한다. 본당의 주임신부는 혼인 당사자 한 사람씩을 따로 만나 혼인 전 진술서를 받는다. 또한 이 혼인이 가능하다는 것을 증명할 증인을 만나 본다. 증인은 혼인할 당사자들이 세우는데, 주변의 친구나 친척이면 된다. 증인 역시 천주교회에서 세례를 받은 사람이어야 한다. 이렇게 서류절차가 끝나면 성당의 게시판이나 주보에 혼인공시를 낸다. 혼배미사가 결정되면 혼배공시를 하는데, 그것은 신랑 · 신부가 혼인할 수 없는 사유를 알아보기 위함으로 혼배 조당이 있는가를 알아보는 것이다. 조당은 교회 법 14개 항목으로, 신랑 · 신부가 한 곳이라도 해당되면 신자들은 사제에게 알려 혼배 미사를 올리지 못하도록 하는 것이며, 이는 신자의 의무이다. 자세한 사항은 가톨릭 교리에 해당되므로 이 책에서는 열거하지 못함을 이해하기 바란다. 혼배미사는 사제가 혼인하는 부부에게 강복을 바라는 기도문으로 된 특별한 미사이다. 사회자 역시 천주교에서 세례를 받은 사람이 본다.(이 책에서는 사회자의 역할은 기술하지 않겠다)

〈천주교 혼배예식 순서〉

• 촛불 점화

다른 예식과 달리 초가 제대(미사의 중심되는 곳)에 마련되어 있다. 일반예식이나 개신교 결혼식에는 양가의 어머니들께서 촛불을 켜지만 천주교 결혼식에는 일반인은 켜지 못하고 주례가 정해 주는 이가 켜는데, 일반적으로 복사(사제 도우미)가 켠다.

• 신랑·신부 입장

일반예식과 마찬가지 방법으로 한다.

• 주례자 입장

주례사제는 예복을 갖춰 입고 복사와 함께 입장한다.(이 때, 참석자 모두 일어선다)

• 주례자 인사

주례사제는 오늘 이 예식의 주인공인 신랑・신부를 소개하는 인사를 한다.

• 성경낭독(참석자는 독서 때는 자리에 앉고, 복음 때는 자리에서 일어선다)

신자가 낭독하는 독서(창세기 1 : 26～31 혹은 에페소서 5 : 22～32) 부분과 사제가 낭독하는 복음(마태오 19 : 1～12) 이라는 부분으로 나뉜다.

• 강론(자리에 앉는다)

주례사제는 신랑・신부를 위해 성경을 인용하여 교훈의 말씀을 한다.

• 신랑·신부 서약(신랑·신부만 일어선다)

신랑・신부는 하느님께 두 사람의 사랑의 서약을 하며, 타의가 아닌 자의로 혼인하는 것임을 확인한다.(이 때에 신랑・신부의 증인이 함께 한다)

- **결혼 증명서 서명 날인**

신랑・신부는 혼배 증명서에 서명 날인한다.(이로써 이혼이 허락되지 않는다)

- **반지축성**

이 반지는 신랑・신부의 예물이 모양과 재질이 똑같은 것으로 하는데, 신랑・신부는 서로 평등하다는 의미이며 사제의 기도로 축성된다.

- **반지교환**

신랑・신부는 주례사제가 축성한 반지를 서로 교환하며, 사랑과 신의의 표지로 예물을 라는 맹세와 함께 하느님과 주례사제 그리고 하객이 보는 앞에서 서약한다.

- **성혼선포**

주례사제는 하나님께서 짝지어 주신 것을 사람의 힘으로 풀지 못할 것입니다라는 말과 함께 하객이 보는 앞에서 정식부부가 되었음을 선포한다.

- **봉헌(성찬의 전례준비)**

이 부분은 천주교 신자들만의 고유예식이다. 성가를 부르는데 축가는 아니다.

- **기도**

주례사제는 홀로 일어서서 신랑・신부를 위해 기도한다.

- **성찬의 전례(이 부분에서는 모두 일어선다. 신자가 아니더라도 함께 하는 것이 예의) 이 부분도 신자들의 고유전례이며, 최후 만찬을 기념하는 의식이다. 성가를 부른다.**

- **영성체(자리에 앉는다)**

신랑・신부와 천주교회에서 세례를 받은 사람만 참석한다.

• 기도 혼배 미사의 마침 기도이며, 영성체를 한 신자들의 기도이다.
• 주례사제 강복 주례사제는 신랑 · 신부를 위해 하느님께서 늘 신혼부부와 함께 하시길 기도한다.
• 신랑 · 신부 부모님과 하객께 인사 일반적인 예식과 마찬가지로 진행된다.
• 이벤트 준비한 이벤트가 있거나, 이벤트를 원한다면 이 부분에서 진행한다. 단, 폭죽과 같이 소리가 나거나 성당의 분위기를 해치는 것의 사용은 엄격히 제한된다.
• 주례사제 퇴장 주례사제와 복사는 퇴장한다.
• 신랑 · 신부 퇴장 일반적인 예식과 마찬가지로 진행된다.(반주 – 축혼 행진곡)

천주교 예식은 절차가 까다롭고 복잡하다. 앉고 일어서는 부분이 많으며, 때로는 무릎을 꿇어야 하는 부분도 있는데, 신자가 아니거나 다른 종교를 가지고 있다 하더라도 함께 하는 것이 예의이다. 천주교의 혼배예식은 성당을 벗어나서는 예식이 진행되지 못한다. 주례자 또한 다른 성당에서의 혼배 주례는 가능하지만 예식장 또는 일반적인 장소에서는 예식의 주례가 불가능하다.

■ 개신교

개신교에서는 결혼을 단순히 사람과 사람의 약속이 아닌 하나님께서 짝지어 준 두 사람이 하나님과 성도(하객) 앞에서 올리는 약속이라 한다. 혼인 전에 당사자는 교회의 담임목사와의 만남을 통해 예식의 절차를 의논한다. 교회를 예식 장소로 사용하며 주례는 담임목사가 본다. 일요일인 경우 예배 관계로 결혼식을 올릴 수 없으므로 일반 예식장이나 신랑·신부가 원하는 장소에서 예식을 하되, 담임 목사에게 주례를 부탁하여야 한다.

본 교회 담임목사의 주례나 본 교회의 교회당에서 결혼을 하려면 결혼주례 청혼서, 혼인신고에 관한 서류, 호적등본과 건강진단서를 첨부하여 2주 전에 교회 사무실에 제출하여 허락을 받아야 한다. 본 교회의 교회당에서 허락을 받고 난 후 지켜야 할 사항은 다음과 같다.

신랑·신부와 그 가족들은 1시간 전에 교회에 나와서 모든 준비를 완료시켜 놓는다. 양가의 혼주와 가족들은 하객들이 교회의 구내에서 교회법규에 어긋나는 행위를 하지 않도록 각별히 신경을 써야 한다. ex) 음주, 흡연, 가무 등이 그것이다.

반주자는 10분 전부터 주악을 연주토록 한다. 신랑·신부의 사진 촬영은 성반 위에서는 엄격히 제한된다. 폭죽이나 테이프 등의 예배 분위기를 헤치는 행동은 금한다.

결혼식 날짜는 일요일을 피하여 다른 날로 정하고, 가급적이면 예배당에서 예식을 진행토록 노력한다. 고난주간에는 결혼식과 약혼식을 피하는 것이 좋다. 춘분이 지나고 첫번 만월일 – 음력 보름 다음 주일이 고난 주간이다.

〈개신교 혼배예식 순서〉

• 전주(반주자) - 주악연주
• 개식사 교회의 성도 혹은 신랑 친구의 개식선언으로 주례자인 담임목사가 주례대로 등단한다.
• 촛불 점화(양가의 어머니) 일반예식과 같은 방법으로 한다.
• 신랑·신부 입장 일반예식과 같은 방법으로 한다.
• 예문 주례자인 담임목사는 오늘의 주인공인 신랑·신부의 결혼식을 올리는 글을 낭독한다.
• 맞절(면사포를 올리고) 일반 예식과 같은 방법으로 한다.

• 찬송

반주자의 연주로 성가대에서 찬송가를 부른다.

• 기원

주례인 담임목사는 신랑 · 신부를 위해 하나님께 기도한다.

• 성경봉독

주례인 담임목사는 정해진 성경 구절을 낭독한다.

• 권면

주례인 담임목사는 신랑 · 신부에게 성경을 인용한 결혼생활에 대해 설교한다.

• 성혼서약

신랑 · 신부는 하나님과 성도(하객) 그리고 담임목사가 보는 앞에서 사랑의 서약을 한다.

• 성혼선포

주례인 '담임목사는 하나님이 묶은 것을 사람이 풀지 못할 지니라.'라고 말하면서 성혼되었음을 성도와 하객이 보는 앞에서 선포한다.

• 부부됨의 확인

신랑 · 신부는 서로를 위해 준비한 예물을 하객이 보는 앞에서 교환함으로써 서로 부부가 되었음을 확인한다.

• 기념품 증정

주례인 담임목사는 교회의 이름으로 새로 맺어진 가정에 선물을 한다.

• 축가 혹은 축주

신랑 · 신부의 친구 또는 성가대에서는 축하의 연주 혹은 노래를 부른다. 이 부분에서 이벤트를 펼칠 수 있으나, 예배에 방해되지 않게 조심스럽게 한다.

• 인사와 안내 양가의 대표되는 이는 결혼예배에 참석한 성도와 하객에게 감사의 인사를 표한다.
• 찬송 참석한 성도와 하객은 찬송가를 부른다.
• 축도 주례인 담임목사는 신랑 · 신부에게 안수의 기도를 한다.
• 인사 새로 부부가 된 신랑 · 신부는 양가의 부모님과 하객에게 감사의 인사를 한다.
• 출발(반주자 - 축혼 행진곡) 신랑 · 신부와 양가의 혼주는 행진을 한다.(행복에로의 출발을 의미한다) 하객은 일어서서 박수를 보내 준다.

개신교의 예식은 일요일에 예식할 경우, 예배관계로 교회당을 사용할 수 없으므로 주례목사를 예식장소로 초대하여 예식을 진행한다. 예식순서는 교파에 따라 약간의 차이가 있을 수 있으나, 그렇게 큰 차이는 없다.

불교

불교의 결혼식은 화혼식이라 칭한다. 불교에 있어, 부부란 전생에 맺어진 인연이므로 부처님께서 인도하시는 것으로 생각한다. 혼례식장은 사찰의 본당인 대웅전에 마련하는 것이 상례이다. 불단(부처님의 좌상이 모셔진 곳) 앞에 향로와 향촉을 놓는다. 사혼자와 신랑 · 신부가 자리하고, 그 옆이 양가의 혼주의 자리가 된다. 그리고 그 뒤가 불자 혹은 하객의 자리가 된다. 예식을 올린 후에는 연못에 물고기를 방생하거나 비둘기 등의 새를 날리는 등의 추가행사 등을 할 수 있다.

용어설명

- 화혼식 : 불교 결혼식 명칭.
- 사혼자 : 화혼식의 주례자(일반적으로 주지스님이 사혼자가 된다)
- 소향 : 신랑 · 신부가 부처님 앞에 향을 드리는 의식
- 고유문(경백문) : 신랑 · 신부의 혼례를 부처님과 조상들께 보고하는 의식

〈불교 사혼식 순서〉

- **촛불 점화**

  화혼식 또한 일반인들은 초에 불을 밝히는 것을 금한다.

- **개식**

  종 or 폭죽으로 화혼식을 알린다.

- **하객참석**

  안내자가 신랑・신부와 혼주님을 선두로 하여, 하객을 인도하는데, 음악이 있어도 무방하다.

- **하객일동 좌정**

  혼례식에 참석한 불자나 하객은 자리를 잡고 앉는다.

- **사혼자 등단**

  화동 or 화녀의 안내로 주례대로 등단한다.

- **신랑·신부 입당**

  화동 또는 화녀의 안내로 신랑・신부가 법당으로 입당한다. 여기서 음악은 그친다.

- **사혼자의 분향과 재배**

  예식이 시작되면 주지스님인 사혼자는 부처님 앞에 향을 피우고 세 번 절하고 독경한 후 경백문을 낭독하는데, 그것은 두 사람의 혼인을 부처님께 아뢰고 그 가호를 비는 것이다.(참석자 모두 일어서서 부처님 앞에 절한다)

- **염주 수여**

  울리는 주악과 함께 신랑・신부가 부처님 앞으로 나가서 절을 올린 다음, 주례인 사혼자로부터 염주를 수여받는다.

• 신랑·신부 불전에 진배

신랑 · 신부는 다시 부처님 앞에 절을 올린다.

• 사혼자 고유문 낭독

고천문과 같은 것으로 석가모니 부처님과 조상들께 사혼식을 보고한다.
※ 전세의 인연으로 두 사람이 화혼하게 됨을 본존과 조상에게 올리는 경문이다. 전세의 인연이란 수천만 명의 남자와 여자 가운데 남편이 되고 아내가 되는 것은 매우 깊은 인연으로, 이 전세의 인연은 불교철학의 주요근간을 이루는 관념이다.

• 신랑·신부 상견례

신랑 · 신부는 서로 마주 보고 서서 반절한다.

• 헌화

신랑이 먼저 사혼자에게 꽃을 건네면 사혼자는 받아 부처님의 동쪽에 놓고, 신부가 사혼자에게 꽃을 건네면 받아서 서쪽에 놓는다.

• 신랑·신부 소향

신랑 · 신부는 부처님 앞에 향을 드린다.

• 예물교환

신랑 · 신부는 서로를 위해 준비한 예물을 교환한다.

• 유고와 선서

주례인 사혼자는 신랑 · 신부에게 결혼생활에 대해 훈시한다.
사혼자가 묻는 말씀에 반절로 답하고 유고가 끝나면 곧 선서를 한다.

• 찬불가

예식에 참석한 불자와 하객은 찬불가를 부른다. 축가의 개념이 아니다.

- **내빈축가**

  예식에 참석한 하객 중에서 신랑・신부와 친분이 있는 사람이 신랑・신부에게 축하의 말 또는 축가(축주)를 한다.

- **양가 대표의 인사**

  양가의 대표되는 이는 화혼식에 참석한 하객에게 감사의 인사를 전한다.

- **독경**

  주례인 사혼자는 독경(부처님께 올리는 경문)한다.

- **신랑·신부 퇴장**

  일반예식과 같은 방법으로 진행한다.

- **폐식(주악)**

  식이 끝나면 사진촬영과 함께 축배를 들면서 화혼식을 마친다.

■ 대한성공회

성공회의 결혼식은 1부와 2부로 나뉘는데, 천주교 예식, 개신교 예식과 흡사하다.

성공회 예식은 천주교와 마찬가지로 혼배성사라 칭하며, 1부 혼배성사와 2부 혼배예배로 나뉜다. 성공회 예식에서도 증인이 있어야 하는데, 양가의 어머니가 증인이 된다. 성공회의 주례는 사제(성공회의 성직자)가 보며, 하루 전에 리허설(예식 진행 연습)을 한다.

〈1부 혼배성사〉

• 촛불 점화 성공회 역시 초가제단(혼배예배의 중심이 되는 곳)에 마련되어 있으므로 복사(사제를이)가 켠다.
• 주례자 입장 주례사제는 예복을 갖추고 제단으로 입장한다.
• 신랑·신부 입장 일반예식과 마찬가지로 입장한다.
• 권면의 말씀(참석한 하객은 자리에 앉는다) 혼배성사의 주례를 맡은 사제는 신랑·신부를 예식에 참석한 교우와 하객에게 소개하는 인사를 한다.

• 혼배서약(증인이 한께 한다)

신랑 · 신부는 하나님과 주례사제와 하객이 보는 앞에서 서약을 한다.

• 지환축성과 교환

지환(결혼반지)를 사제가 축복하여 신랑 · 신부 각자에게 전해 주면 신랑 · 신부는 사랑의 서약과 함께 서로에게 전해 준다.

• 성혼선언

하객이 보는 앞에서 주례자는 하나님이 배합하는 자, 감히 사람이 나누지 못할지니라라는 말과 함께 두 사람의 혼인이 이루어졌음을 선언한다.

• 신혼부부를 위한 기도

주례자는 새로이 부부가 된 신랑 · 신부를 위해 하나님께서 친히 축복해 주시기를 청하는 기도를 한다.

• 기도

주례사제는 예식에 참석한 교우 or 하객들과 함께 기도한다.

• 축하연주

성가대에서는 오늘 결혼하는 신랑 · 신부를 위해 축가를 불러 주거나 연주를 한다. 이 부분에서 예배에 방해가 되지 않게 조심스럽게 이벤트를 진행할 수 있다. 폭주나 테이프 등의 예배 분위기와 맞지 않는 것은 삼간다.

〈2부 혼배예배〉

- **주제기도**

  주례사제는 전례에 맞는 기도를 한다.

- **성서낭독**

  맡은 이가 낭독하는 서신성경(에페소 5:22 ~ 23)과 주례사제가 낭독하는 복음 성경(마태 19:3 ~ 6)으로 나누어 낭독한다.

- **주례자 말씀**

  주례사제는 신혼부부에게 성서를 인용하여 결혼생활에 대한 훈시를 한다.

- **봉헌찬미**

  이 부분은 신랑·신부가 준비한 예물을 하나님께 봉헌하는 의식이다.

- **혼배축복**

  주례사제는 신랑·신부에게 축복의 기도를 해 준다.

- **성찬례**

  성공회 신자들만의 예식으로 최후의 만찬을 기념하는 예식이다.

- **양형성체**

  신랑·신부와 양가의 혼주님들만 참석한다.

- **기도와 축복**

  주례자는 예식에 참석한 모든 이들을 위해 축복의 기도를 하는데, 예식의 마침기도이다.

- **혼배안록에 서명**

  신랑·신부 그리고 혼주님들은 혼배록에 서명하여 주례사제에게 드린다.

- **신랑·신부 행진**

  일반예식과 마찬가지로 한다.

■ 러시아 정교회 한국 대교구

사람은 이성과 결합하여 안식처를 이루려는 타고난 본능이 있다. 이것은 서로 다른 개인의 결합이라기보다는 같은 인간의 두 요소들, 즉 사랑을 낳는 몸과 마음의 결합이라는 점에서 영원한 신비가 되고 있다. 남자와 여자의 정상적인 생활에 있어서 서로의 순수한 사랑과 신의보다도 더 중요한 힘이 있고 매력이 있는 것도 없을 것이다. 사람들은 시초부터 창조주 하나님에 의해 이 크나큰 특전을 누려 왔다. 이처럼 탁월한 선물이요, 인류의 귀한 보물이기 때문에 이 사랑에는 특별한 의식으로 참으로 숭고한 사명이 맡겨진다. 그리스도교는 처음부터 결혼이 하나님의 축복이라는 전통을 보존해 왔고, 이에 따라 결혼생활에 준수할 기도문을 만들고 결혼에 관한 가르침을 다듬었다.

특히, 성 크리스톰 교부는 결혼을 신비라고 부르고 교인들은 교회 안에서 현명하게 결혼해야 한다고 권유한다. 결혼성사는 두 가지 의식으로 구분되는데, 약혼식과 결혼성사의식이 그것이다. 결혼성사의식은 시편 128편을 성가로 부르는 것으로 시작한다. 이어서 성부와 성자와 성신의 나라가 이제와 항상, 또 영원히 찬미되나이다. 아멘이라고 결혼성사를 선포한다. 결혼성사의식은 청원기도와 세 편의 장엄기도 대관식(戴冠式), 성서봉독, 합환주(合歡酒) 교환, 의식제단 행렬, 축복의 순으로 이어진다.

〈러시아 정교회 약혼예식〉

이 의식은 짧은 청원기도와 반지의 축성(祝聖) 그리고 끝맺음의 기도로 이어진다.

청원기도에서 집전사제는 지금 혼약을 맺는 이들을 위하여 하나님의 은총이 내리시기를 간구한다. 그리고 하나님께서 이들의 결합을 명예롭게 보존해 주시기를 기도한다.

청원기도 다음에 사제는 신랑·신부를 축복하고 두 사람의 변함없는 사랑과 인연의 징표로써 나누게 될 반지를 강복하고 기도를 올린다. 그리고 그 반지를 신랑·신부의 머리 위에 번갈아 대면서 다음과 같은 기도를 3번 반복한다.

하나님의 종 ○○○는 성부와 성자와 성신의 이름으로 하나님의 종 ○○○를 약혼자로 맞습니다. 아멘.

증인에 의해서 반지는 신랑과 신부에게 끼워진다.
(증인은 정교회 신자라야 한다)

〈러시아 정교회 결혼성사 예식〉

• 청원기도

주례인 사제가 신랑・신부를 위해 하나님께 바치는 축원(祝願)이다.

• 장엄기도

기도의 내용은 남자와 여자의 결합에 인간의 기대와 소망을 깊이 추구한 것이며, 인간의 기대에 하나님의 법도가 잘 맞음을 나타내고 있다.

• 대관식

몸과 마음의 기쁨을 간직하고 주님 안에서 결혼하기로 다짐한 서약에 따라 살아가려면 상당한 윤리적 투쟁을 겪어야만 순결하고 현숙한 결혼생활이 이루어 질 것이다. 이런 생활을 격려하고 축복하는 뜻에서 예부터 화관(花冠)이라는 상징물을 사용하였다.

이것의 의미는 예수 그리스도의 이름으로 이루어지고, 그 분의 말씀에 따라 유지되는 결혼생활에 화관을 씌우는 것이다.

• 성서봉독

성서의 말씀으로 결혼의 축복을 확인하는 것이다.

에페소서 5:20~33, 요한복음 2:1~11 부분이 봉독된다.

• 합환주 교환

주의 기도 다음에 사제는 축복과 기도를 하고 신랑・신부에게 번갈아 세 번씩 마시게 한다. 두 사람은 잔 하나로 번갈아 마심으로 생각과 감정 그리고 삶을 함께 하겠다고 다짐하는 것이다.

• 의식 제단행렬

주례인 사제는 신랑・신부를 이끌고 제단주위를 도는데, 이는 옛 풍습이 아직도 전해 오는 것이다.

• 축복

끝으로 주례인 사제는 자애와 축원이 가득한 축도를 올린다.

다음은 이벤트 종류와 예문들이다. 웨딩플래너는 독특한 예식을 기획하고 연출을 하는 역할도 담당을 하게 된다. 단순한 결혼식뿐만 아니라, 생일 예식이라든지 회갑연, 금혼식, 회혼례 등 이벤트의 요소를 창의력있게 기획하여 고객의 니즈에 맞춰 기획을 하는 것을 말함이다. 다음에서 설명한 예식의 내용들은 절대적인 것은 아니다. 단지 예문일 뿐 진행방식은 각자의 개성과 취향, 예산에 따라 달라질 것이다.

과일 결혼식

과일은 풍요로움과 결실을 의미하는 열매이다. 화려한 꽃도 좋지만 먹음직스럽고 아름다운 과일로 식장을 꾸민다. 꽃은 화려하고 좋지만 예식이 끝나면 사실 쓰레기통으로 가기 마련이지만, 과일 결혼식에 사용한 과일들은 예식이 진행되면서 향긋한 향내에 침이 꿀꺽 삼켜진다.

과일을 끝나면 어떻게 할까하고 고민할 필요가 없을 것이다. 예식이 끝나면 신랑 · 신부가 참석한 하객들에게 일일이 나누어 드린다. 풋풋하고 신선한 과일 향기 속에 기분이 산뜻해지는 과일 결혼식은 신랑 · 신부 둘만의 행복의 과일이 사랑과 믿음으로 무럭무럭 커 나가기를 바라는 깊은 뜻이 숨겨져 있다. 과일로 아치와 바구니를 만들어 주단 옆에 놓고 단상에는 갖가지 과일들로 꾸민다. 식순도 다 먹고 남은 수박 통에 넣어 친구들이 사회자에게 전달하면서 예식이 시작된다. 점촉 역시 과일 모양으로 만들어진 초를 이용한다.

촛대에도 갖가지 과일 초를 이용한다. 신부의 부케도 역시 과일로 만들어 사용한다. 온통 과일로 꾸미고 식이 끝나면, 하객들과 함께 나누어 먹으면 낭비 없는 결혼식이 될 수 있을 것이며, 과일의 풍요로움이 신랑 · 신부의 생활에 이어지도록 하는 예식이다.

촛불 결혼식

초는 자기 몸을 태워 어두움을 밝혀 주는 봉사정신이 있다. 많은 초들을 예식장 가득 장식해 놓고 맑고 영롱한 촛불의 일렁거림 속에서 치러지는 촛불 결혼식은 환상적이고 신비한 아름다움을 자아낼 것이다. 실내의 조명은 모두 끄고 촛불의 불빛만으로 치러지는 분위기 만점의 결혼식이다. 그 분위기에 도취되어 신랑·신부는 물론이거니와 하객들도 감탄할 정도이다.

실내조명은 모두 OFF

예식 전의 식장은 어둠으로 시작된다. 이 어둠은 세상을 창조하기 전이요, 어머니의 모태를 의미한다. 먼저, 양가의 아버지가 초 아치 점화를 하고 입장한다.

이 의식은 가정의 대표가 대문에 불을 밝히고 문을 열어 주는 것으로 시작된다. 다음으로 양가의 어머니가 신랑·신부가 걸어올 통로에 마련되어 있는 초에 점화를 하면서 입장하고, 마지막으로 청·홍초에 점화 한다. 어머니에 의해서 밝혀지는 촛불은 탯줄이다. 생명을 잉태하고 세상 밖으로 내 보내는 어머니들의 고통과 기쁨을 의미하는 것이다.

촛불 결혼식은 촛불을 밝혀야 하므로 야외보다는 실내에서 예식을 치르는 것이 좋고, 낮보다는 밤에 예식을 진행하는 것이 좋다.

신랑 · 신부는 초 점화 봉을 들고 양가의 어머니가 밝혀 놓은 길을 따라 입장하면서 양쪽에 마련된 하객들의 테이블에 놓여 있는 초에 점화를 하면서 입장한다. 하객들은 점화된 초에 각자 가지고 있던 초를 차례로 점화하고 옆 테이블로 계속 점화해 준다.

신랑 · 신부가 단상에 도착하면 식장은 온통 촛불로 밝혀 있고, 끝으로 신랑 · 신부가 캔들 초에 점화하면서 예식은 시작된다. 촛불 예식은 온통 촛불로 장식을 한다. 촛불 아치, 촛불 길, 촛불 촛대, 단상도 갖가지 초로 연출한다. 촛불 예식은 비용도 얼마 들지 않고 분위기를 낼 수 있어 좋고, 신랑 · 신부가 촛불의 의미를 알고 남에게 베풀고 봉사하면서 살아가는 각오가 있어야 한다.

무대결혼식

신세대들의 개성에 맞게 튀는 결혼식으로 개성시대에 맞게 특별한 예식을 찾는다면 무대 결혼식도 권할 만하다. 신랑 · 신부가 평소에 좋아하는 인물의 주인공이 되어 예식에 그대로 반영하는 결혼식이다. 또는 소설이나 희곡 속의 주인공이 되어 결혼식을 하는 것이다.

예식방법

여러 가지가 있겠지만 장소(예를 들자면 성당, 교회, 법당, 국가가 관리하는 건물)와 양가의 혼주들과 하객들에게 예식의 도에 어긋나지 않도록 사전에 프로그램을 짜야 한다. 결혼식은 신랑 · 신부가 스포트라이트를 받으며, 무대에 등장하면서 시작된다.

연극의 주인공은 아름다운 사랑을 했던 로미오와 줄리엣이 될 수도 있고, 이몽룡과 성춘향이 될 수도 있으며 견우와 직녀가 될 수도 있다. 장소는 연극무대인 소극장 혹은 호텔 등이 좋은데, 그 인물의 시대에 맞춰 무대를 세팅한다.

신랑 · 신부는 연극의 주인공에 맞는 고유의상을 입어야 하므로, 일반 결혼식에서 입는 드레스와 턱시도를 마련할 필요는 없을 것이다. 의상은 빌릴 수도 있고 따로 준비하는 경우도 있지만 드레스와 턱시도보다는 적은 비용으로 준비할 수 있다.

고유의상은 맞춰 입고, 추억으로 간직해도 되고 대여해서 입어도 된다. 이 결혼식은 사전에 신랑·신부와 친구들이 충분히 리허설해야 순조롭게 진행될 수 있다. 친구들이 들러리로 참석해 친구들과 같이 하는 결혼식이 되어야 한다. 지금까지는 연극배우들을 중심으로 소극장이라는 장소에서 올리는 결혼식이 고작이었지만, 무대결혼식은 이보다 한 발 앞선 결혼식이고 또한 현대적인 결혼식이다.

무대결혼식은 충분한 시간이 필요하고 소극장이나 대극장에서 진행할 경우, 대관료가 필요하고 전체적인 흐름을 잡아줄 연출자, 조명기사와 기타 배우들이 필요한 예식이다. 무대결혼식은 신세대 결혼감각이 물씬 풍기므로 예비 신랑·신부들이 한번쯤은 고려해 보는 것도 좋다.

가면결혼식

가면결혼식은 말 그대로 신랑·신부, 양가의 혼주, 주례, 참석한 하객들이 모두 자기가 좋아하는 가면을 쓰고 식장에 입장해 모두 같이하는 결혼식이다. 결혼식에 참석한 모든 사람들이 입장하면서 입구에서 나누어 주는 가면을 골라 쓰고 무도회처럼 결혼식을 하는 것이 가면결혼식이다.

일종의 가면무도회와 같은 것으로 결혼식이 있기 전부터 하객들이 무대에서 댄스파티를 하거나 음악에 맞추어 흥겹게 놀다가 결혼식을 알리는 소리와 함께 양쪽으로 갈라서 신랑·신부가 입장할 수 있는 길을 만들어 준다. 장소로는 무도회장이나 카페, 큰 강당이나 호텔의 연회석이면 된다. 또한 가든 or 야외 정원에서 해도 분위기는 좋을 것이다.

우리 정서에는 아직 익숙하지 않아 조금은 낯설겠지만 주최측에서 분위기를 잡아 진행한다면 독특한 분위기 연출도 가능하다. 예식절차는 일반결혼식과 별 다른 것은 없겠지만 가면결혼식은 자기의 얼굴을 내놓지 않게 가면을 쓰고 하기 때문에 쑥스럽지 않고 자기만의 끼를 발휘할 수 있고, 댄스 춤이나 음악에 맞추어 분위기를 낼 수 있을 것이다. 나이에 따라 그룹을 만들어 화기애애하게 대화를 나누면서 자연스럽게 음식을 먹으면서 진행할 수도 있다.

2부 때는 친구들이 주측이 되어 댄스파티를 한다. 가면결혼식은 검소하게 할 수도 있고, 참석자가 모두 동참할 수 있다는 장점이 있는 결혼식이다. 가면은 모두 구입을 할 수도 있고 신랑 · 신부와 친구들이 만들어도 된다. 가면결혼식은 사치스럽지 않고 적은 비용으로 누구나 할 수 있고 친구들과 함께 어울릴 수 있기 때문에, 신랑 · 신부는 물론이고 친구들까지도 오래도록 추억에 남길 수 있는 결혼식이다.

수목결혼식

수목결혼식은 신랑 · 신부가 결혼식을 기념해 사랑의 정표로 어린 나무를 심고 앞날을 기원하는 결혼식으로, 특별하면서도 깊은 의미가 담겨져 있다. 그 의미란 거친 비바람과 어려움 속에서도 풍성한 열매를 맺는 나무처럼 사랑의 단단한 뿌리를 내리고 살아가라는 것이다.

식순을 보면 신랑 · 신부가 묘목을 들고 입장한다. 단상에는 깨끗한 곳에서 정성스럽게 떠온 정한수와 불을 밝힌 두 개의 촛대가 놓여 있다. 입장한 신랑 · 신부는 동서남북을 향해 지신 밟기를 하고 물을 뿌린 후에 나무를 심는다. 지신밟기를 하는 이유는 모든 신에게 축복을 기원하기 위해서인데, 묘목은 이왕이면 사랑이라는 의미를 가진 보리수를 권한다.

주례 없이 진행되는 이 결혼식은 한복을 입는 것이 분위기에 어울리지만 드레스나 턱시도를 입어도 무관하다. 일반결혼식에도 2부 순서에 나무심기를 넣어 진행해도 된다.

예식시간은 1시간 정도가 소요된다. 수목결혼식에 심는 나무는 결혼기념으로 심는 나무이므로 결혼식을 올린 후에도 끊임없이 관심과 애정을 가지게 될 것이다.

나무에는 '○○년 ○○월 ○○일 사랑하는 두 사람의 결혼기념으로 심다.'라는 팻말이 걸려 있어, '나중에 태어날 아이들에게도 엄마 아빠가 결혼을 할 때 심은 거란다.'라고 보여 줄 수가 있다. 꾸준한 관리가 꼭 이루어져야 하고 시내에서 가까운 곳에 있어야 자주 찾아 사랑을 확인할 수 있으며, 자녀들에게 나무에 대한 교훈이 될 수도 있다.

풍선결혼식

풍선결혼식은 식장을 온통 풍선으로 장식을 한다. 마치 동화나라에라도 온 것 같은 동심에서 시작된다. 수많은 풍선으로 풍선 아치, 풍선 길, 풍선 촛대, 풍선 단상 등 수 많은 풍선, 다양한 칼라, 다양한 종류 등으로 구성하여 장식을 한다.

풍선결혼식은 하객과 함께 하는 결혼식이다. 식순도 사회자가 풍선을 터트려 꺼내 진행을 하고 양가 아버지는 주단 위에 풍선들을 좌우로 치우면서 입장을 하면서 길을 여시고, 양가 어머니는 풍선으로 장식한 점화봉을 들고 화촉점화를 한다. 신랑 · 신부는 동시에 입장을 하는데, 화동들이 작은 풍선들을 뿌리면서 인도한다.

주례 선생님도 풍선 속에서 성혼선언문을 꺼내어 진행하시고 또한 하객들에게 풍선을 나누어 주어, 풍선 속에서 사랑, 행복이라는 글자가 나오면 그 사람에게 신랑 · 신부가 준비한 선물을 직접 드린다.

퇴장 때는 풍선 길에 있는 풍선들이 하늘로 날아오르고 친구들은 꽃가루가 들어 있는 풍선을 터트려 환영한다. 예식시간은 30~40분 정도가 소요된다.

장소는 실내든 야외든 상관없지만 풍선을 띄우고 풍선 터트리기를 해야 하므로 시간적 여유와 넓은 장소가 필요하다.

들러리 예식

신랑 · 신부를 결혼식장으로 인도해 옆에 서는 사람을 들러리라고 한다.

들러리의 유래

영어로는 Bridesmaid 신부의 들러리와 Bridesman 신랑의 들러리로 나뉜다. 외국영화에서 흔히 보듯 신랑 들러리 역할은 신랑에게 결혼반지를 건네주는 것이고, 신부 들러리는 서 있는 것이 고작이다. 하지만 신부 들러리의 임무는 신랑 들러리보다 더 중요하다.

말하자면 신부의 보디가드의 역할을 겸한다. 그 유래 중의 하나가 악귀로부터 진짜 신부를 지키기 위해 시작됐기 때문이라고 한다. 서양에서는 예로부터 잡귀들이 결혼식 날 행복한 신부를 질투해 나쁜 마법을 쓴다고 생각했기 때문에 신부와 똑같은 복장을 한 여성을 세워 귀신들을 헷갈리게 했다고 한다.

이 관습은 고대 로마시대에 시작되었다. 신부에게 구혼했다가 거절당한 구혼자가 친구들을 동원해 신부를 납치하는 소동이 심심찮게 일어나곤 했던 중세이후 신부 들러리는 꼭 필요한 존재가 되었다.

미국의 들러리 결혼식

미국에서는 가장 친한 친구들이 결혼식에서 들러리 역할을 한다. 들러리는 결혼식의 중요한 증인이다. 결혼반지를 들고 있다가 건네주는 역할을 한다. 그리고 신랑의 들러리는 신랑과 함께 신부가 입장하는 것을 기다린다. 신부의 들러리는 신부가 입장할 때 뒤에서 같이 입장한다. 신랑 들러리는 신랑에게 결혼반지를 건네주는 것이 주역할이다. 하지만 들러리의 예복까지 준비해야 하기 때문에 미국인들도 결혼식을 위해서는 적지 않은 비용을 들인다.

▪응용된 들러리 결혼식

누구를 들러리로 세워야 한다는 원칙은 없다. 가장 친한 친구가 들러리를 서는 것이 보통이지만 신랑 · 신부의 형제와 선 · 후배들이 서는 경우도 있다. 요즘은 신랑 · 신부의 친구 중 결혼준비 중에 있는 커플이나 연인 사이인 커플을 들러리로 섭외한다. 그러면 친구들이 무척 좋아한다.

이 들러리는 후에 있을 결혼식 예행연습이라고 생각하면 좋다. 평생 살면서 누군가의 결혼식에 들러리로 서 본다는 것은 정말이지 즐겁고 의미 있는 추억거리가 된다. 또한 결혼식이 아니고서는 입어 볼 수 없는 드레스를 입는다는 것만으로도 신나는 일이다. 여기서 주의할 점은 들러리가 신랑 · 신부보다 돋보이면 안 된다. 예를 들어, 신부 들러리가 신부보다 예쁘고 화려하다면 가장 돋보여야 할 신부가 상대적으로 빛이 바랠 것이다.

또한 서구에서는 손님으로 초대되어, 결혼식에 참석한 다른 여자들이 신부보다도 더 아름답게 옷을 입고 나타나면 무례한 행동으로 간주된다고 한다.

웨딩드레스

웨딩드레스

웨딩드레스의 유래

성경에서 결혼이란 '남자가 부모를 떠나 여자와 한 몸을 이루는 것'을 말한다. 어른이 「얼우다」라는 말에서 나온 것을 보아도 우리네 풍습 또한 결혼을 한 후에야 비로소 어른임을 인정해 주었던 것 같다.

3~4세기 북유럽의 어느 종족에서는 신랑이 신부를 납치해 멀리 달아나는데, 이 때 신랑 친구들이 결혼식이 끝날 때까지 신랑 곁에 머물면서 신부를 끝까지 지키도록 도와 주었다고 전해진다.

결혼식 날 갑작스러운 공격에 대비해 신랑은 언제든 칼을 쓸 수 있도록 오른쪽을 자유롭게 하기 위해 신부를 왼쪽에 세우고 그녀를 잡고 있었다고 전해지고 있으며, 이 기원에 따라 오늘날 신랑은 오른쪽, 신부는 왼쪽에 자리한다.

고대 로마에서는 신부의 예복으로 노란색 옷을 입고 플라메움(flammeum)이라는 불꽃색의 노란색 베일을 썼다고 한다. 영국과 프랑스에서는 결혼식 때 흰옷을 입는 풍습이 16세기 작가들에 의해 최초로 언급되었는데, 이 흰색은 신부의 처녀성을 시각적으로 보여주는 것으로 공개적이고 명백한 선언이었다고 한다.

1813년 프랑스의 어느 잡지에 흰색 웨딩 가운과 베일을 담은

패션이 최초로 실려 유명해지기 시작하자 그 스타일이 결정되었으며 1949년 Brittany의 Anne에 의해 대중화 되었는데 흰색의 웨딩드레스를 입기 전에는 대부분의 신부들이 가장 좋은 드레스를 입고 결혼식을 올렸다. 웨딩드레스와 함께 웨딩 패션의 하나인 베일(지금의 면사포)은 여성들을 위해 만든 것이 아니며, 전적으로 남성들에 의해 만들어진 것으로 독신 여성에게는 수줍음의 상징이고 결혼한 여성에게는 남편에 대한 순종의 상징으로 사용되었다고 한다.

또한 미리 얼굴을 보면 실망할까 봐 신부의 얼굴을 가리고 결혼할 때까지 절대 얼굴을 보여 주지 않고 신랑이 신부의 얼굴을 보려고 처음 베일을 벗기는 순간 신부의 아버지가 신랑에게 신부를 넘겨주는 결혼식도 있었다고 전해진다.

북유럽에서는 납치된 신부만이 베일을 썼으며 색은 별로 중요치 않았고, 기원전 4세기 로마와 그리스에서는 얼굴이 환히 보이는 베일을 핀이나 리본으로 머리에 고정시켰으며, 중세에는 색을 중시하지 않고 오히려 옷감의 질이나 장식을 강조했다.

오늘날에는 웨딩패션, 웨딩 컬렉션이라 하여 웨딩드레스와 베일 이외의 아이템들과 함께 가장 아름다운 신부를 연출하고 있다.

흰색 웨딩드레스의 유래

신랑 · 신부가 없는 결혼예식을 상상할 수 없듯이 웨딩드레스를 입지 않은 신부 또한 상상하기 어렵다. 평상복을 입고 예식을 올리겠다고 주장하는 신부가 없듯이, 결혼과 상관없는 여성이 웨딩드레스를 입겠다고 고집을 피우는 경우도 찾아볼 수 없다.

웨딩드레스와 신부는 불가분의 관계를 유지한다. 우리가 웨딩드레스를 이야기할 때 가장 먼저 떠올리는 것은 흰색이다. 흰색은 순결한 신부를 상징하는 웨딩드레스의 표상이지만, 흰색의 웨딩드레스가 선보여진 것은 사실 그리 오래 되지 않았다.

비이성적인 믿음이 쉽게 유포되던 당시에는 순결하지 못한 신부가 흰색을 입으면 그 색이 변한다고 믿었다. 하지만 이러한 노골적인 처녀성에 대한 공개여부를 놓고 흰색의 웨딩드레스를 둘러싼 논란은 무려 150년이나 계속되었으며, 1813년 유명한 프랑스 잡지 「주르날 데 담(journal des Dames)」에 흰색 웨딩 가운과 베일을 담은 그림이 최초로 실리면서 현대적 웨딩드레스의 기본 스타일이 제시되었고 1884년 빅토리아 여왕이 흰색 공단에 오렌지 꽃으로 장식된 웨딩드레스를 입은 이 후 흰색은 웨딩드레스의 확고한 상징으로 자리를 잡게 되었다.

드레스 고르기

■ 충분한 시간을 갖는다.

적어도 결혼 2개월 전쯤에는 웨딩드레스를 결정짓는 것이 좋다.

■ 자세하게 알아본다.

드레스를 고르기 전에 가능하면 많은 드레스를 보고 웨딩드레스에 대한 정확한 정보(잡지나 인터넷 등)를 알아보는 것이 좋을 것이다.

■ 여럿이 함께 다니지 않는다.

동행한 사람들이 각자 다른 의견을 제시하면 도움이 되기는커녕 더 혼란스러워질 것이다.

■ 반드시 예약 후에 방문한다.

화요일이나 수요일 같은 한가한 시간에 미리 예약을 하고 방문하면 전문가가 신경을 써서 상담에 응해 주므로 유리하다.

■ 눈높이를 맞춘다(예산 맞추기).

처음부터 눈높이를 너무 높이지 말고 쓸 수 있는 예산의 범위 내에서 둘러보는 것이 좋다.

■ 자신에 대해 파악한다.

자신의 취향이나 체형, 신랑의 키나 나이 차이 등을 고려한다.

■ **멈추어야 할 때를 파악한다.**

드레스를 고르기 전에 적어도 서너 군데 정도의 웨딩숍에서 3벌 정도씩은 입어 보며, 드레스를 입어 볼 때에는 시간을 충분히 가지고 어떤 드레스가 마음에 드는지 생각해 볼 수 있어야 한다.

■ **계절을 고려한다.**

만약, 두꺼운 공단으로 만든 *하이네크의 긴 소매 웨딩드레스를 장마철에 입었다고 상상해 보자. 여름 신부들은 무겁게 장식된 것보다는 가벼운 느낌을 줄 수 있는 것으로 선택해야 하며, 겨울에는 보다 풍부한 천을 사용할 수 있다.

※ 하이네크 : 폴라 T-셔츠처럼 목을 감싸는 스타일.

■ **예식장소를 고려한 후 드레스를 선택한다.**

작은 크기의 예식장에서 너무 긴 *트레인은 부담스러워 보이며, 성당이나 교회 등 장소가 클 경우에는 드레스도 좀더 우아하고 트레인도 긴 것이 잘 어울린다. 장소가 크면 클수록 트레인 역시 길어져야 한다.

※ 트레인 : 뒤로 늘어진 장식.

■ **컬러를 고려한다.**

컬러가 있는 드레스가 아직 보편화되지는 않았지만 요즘 유행하는 아이보리나 *오프 화이트로 된 드레스는 시도해 볼만하다. 또한 부케의 컬러를 파스텔 톤으로 맞추면 더욱 화사하고 사랑스러워 보일 것이다.

※ 오프 화이트 : 아이보리보다 약간 더 짙은 색

■ **첫 느낌을 믿는다.**

어떤 드레스로 결정지어야 할지 확신이 서지 않을 경우에는 처음에 마음에 들었던 드레스를 고른다.

■ **살을 뺄 계획으로 드레스를 결정하는 것은 좋지 않다.**

무리한 다이어트 계획으로 날씬한 체형에나 어울리는 디자인을 선택한다면 오히려 아름다운 신부의 모습을 망치는 결과를 가져올지도 모른다.

■ **전문가의 시각을 믿는다.**

객관적이고 전문적인 코디 감각을 갖고 있는 전문가의 추천을 믿으면 성공률이 높다.

좋은 드레스 고르기

결혼을 앞둔 신부가 가장 고민하는 것 중의 하나가 과연 어떤 드레스를, 어디에서, 얼마의 가격에 입을 것인가이다. 드레스는 지역과 지명도에 따라서 그 가격이 큰 차이를 보이게 되고 일정한 광고 루트가 없기 때문에 대개의 경우에는 주변사람들의 권유로 선택하는 사람들이 대다수를 차지한다. 이럴 때, 제대로 알아 두어야 할 몇 가지 선택기준을 알아본다.

■ 소 재

크게 수입품과 국산품으로 나눌 수가 있다. 국산품의 경우, 최하 마당 1천원씩 하는 것에서 최고 수입품은 마당 40만 원씩 하는 것도 있다. 망사는 불란서와 이태리 것을 노방, 실크 등의 고급원단은 이태리와 일본 것을 알아준다. 육안으로 보았을 때 고급소재는 우윳빛을 띠고, 가격이 낮은 것은 형광 빛을 띠고 있다. 대부분의 드레스 원단은 물세탁이 가능한데, 고급품은 세탁 후에도 보송보송한 느낌이 나는 반면에 싼 것은 누렇게 색이 변하고 후줄근해진다.

■ 불망과 자수

불망은 매끈한 원단 상태가 아니라 수를 놓거나 패턴을 달아 드레스 포인트인 화려함을 만들어 내는 요소로 이태리제를 최고로 알아주는데, 워낙 수공업이 발달해 가격여하에 상관없이 최고의 상급품이 많이 나온다고 한다.

■ 비 딩

진주와 스팽글, 인조구슬 등을 드레스 디자인에 따라 손으로 작업하는 것을 일컫는 것으로, 비딩이 많이 된 것일수록 공이 많이 들어간 것이므로 그만큼 인건비가 높아진다. 심한 경우, 한 벌의 드레스를 제작하려고 몇 달씩 비딩 작업을 할 수도 있으니 그만큼 단가가 높아진다. 비즈(구슬)는 반짝거림이 강하고 무지갯빛 나는 것이 고급품으로 분류되며, 그 가격차도 심하다.

■ 바느질

바느질에서 드레스의 완성도가 달라진다. 아무리 비싼 재료를 사용해도 바느질 솜씨가 엉성하면 그만큼 진가를 발휘하지 못한다. 저가인 드레스의 경우, 부분적으로 떼어 하청 업체에 맡겨 제작한 후에 이를 짜깁기하거나, 아니면 아예 인건비가 낮은 동남아시아 등의 제3국에 공장을 설립해 OEM방식으로 주문제작한다. 고급드레스는 아무리 시간이 많이 소요되더라도 자체 작업실에서 직접 만들며, 전 과정에 공을 들이는 만큼 가격이 높아지게 되는 셈이다.

■ 액세서리

귀고리, 화관, 베일, 장갑 등 액세서리는 국산이나 대만제는 주로 저가의 상품으로, 이태리제는 고가로 분류되고 있다. 따라서 장갑 하나에도 1~2만 원대의 국산에서부터 10만원을 넘기는 제품까지 폭넓은 가격차를 보인다.

드레스의 네크라인

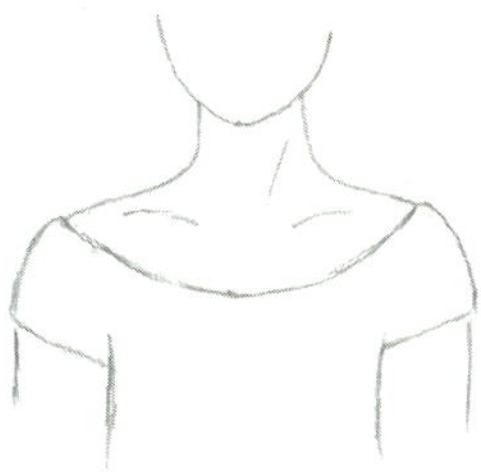

라운드

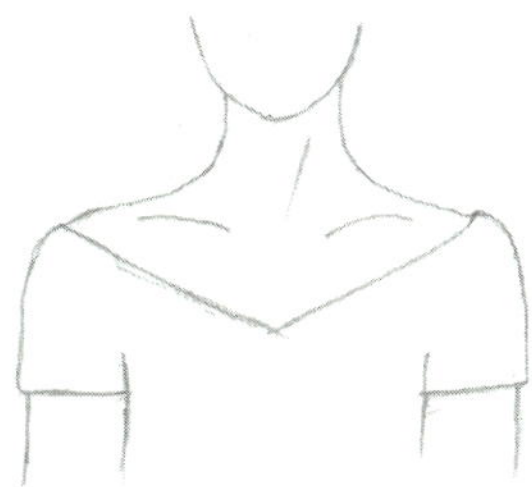

V

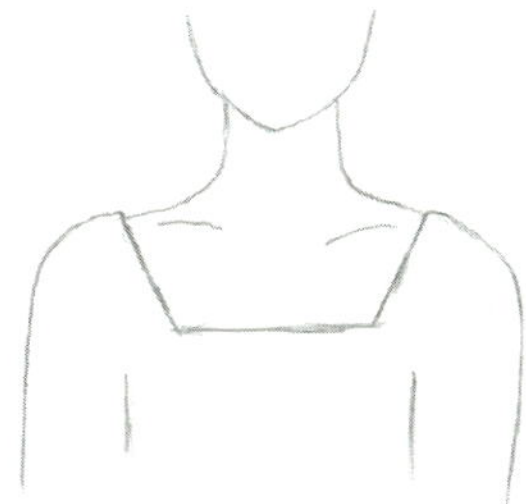

스퀘어

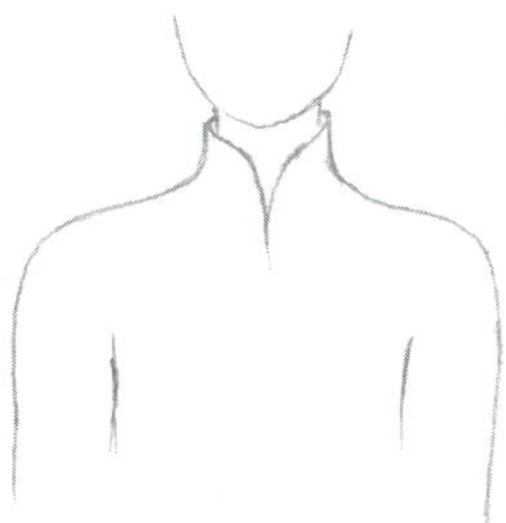

하이1

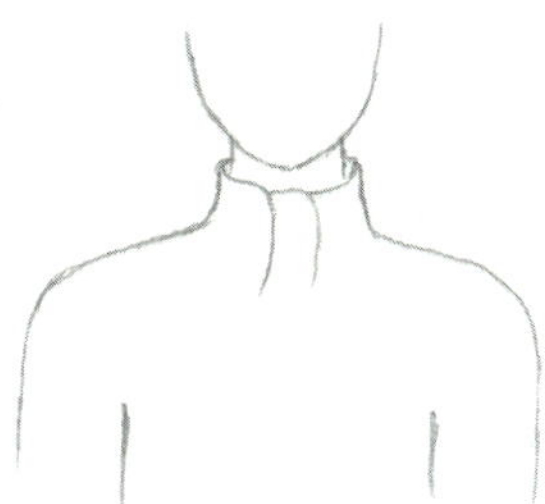

하이2

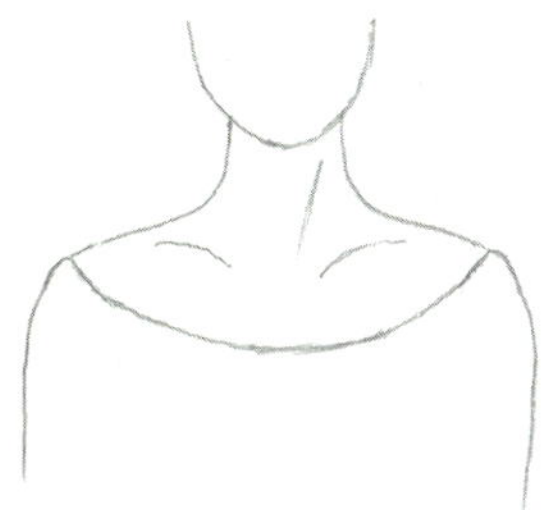

오프

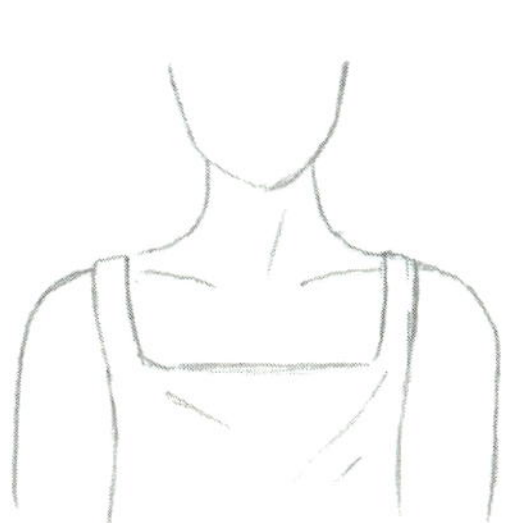

케미숄

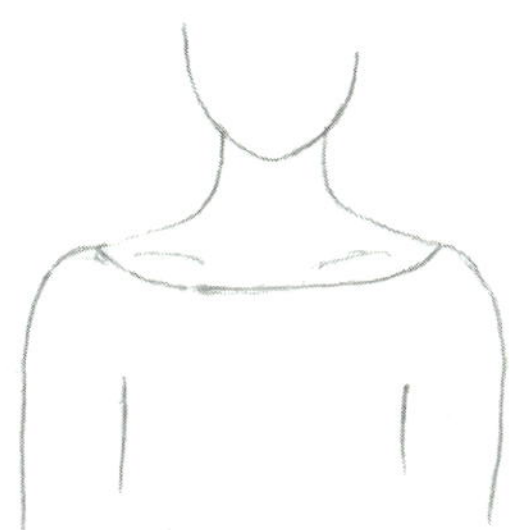

보트

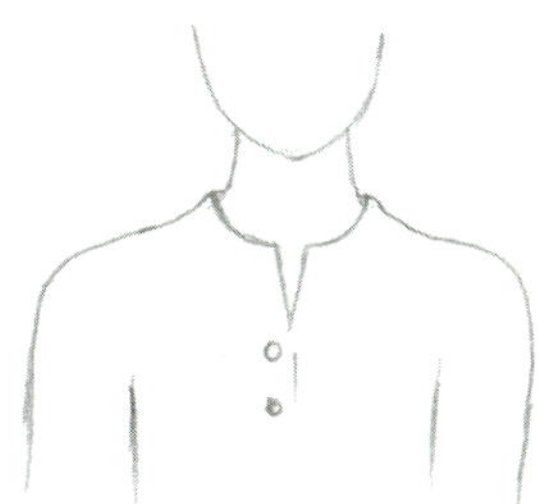

오픈 프런트

V형

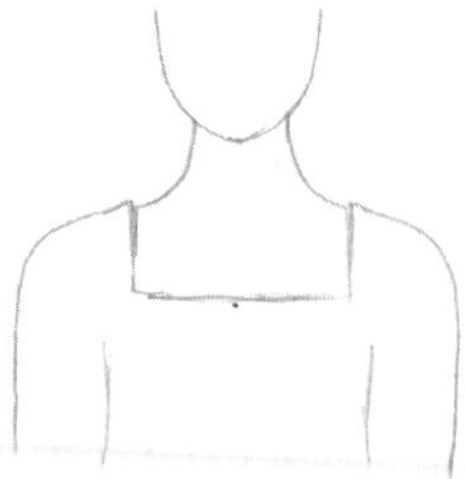

스퀘어2

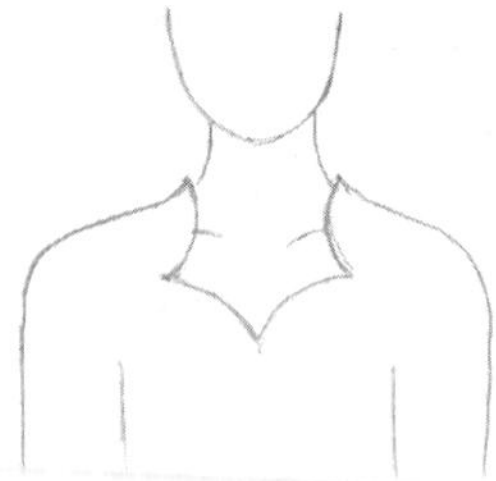

스위스 하트

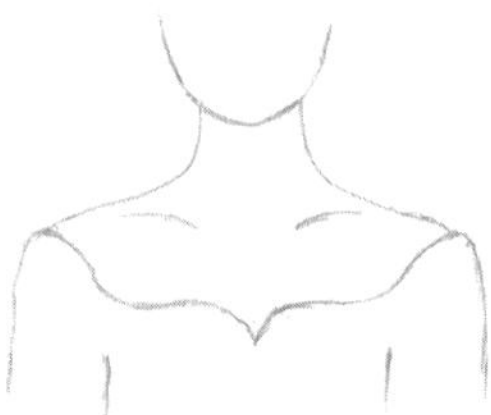

하트

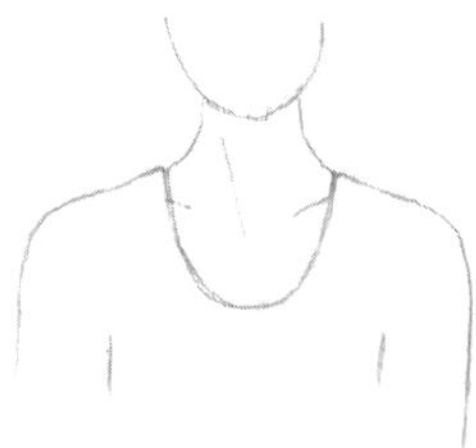

오벌

U형

드레스의 라인

슬랜더 라인

벨 라인

머메이드 라인

프린세스 라인

체형에 따른 드레스 선택법

■ 키가 크고 마른 체형

키가 크고 마른 신부라면 우아한 느낌의 *버슬 스타일로 볼륨을 주거나 세련된 분위기를 연출해 주는 H라인 드레스를 선택하는 것이 바람직하다. H라인에 트레인을 길게 디자인해 주면 마른 체형을 커버해 주어 더욱 좋다. 또 상하시선을 분할해 주거나 입체감이 느껴지는 *바이어스 테이프로 장식된 드레스가 적당하고, 스커트 부분에 주름장식이 있거나 입체적인 꽃무늬 장식이 화려한 것을 선택한다.

※ 버슬 스타일 : 힙에 볼륨을 주고 허리선을 살려 주며 시선을 분산시키는 효과가 있는 스타일.

※ 바이어스 테이프 : 각진 체크무늬로 입체감을 줄 때 사용하는 스타일.

■ 팔이 굵고 어깨가 넓은 체형

키를 커 보이게 하는 데에는 A라인과 *프린세스 라인이 적당하다. 네크라인에서 스커트 밑단까지 세로로 장식하거나 절개선을 넣으면 키가 커 보일 뿐만 아니라 날씬하게 보이는 효과까지 얻을 수 있다. 키가 작고 뚱뚱할 때에는 시선을 BODY 부분으로 집중시켜 주는 것이 포인트이다. *시스루 스타일이나 네크라인, 소매 부분을 독특하게 디자인한 것이 적당하다. 네크라인이나 소매 부분에서 스커트 밑단까지 세로로 디테일 장식하는 것이 좋다.

※ 프린세스: 상의에 넣는 세로 절개선

※ 시스루: 속이 비춰 보이는 옷

■ 키가 작고 마른 체형

마른 체형을 커버하기 위해서는 스커트를 볼륨 있게 디자인한 X라인이 적당하며, 키를 커 보이게 하기 위해서는 원피스 스타일이나 스트라이프 문양으로 롱 실루엣을 연출하거나, BODY 부분에 포인트 장식하여 시선을 상체로 집중시키는 방법이 있다. 긴 드레스나 긴 베일은 키를 작아 보이게 하므로 피하고, 가슴이 빈약하면 *퍼프소매나 코사지, 리본장식, 꽃으로 볼륨을 주는 것이 바람직하다. 어깨와 목선을 많이 드러낸 네크라인이 어깨를 넓어 보이게 하고 당당한 느낌을 준다.

※ 퍼프소매: 어깨 부분만 감싸 주는, 부푼 풍선형의 귀여운 스타일의 소매

■ 팔이 굵고 어깨가 넓은 체형

신체를 노출시키는 스타일보다는 단점이 될 수 있는 부분을 가려 주어 체형을 감추는 것이 어깨가 넓은 체형에 어울리는 웨딩드레스이다. 어깨 부분이나 팔뚝에 장식을 최대한 배제해야 하며, 어깨선이 많이 드러나 보일수록 넓어 보이므로 *스퀘어 네크라인이나 하트 모양의 네크라인 웨딩드레스를 선택하는 것이 좋다. 소매 기장은 길거나 짧은 것보다 팔을 살짝 가릴 수 있는 반소매가 잘 어울리며, 전체적인 실루엣은 H라인이나 X라인은 피하는 것이 좋다. 또한 뒷자락이 살짝 끌리는 드레스가 시선을 아래로 유도하여 매력적이고 우아한 이미지를 준다.

※ 스퀘어 네크라인 : U자 형의 네크라인

체형 결점 커버 드레스 선택법

■ 어깨가 넓다.

어깨를 강조하지 않은 스타일로 시원하게 노출시키는 것이 가장 좋으며, 어깨와 소매에 장식을 절제하고 전체적으로 심플한 분위기를 연출하는 것이 중요하고, 어깨보다 안쪽에 퍼프소매를 단 스타일이나 어깨 라인을 가려 주는 숄 스타일을 선택하는 것도 넓은 어깨를 커버할 수 있는 방법이다.

■ 가슴이 크다.

가슴을 지나치게 드러내서도 안 되며, 가슴 부분에 장식이 많은 것도 좋지 않다. 어깨와 가슴 부분을 이중으로 가리는 *케이프 스타일 웨딩드레스는 큰 가슴을 커버해 주며, 웨딩드레스 허리선을 낮게 디자인한 스타일이다. 가슴 아래의 허리와 힙 선에 시선이 머물게 하는 것이 좋다.

※ 케이프 : 어깨에 걸치는 망토

■ 가슴이 작다.

가슴에 볼륨감이 없는 신부는 장식이 화려한 드레스를 고르는 것이 좋으며, 가슴 부분에 리본이나 코사지, 비딩 등을 장식해 볼륨감을 살리면 가슴이 커 보이는 효과가 있다. 가슴 선까지 깊게 파인 네크라인은 가슴의 볼륨감을 강조하는 효과가 있으므로 결점을 커버할 수 있다.

■ **팔이 굵다.**

팔이 굵은 경우에는 긴 소매 드레스를 입는 것이 좋다. 타이트한 긴 소매는 굵은 팔을 커버하는데 가장 적당하다. 볼륨을 살린 퍼프소매나 캡 소매, 짧은 소매는 굵은 팔에 적당하지 않고 짧은 소매인 경우에 팔꿈치 길이는 7부가 적당하다. 소매 끝 부분을 *러플로 처리하는 것도 좋은 방법이다.

※ 러플 : 큼직한 물결 모양의 주름 장식

■ **목이 짧다.**

목이 짧으면 어깨와 가슴 선을 시원하게 드러낸 네크라인이나, 어깨까지 드러나는 탑 스타일이 잘 어울린다. 네크라인은 목을 깊게 판 V자형이나 스위트하트 네크라인이 적당하고, 소매는 *슬리브리스를 고르는 것이 좋다. 목을 감싸는 네크라인은 목이 더 짧고 답답해 보이므로 피한다.

※ 슬리브리스 : 소매가 없는 나시 스타일.

■ **어깨가 좁다.**

어깨가 왜소한 경우에는 화려한 장식을 이용해서 어깨를 강조하는 것이 좋으며, 어깨를 부풀린 퍼프소매나 캡 소매에 리본 등을 장식해서 볼륨을 살린 디자인은 좁은 어깨를 커버해 준다. 어깨가 좁고 쳐진 경우도 많은데, 이런 신부는 일자형 네크라인에 소매가 연결되어 있는 드레스를 입는 것이 좋다.

■ **다리가 짧다.**

드레스 트레인을 화려하게 장식한 디자인이나 상체를 짧아 보이게 하는 *하이 웨이스트 혹은 허리라인에 볼륨을 넣어 위로 올라가게 디자인한 버슬 스타일의 웨딩드레스를 선택하면 결점을 커버할 수 있으며, 커다란 리본이나 코사지는 허리선을 위로 올라가 보이게 하면 효과가 있다.

※ 하이 웨이스트 : 허리선 위로 허리 라인을 올려 귀엽고 길어 보이는 스타일.

■ **허리가 굵다.**

허리가 날씬해 보이게 하려면 시선을 상체와 하체로 분리시키는 디자인을 선택하는 것이 좋으며, 슬림한 라인에 풍성한 트레인을 달면 굵은 허리를 커버할 수 있는 효과가 있다. 허리에 주름을 풍성하게 잡아 볼륨을 살린 웨딩드레스도 허리가 날씬해 보이는 스타일이다.

■ **배가 나왔다.**

네크라인과 소매장식이 화려한 드레스를 입으면 시선이 분산되어 나온 배를 커버할 수 있으며, 허리선에 리본이나 *프릴을 장식한 드레스를 선택하면 배를 감출 수 있다.

※ 프릴 : 물결 주름무늬

■ 힙이 크다.

힙을 가릴 수 있는 프린세스 라인을 입어야 한다. 상체 부분은 피트 되고 스커트는 넓게 퍼져 신체 라인이 드러나지 않는 스타일로 어깨에 포인트를 두는 것이 좋다.

체형 차이에 따른 드레스 선택법

■ 키 작은 신부와 큰 신랑일 때

깔끔한 라인의 디자인을 선택해 날씬하고 키가 커 보이게 연출하고 웨이스트가 잘록해 보이는 A라인이 가장 잘 어울린다. 신부가 마르고 작은 경우에는 소매에 볼륨을 넣은 디자인을, 통통한 경우에는 V네크라인이나 깊게 판 스퀘어 네크라인을 선택한다.

■ 키 큰 신부와 작은 신랑일 때

신랑에 비해 신부의 키가 크다면 어깨나 스커트 등을 부풀리지 않은 깔끔한 스타일을 선택하는 것이 적당하며, 보디와 스커트가 떨어진 재킷 스타일의 웨딩드레스도 실제보다 키가 작아 보이는 효과를 거둘 수 있다. 스커트의 단 처리 또한 굵직한 무늬의 레이스나 스커트 원단과 다른 소재를 가로 라인으로 배열하여 시선을 차단시키며, 스커트는 장식이 없는 심플한 스타일이 뚱뚱한 몸매를 효과적으로 커버한다.

■ **마른 신부와 뚱뚱한 신랑일 때**

키가 커 보이면서도 말라 보이지 않도록 연출하며, 네크라인 부뷰에 주름을 넣어 볼륨을 살리거나 네크라인이 어깨까지 연결되는 스타일을 선택해 상체가 넓어 보이도록 한다. 스커트는 풍성한 느낌을 살릴 수 있는 망사소재를 사용하는 것이 좋다.

■ **통통한 신부와 마른 신랑일 때**

일단, 복잡하고 화려한 장식은 피하고 공단이나 세로 스트라이프 소재를 이용하여 심플한 아름다움을 살린 웨딩드레스를 선택한다. 허리선을 깊은 V자로 처리한 디자인도 결점 커버에 도움이 되며, 가슴 부분을 넓고 깊게 판 V네크라인이나 *하트 세이프 네크라인의 A라인도 한층 날씬해 보이는 효과가 있다.

※ 하트 세이프트 : U자형 네크라인과 유사한 형태이나 가운데 부분이 옴폭 들어간 디자인

계절에 어울리는 웨딩드레스

계절별로 드레스의 디자인과 소재가 정해져 있는 것은 아니지만 웨딩드레스에 있어, 소재와 실루엣은 매우 중요한 요소인 만큼 계절에 어울리는 소재와 디자인의 선택은 신부를 더욱 돋보이게 한다. 적당히 힘이 있는 소재는 체형의 결점을 커버해 주는 방법이지만 너무 두껍다. 뻣뻣한 소재는 오히려 뚱뚱해 보일 뿐만 아니라 봄과 여름철에는 덥고 답답해 보일 수 있고, 얇은 소재는 몸매의 실루엣을 그대로 드러내므로 몸에 군살이 많은 신부나 겨울철에는 피하는 것이 좋다.

봄

여름에는 화사하고 시원한 느낌의 소재인 얇은 알레콘(Alencon)이나 샹틀리(Chantilly) 레이스, 노방, 망사, 그리고 조금 두꺼운 소재로는 얇은 수직 등이 무난하며, 소매의 길이가 짧고 네크라인이 시원스럽게 파진 디자인이 좋다.

여름

예식장소가 실내인데 냉방장치가 잘 되어 있다고 하여 두꺼운 소재로 된 긴 소매의 드레스 선택은 피하는 것이 좋다. 보는 사람이 답답하고 더워 보이며, 이동할 때 습기 때문에 쉽게 구겨지고 푹 주저앉아 볼품없어지기 쉽다. 색깔이 약간 가미된 것보다는 가볍고 산뜻해 보이는 화이트를 권한다.

■ 가을이나 겨울

따뜻해 보이는 아이보리 톤의 공단, 산퉁 실크, 자카드 혹은 미카도 그리고 케미컬 레이스 같은 소재로 된 드레스를 고르면 한층 우아하고 고급스럽게 보일 수 있으나 소재가 두꺼워진 만큼 지나치게 장식이 많은 디자인은 오히려 신부를 무겁게 짓눌러 어울리지 않으므로 부분적으로 모티브를 이용하여 장식을 하거나 자수를 놓은 디자인을 택한다. 한겨울이라면 모피 장식을 추가하는 것도 색다르고 화려한 느낌을 줄 수 있다.

예식장소에 따른 드레스

어떤 장소에서 예식이 진행되는지에 따라서도 드레스는 달라진다. 성당처럼 엄숙한 분위기에서는 노출이 심하거나 실루엣이 지나치게 화려한 것보다 우아하고 기품 있는 드레스를 선택하는 것이 좋으며, 조명이 좀 어두운 것을 고려한다면 바디 부분에 비즈 장식이 화려한 스타일이나 뒷 트레인이 화려한 디자인을 선택하도록 한다.

야외결혼식의 경우에는 시원하게 파인 네크라인에 짧은 소매나 탑 스타일, 반짝이는 비딩 등 약간은 과감하다 싶은 디자인도 무난히 소화할 수 있다. 넓고 탁 트인 장소에서는 눈에 띄는 밝고 화사한 드레스가 어울린다.

예식장소가 호텔이라면 좀더 볼륨감 있는 화려한 드레스를, 회관에서의 예식이라면 단아한 드레스를, 일반예식장이라면 조명이 화려하기 때문에 이를 이용할 수 있는 드레스를 선택하는 것이 좋고, 그리 넓지 않은 홀일 경우에는 트레인이 너무 길고 웅장한 것은 피하는 것이 좋다.

〈결혼 앞둔 예비신부들의 궁금증〉

예비신부들은 사소한 것 하나도 결혼을 앞두고 큰 고민으로 다가온다.
머릿속으로 그려 보는 결혼식은 그저 막연하고 상황마다 의문들은 쌓이게 마련이다.
사소하지만 꼭 알고 싶은 예비신부들의 궁금증들을 모아 보았다.

머리가 짧은데, 업스타일 헤어는 어떻게 하나?

머리가 짧은 경우라도 크게 걱정할 필요가 없다. 헤어피스를 이용하면 자연스러운 업스타일 헤어를 연출할 수 있다. 3~5만 원 정도 헤어피스 비용을 추가로 지불해야 하는 경우도 있지만, 대부분의 신부 메이크업 전문 미용실들은 무료로 서비스해 준다. 서너 달 정도 여유가 있다면 조금 길러 보는 것도 좋을 것이다.

결혼식은 토요일, 허니문 출발은 월요일 어디서 자는 것이 좋을까?

결혼식 당일은 시내 호텔을 이용해 보자. 그래도 명색이 신혼 첫날 밤인데 무드 없이 신혼집 또는 아무데서나 지낼 수는 없다. 결혼식 당일 날, 정신없이 신혼여행을 떠나는 것보다 훨씬 편안하고 여유 있는 일정이 될 수 있을 것이다.

웨딩드레스를 입을 때, 웨딩 속옷을 따로 준비해야 하나?

특별한 경우가 아니라면 따로 준비해야 할 것은 없다. 웨딩숍마다 웨딩드레스 안에 착용하는 하얀색 브라를 준비해 놓고 있다. 체형보정용 속옷이 필요하다면 따로 준비해야 한다. 드레스를 입고 걸을 때 속살이 보이지 않게 하고 격식을 갖추고 싶다면 그 날만을 위한 예쁜 속옷 한 벌쯤은 준비하는 것도 좋을 것이다.

신랑이 안경을 끼는데, 웨딩 촬영 때 벗는 것이 나을까?

안경을 착용하는 분이 안경을 벗으면 오히려 어색한 경우가 많다. 괜히 벗고 촬영했다가 평소 분위기와 다르게 보일 수 있다. 계속 신경이 쓰인다면 무테안경을 준비하면 좋을 것이다. 가장 자연스러운 모습이 최상의 모습이란 것을 명심한다.

청첩장은 언제 주문하고 언제 발송해야 하나?

결혼식 한 달 전에는 하객이 받아 볼 수 있도록 해야 한다. 청첩장 주문 후 일주일이면 나온다고 봤을 때 가장 좋은 시기는 결혼식 40일 전, 급한 경우에는 사흘 만에도 제작이 가능하겠지만 여유 있게, 그리고 꼼꼼하게 준비해야 실수가 없다. 제작업체에 직접 가지 않더라도 인터넷을 통해 주문이 가능하고 팩스나 메일로 주문한 청첩장을 미리 받아 잘못된 부분을 체크할 수 있다.

웨딩 촬영 때, 염색한 헤어가 예쁘게 나온다고 한다. 염색을 꼭 해야 하나?

사진에서 가장 무난하게 나오는 색깔은 초콜릿색이다. 웨딩드레스 자체가 서양의복이기 때문에 좀더 서구적인 헤어의 컬러가 어울린다는 뜻 일뿐, 무엇보다 자신에게 가장 잘 어울리는 컬러를 선택하는 것이 좋다. 진한 블랙 컬러 헤어는 인상이 강해 보일 수 있기는 하지만 본인의 스타일과 잘 어울린다면 상관없을 것이다. 급하게 헤어를 바꾸는 것은 위험하니 염색을 할 경우에는 약 2주정도 여유를 두고 바꾸는 것이 좋겠다.

■ 테일 코트

별명은 연미복이며 디너의 정식예복으로 정통파의 이미지가 강하다. 재킷 뒤의 꼬리가 제비 꼬리같이 긴 것이 특징이며, 디자인이나 색상도 다양하다.

■ 턱시도

디너의 준 예복인 턱시도는 캐주얼한 파티 스타일에도 좋으며, 재킷은 싱글·더블 모두 좋지만 반드시 커머 벤드와 조끼를 착용한다. 모닝코트보다 한 단계 아래인 준예장이며, 약혼 복이나 애프터 복으로는 컬러나 디자인에서 트랜드를 가미한 팬시 턱시도로 유행을 즐길 수도 있다.

■ 다크 수트

다크 수트는 말 그대로 블랙이나 짙은 그레이, 네이비 등의 어두운 색 정장을 말하며, 비즈니스 웨어로도 착용하고 주간의 간단한 식전이나 야간의 파티에도 입을 수 있는 복장이다. 기본적으로는 솔리드가 원칙이지만 가느다란 무늬라면 스트라이프로 가능하다. 평상복으로도 활용할 수 있을 만큼 트랜디한 디자인이 가미되기도 하지만 너무 캐주얼한 디자인은 피하는 것이 좋으며, 결혼예복으로 입을 때에는 화려한 베스트나 타이와 코디하면 예복의 느낌을 살릴 수 있다.

■ 파티복

개성적인 신랑에게는 디자인을 중시한 옷을 권한다. 정식예복은 아니지만 캐주얼한 스타일로 자신을 어필하고, 신부의 드레스에 맞춰 센스 있게 입도록 한다.

웨딩사진의 종류

■ **야외연출 사진**

예식당일 오전이나 혹은 예식 전 평일에 미리 시간을 정해 촬영장소와 일자에 맞추어 촬영한다. 고궁이나 수목원, 놀이동산의 야외를 배경으로 연출사진을 찍는 것으로 90년대 초에 대만으로부터 도입되어 일반화되었으며, 한때 지나친 사치화로 거품 결혼의 대표라고 일컬어진 적도 있으나, 단 한 번 뿐인 결혼의 기록을 색다르게 남길 수 있다는 장점이 있다. 근래에는 합리적이고 현실적인 가격에 좋은 상품들이 많이 나와 있어서 충분히 검토한 후 결정한다면 좋은 추억과 기록이 남겨질 수 있으며, 가격은 종류에 따라 다양하다.

■ **원판 사진**

예식장 단상에서 주례, 부모, 친구 등이 서서 기념사진을 찍어 구성한다.

보통 10컷 정도 되며, 가격은 사진 크기에 따라 달라진다.

■ **스냅사진**

예식당일 날의 예식진행 장면을 시간의 흐름에 따라 순간순간 촬영하여 앨범 1권을 구성해 주는 것으로, 일반예식장의 경우에는 스냅 사진과 원판 사진을 합하여 앨범 1권으로 묶어 주는 곳이 많으며, 가격 또한 다양하다.

▪비디오 촬영

예식당일의 예식진행 장면을 비디오로 촬영하는 것으로, 일반 촬영과 특수편집 등 다양한 종류와 기법이 있다.

▪리허설 촬영

예시당일에 야외연출 사진을 찍을 때의 단점은 당일 기상상황을 예측할 수 없고, 이른 아침부터 메이크업, 드레스 등 이것저것 챙기며 서두르다 보면 시간이 충분치 못해 연출사진을 망칠 수도 있다. 이러한 문제점 때문에 요즘 신랑・신부들은 그들이 편리한 평일 한 날을 잡아 여유 있게 촬영을 하는 추세로, 이것을 리허설 촬영이라 한다. 결혼식 당일에 해야 하는 드레스, 턱시도, 신부 메이크업, 부케 등을 한 번 더 준비해야 한다는 부담이 있기도 하지만, 리허설만을 위한 저렴한 패키지 상품을 취급하는 곳도 있으므로 잘 알아보면 편리하게 이용할 수 있다.

〈웨딩사진 선택하기〉

- 리허설 촬영을 할 것인가?
- 야외 신을 넣을 것인가?
- 인물위주의 사진을 원하는가?
- 많은 연출을 원하는가?
- 예산은 얼마인가?

〈웨딩사진 촬영을 위한 준비〉

- 촬영 전 피부의 관리
- 촬영 전 헤어의 관리
- 메이크업 & 헤어
- 의상준비와 식사 값
- 기타(도우미 비용 등)

〈웨딩사진 잘 찍기〉

- 포즈와 웃는 연습
- 자신감(적극성) - 즐기기
- 단점 파악하기(촬영자와 의논)
- 편안하게 즐기면서
- 너무 많은 연출은 역효과

〈당일사진 촬영 방법〉

- 표정관리(연출 불가능)
- 신랑·신부의 거리
- 자연스럽고 편안하게

플래너의 조언

- 사진 종류의 설명과 주인공의 컨셉트 찾아주기
- 촬영시 준비와 방법설명과 업체결정 후 발주서와 오더용지 관리
- 스케줄 관리와 촬영 후 앨범 관리

웨딩부케

부케의 의미

부케는 고대 프랑스어 bosquet에서 나온 말로 작은 숲, 즉 꽃다발이란 의미이다. 원래는 신랑이 들에서 꺾어 만든 꽃다발을 애정의 표시로 신부에게 건네주었고, 신부가 받은 다발 중에서 한 송이를 빼서 신랑의 양복 깃에 꽂아 준 것이 바로 지금의 부토니아(코사지)이다. 서양에서 부케를 들기 시작한 것은 기원전 4세기로 다산을 기원하는 의미로 곡물의 다발을 들었는데, 중세에 들어서 부케의 소재가 꽃으로 바뀌었으며, 이것은 들꽃의 향기가 신부를 질병과 악령으로부터 보호한다고 믿는 데서 유래된 것이다.

부케를 던지게 된 풍습의 유래

옛날 유럽에서는 결혼식이 끝나면 신부의 꽃다발에서 꽃을 한 송이씩 뽑아 가슴에 꽂아 주는 풍습이 있었으며, 이는 신의 축복을 받아 결혼한 신부가 꽃을 나눔으로 꽃을 받은 사람도 행복해지길 기원하는 뜻이 담겨져 있다. 오늘날에도 신부의 행운을 함께 나누고자 하는 생각에는 변함이 없어, 가장 결혼이 급한 예비신부에게 대표로 웨딩 부케를 건네주게 되었다.

부케의 종류

웨딩 부케는 클러스터 한개만으로 이루어진 라운드형과 한 개의 클러스트에 한 개의 갈란드로 이루어진 하수형, 이 하수형에 갈란드를 하나 더 합하여 이루어진 초승달형, 초승달형의 부케에 갈란드를 하나 더 합하여 만든 삼각형이 부케 제작의 기본이 되며, 이러한 기본 스타일을 기준으로 다양한 형태의 부케들이 있다.

원형(round)

원형의 둥근 모양으로 구성된 부케로, 가장 대중적인 사랑을 받고 있는 스타일로 어떤 꽃으로 표현해도 무난하며, 귀엽고 심플하다.

타원형(oval)

둥근 접시를 뒤집어 놓은 것처럼 만든 부케로 달걀 모양을 가지며, 라운드와 케스케이드의 혼합형 스타일이다.

폭포형(cascade)

갈란드에 갈란드를 연결하여 자그마한 폭포에서 물보라를 일으키며 떨어지는 아름다운 모습을 표현한 스타일로, 중간 크기의 꽃과 잎을 사용해 아름다운 선을 강조한다.

■ **초승달형**(crescent)

곡선으로 만든 두 개의 갈란드를 중심 부분에서 서로 연결하여 초승달형으로 만든 스타일이다.

■ **S자형**(hogarth)

곡선으로 된 두 개의 갈란드와 중심부분을 서로 합하여 S자형으로 구성된 스타일로 리듬감을 느낄 수 있다.

■ **삼각형**(triangular)

세 개의 크기가 다른 길고 짧은 갈란드를 라운드형의 중심 부분에 연결하여 삼각형으로 구성한 스타일이고 균형이다.

■ **네추럴 스템**(natural stem)

카라, 장미, 거베라, 안투리움 등과 같이 신선하고 고운 줄기를 돋보이게 하거나, 줄기를 강조하는 스타일로 자연스럽다.

■ **릴리멜리아**(lilymellia)

화려한 형태의 부케로, 겹입으로 핀 커다란 백합이라고 부를 만큼 디자인 감각과 테크닉이 필요한 개성적인 스타일이다.

링형(ring)

잎이나 꽃으로 만든 갈란드를 링 모양으로 구성한 스타일로, 머리에 쓰는 링, 손에 드는 링 등이 있다.

스노볼(snow ball)

꽃을 구형으로 만든 아주 둥근 형태의 귀여운 스타일로, 하얀 꽃으로, 만든 것은 스노볼 색이 있는 꽃으로 만든 것은 플라워 볼이라고 한다.

얼굴형에 따른 부케 선택하기

둥근형

얼굴형이 둥글기 때문에 부케까지 둥근 모양을 하면 신부의 결점을 강조하게 되어 버린다. 둥근형의 얼굴 모양을 가지고 있는 경우, 아래로 길게 흘러내린 모양의 부케나 다른 쪽으로 시선을 돌리게 할 수 있는 폭포형의 부케가 잘 어울린다.

계란형

미인형의 얼굴로 어떠한 부케 모양도 잘 소화해 낼 수 있는 얼굴형이다. 일반적인 부케도 무난하지만 유러피안 부케나 원형부케, 3단 부케 등 세련되고 화려한 모양의 부케가 더 잘 어울릴 것이다.

■ 삼각형

얼굴에 각이 졌기 때문에 둥근 형의 부케나 초승달 모양의 부드러운 이미지를 전달할 수 있는 부케 선택이 바람직하다. 색깔도 화려한 것이 좋으며 분위기도 드레스와 잘 어우러져야 얼굴의 단점을 보완할 수 있다.

■ 역삼각형

턱이 뾰족해서 날카로워 보이기 때문에 삼각형이나 각진 부케는 피하는 것이 좋고, 둥근 느낌의 편안한 부케 모양을 선택하는 것이 좋다.

■ 사각형

얼굴이 주는 인상이 매우 강함으로 이를 잘 극복할 수 있고 시선을 얼굴에서 분산시킬 수 있는 과감한 색상을 지닌 부케를 선택하고 폭포형이나 초승달 모양의 부케를 선택하는 것이 좋다.

■ 긴 얼굴형

길게 늘어뜨린 부케를 피하고 작고 귀여운 스타일의 부케를 선택하는 것이 좋다. 드레스의 분위기에 따라 고풍스럽고 자연스러운 스타일의 부케를 고르는 것도 좋을 것이다.

■ 마름모형

광대뼈가 많이 나온 얼굴형이기 때문에 시선을 아래로 흘려 줄 수 있는 부케가 필요하다. 그러므로 길게 늘어뜨린 폭포형 부케가 적합하다고 할 수 있다.

웨딩드레스에 따른 부케 선택방법

■ 화려한 공주풍의 웨딩드레스

대체적으로 드레스가 화려한 스타일인 경우, 부케는 심플한 디자인이 좋다. 소매나 스커트 등에 장식이 많은데 부케까지 화려한 폭포형이면 신부를 돋보이게 하는 것이 아니라, 무겁게 짓누르기 때문이다. 화이트 계통 색상의 꽃을 선택하되, 여러 종류의 꽃을 섞기보다는 한 가지 종류의 꽃으로 만든 라운드나 삼각형의 부케를 체형에 맞게 들면 된다.

■ 귀여운 스타일의 웨딩드레스

아기자기하게 장식이 되어 있는 귀여운 분위기의 웨딩드레스에는 은은한 핑크나 살구빛의 라운드형 장미 부케가 제격이지만, 라운드형의 부케가 싫다면 너무 길지 않은 폭포형 부케도 잘 어울린다. 백장미나 소국을 이용한 라운드형 부케도 있는데, 꽃의 여왕 장미를 촘촘히 꽂아 만든 라운드형 부케는 귀엽고 깜찍한 큐트 스타일의 웨딩드레스에 특히, 잘 어울린다.

■ 심플한 스타일의 웨딩드레스

언밸런스의 조화라는 말은 어디에나 적용이 가능하다. 심플한 드레스에 초록색의 부소재가 많이 사용된 화려하고 시원스러운 스타일의 폭포형이나 샤워형의 부케를 들도록 하면, 다소 밋밋하고 무겁게 보이던 신부를 화사해 보이도록 해 준다. 양란이나 카사블랑카(백합의 일종) 등의 시원스럽고 고급스러운 소재를 선택하고, 만약, 좀더 모던한 이미지를 원한다면 칼라로 만든 암 부케도 멋질 것이다. 분홍 장미에 나뭇가지를 자유분방하게 엮어 만든 와일드한 느낌의 프리 스타일 부케장식을 극도로 절제시킨 심플 라인 웨딩드레스는 화려하면서도 와일드한 느낌을 주는 프리 스타일 부케로 변화를 줄 수 있다.

■섹시한 스타일의 웨딩드레스

요즘 개성 있는 신세대 신부들은 자신의 체형을 들어 내보이기를 좋아한다. 어깨선을 과감히 들어 내보이기도 하고 아무런 장식이 없는 탑 스타일의 웨딩드레스를 입기도 한다. 이런 경우 부케도 화려한 원색의 꽃으로 코디해 주면 좋다.

체형별 부케 선택방법

■키가 작고 마른 체형의 신부

cute한 것을 더욱 강조하고 싶은 신부는 하트형 부케가 좋다. 작고 마른 체형은 결점이 잘 드러나지 않도록 너무 크거나 왜소한 부케는 되도록 삼가하고 마른 체형을 커버하면서 키가 커 보이는 느낌을 주기 위해서는 shower 부케나 waterfall 부케가 좋다. 또 이러한 신부에게는 깜찍한 스타일의 라운드형 부케, 크리센트, 하트, 호리존탈 부케 등이 잘 어울리며, 일반적으로 작은 사람이 길게 늘어지는 케스케이드형 부케를 들면 부담스러워 보여 어울리지 않는다.

♧ 패션 칼라코디

작은 키에 마른 체형의 신부는 아이보리 색을 비롯한 밝고 부드러운 파스텔 계열의 색이 잘 어울린다.

■ 키가 작고 보통 체형의 신부

이러한 신부에게는 깜찍한 스타일의 라운드형 부케, 크리센트 · 하트 · 호리존탈 부케 등이 잘 어울린다. 키 작은 신부는 대체적으로 꽃잎과 나뭇잎 모두 작은 것을 사용해서 만든 깜찍한 라운드형 부케가 좋다. cute한 것을 더욱 강조하고 싶은 신부는 하트형 부케도 좋다.

♧ 패션 칼라 코디

작은 키에 보통 체형의 신부는 내추럴 계열의 베이지 색이나 아이보리가 적합하며, 오렌지 또는 녹색도 잘 맞는다.

■ 키가 작고 통통한 체형의 신부

키가 작고 통통한 신부는 폭포형 부케(small)가 어울린다. 키 크고 통통한 신부와 마찬가지로 시선을 분산시켜야 하기 때문이다. 하지만 키가 작으므로 부케의 크기에 신경을 써야한다. 부케가 허리선을 모두 가릴 정도로 크다면 매끄럽게 보이지 않는다. 강하면서도 아담한 부케로 신부의 이미지를 귀엽게 만들어야 한다. 깜찍한 라운드 부케로 꽃잎, 나뭇잎 모두를 작은 것을 사용하여 한 가지 파스텔 색조로 하는 것이 좋다. 길게 늘어지는 스타일이나 강한 색조의 꽃을 하면 자칫 답답해 보이기 쉽다.

♧ 패션 칼라 코디

작은 키에 살찐 체형의 신부는 포도주색, 감색, 흑갈색 등 디프 톤이 잘 어울리는데, 짙은 베이지나 금갈색 같은 내추럴 계열의 색상도 적합하다.

■ 보통 키의 마른 신부

결혼을 준비 중인 신부들 중 대부분이 이러한 체형에 속한다. 우선 부케를 고르는 것보다는 드레스를 우선 선택한 후 2차적으로 신부의 얼굴에서 풍기는 개성에 따라 부케로 마무리하는 것이 가장 좋다. 화려한 컬러와 소재를 이용한 캐스케이드형 부케를 선택하면 화사하고 성숙하며, 개성 있는 분위기를 연출할 수 있다. 드레스에 따라서 라운드형 부케로 cute하게 포인트를 주는 방법도 좋은 방법 중 하나이다.

♧ 패션 칼라 코디

보통 키에 마른 체형의 신부는 파스텔 계통의 크림색이나 밝은 민트 블루 등 블루 계통이 잘 맞는다.

■ 보통 키의 보통 체형 신부

모든 스타일의 부케로 코디할 수 있다. 특히 화려한 컬러와 소재를 이용한 캐스케이드형 부케를 선택하면 화사하고 개성 있는 분위기를 연출할 수 있다. 그리고 cute한 것을 더욱 강조하고 싶은 신부는 하트형 부케와 라운드 부케가 좋다. 튀고 싶은 신부는 S자형 부케도 권할 만하다.

♧ 패션 칼라 코디

보통 키에 보통 체형의 타입은 베이지, 금갈색, 코발트 블루 등 내추럴 계열이 잘 어울리며, 밝은 색상에서 어두운 색상까지 골고루 소화할 수 있다.

▪ 보통 키의 통통한 체형

통통한 신부는 캐스케이드형 부케가(small) 어울리는데, 시선을 분산시켜야 하기 때문이다. 화려한 컬러와 소재를 이용한 폭포형 부케를 선택하면 화사하고 개성 있는 분위기를 연출 할 수 있으며, 독특한 소재를 통해서 몸에 쏠리는 시선을 부케로 유도하는 것이 포인트이다. 몸이 많이 통통하다면 세로로 늘어뜨리는 스타일의 부케를 드는 것이 가장 좋은데, 화려한 컬러와 소재를 이용한 캐스케이드형 부케를 선택하면 화사하고 개성 있는 분위기를 연출할 수 있다.

♧ 패션 칼라 코디

보통 키에 통통한 체형의 신부는 포도주색, 감색, 자주색 등 디프 계열이나 짙은 회색, 또는 검정 같은 모노톤이 잘 어울린다.

■ 키가 크고 마른 체형

이러한 체형은 어떠한 드레스나 부케도 잘 어울리나 귀여운 스타일을 추구하기보다는 개성을 마음껏 살릴 수 있는 모던 스타일을 권할 만하다. 키가 큰 신부는 크고 아래로 늘어지는 스타일의 부케를 드는 것이 가장 좋은데, 화려한 컬러와 소재를 이용한 캐스케이드형 부케를 선택하면 화사하고 개성 있는 분위기를 연출할 수 있다. 너무 말라서 체형을 보완하고 싶은 신부는 귀여운 라운드형의 부케를 드는 것도 좋다. 그러나 키 큰 신부에게 최선의 선택은 캐스케이드형 부케이다. 몸이 말랐다면 너무 옆으로 퍼지지 않고 아래로 자연스럽게 흘러내리는 스타일을 선택하는 것이 좋다.

♧ 패션 컬러 코디

큰 키에 마른 체형의 신부는 흰색이나 밝은 회색 등 모노톤이 잘 어울리며, 그 외에 오렌지 또는 감색도 잘 소화할 수 있다.

■ 키가 크고 보통의 체형

체형이 큰 사람은 크고 아래로 늘어지는 스타일의 부케를 드는 것이 가장 좋다. 화려한 컬러와 소재를 이용한 캐스케이드형 부케를 선택하면 화사하고 개성 있는 분위기를 연출할 수 있다. 개성 있는 소재를 통해서 몸에 쏠리는 시선을 부케로 유도할 수 있으며, 일단 화려한 색상을 사용하는 것이 포인트이다.

♧ 패션 컬러 코디

큰 키에 보통 체형의 신부는 녹색, 카키색, 고추 냉이색, 올리브 그린, 포도주색, 자주 등 내츄럴 톤이나 디프 톤이 잘 맞다.

■ 키가 크고, 통통한 체형

몸이 많이 통통하다면 부케를 세로로 늘어뜨려서 시선을 분산시키는 것이 좋고, 개성 있는 소재를 통해서 몸에 쏠리는 시선을 부케로 유도할 수 있다. 또한 화려한 색상을 사용하는 것이 포인트이다. 꽃송이가 큰 해바라기 등을 가운데 놓고 다양한 원색으로 감싸는 방법을 사용하는 것도 좋은 방법이다. 전체적으로 커 보이기 때문에 부케에 장식이 많이 들어가지 않는 것이 좋으며, 비드 장식이나 반짝거리는 액세서리를 너무 사용하면 큰 체형이 더 커 보일 수 있다. 추천 부케로는 화려한 컬러 소재로 만든 캐스케이드형 부케가 좋다. 아니면, 정형화된 부케보다 가늘면서도 유연함을 잘 살린 중간 크기의 Free Style 부케가 잘 어울린다.

♧ 패션 컬러 코디

큰 키에 살 찐 체형의 신부는 흰색이나 검정색 등 모노톤 계열이 적합하며 중간 톤의 회색도 잘 어울린다.

〈부케에 대한 상식과 궁금증〉

● 결혼식에 쓰이는 부케는 흰색이 아니면 안 되는가?

결혼식 부케는 꼭 흰색으로 하라는 법은 없다. 다른 색이어도 무방한데 사람들이 흰색을 많이 사용하기 때문이다. 요즘은 흰색 한가지만이 아닌 오렌지 칼라나 크림색 등 여러 가지를 쓰는 부케가 인기가 있다. 웨딩 부케의 색감이 예전부터 흰색이 주를 이루는 이유는 장례문화와 더불어 사용되었던 이유에서 비롯되었으며 흰색은 '당신의 색으로 나를 물들여 주세요.' 하는 순종적인 의미가 깔려 있다.

● 부케의 무게는 어느 정도인가?

부케는 보는 것과는 달리 무거우며 들고 있는 손이 피곤하다. 부케는 시들지 않게 물을 묻힌 홀더와, 면을 사용해서 와이어로 묶기 때문이다.

크기, 꽃의 수, 만드는 방법 등을 고려하여 300~500g 정도로 하는 것이 좋다.

결혼식에서 부케를 받았을 때 기념으로 보관하고 싶다면 조화로 만든 부케를 받았을 경우에는 부케를 납작하게 눌러 액자에 보관하는 것이 무난하고, 생화는 특수 가공하여 보관하는 방법도 있다. 요즘은 부케를 받은 사람이 잘 보관하여 신혼집 인테리어의 소품으로 활용할 수 있도록 선물하기도 한다.

● 부케를 뒤로 던질 때 어떻게 하나?

신부가 던질 때 얼마나 연출을 잘 하느냐에 따라 한 폭의 그림이 된다. 결혼식이 끝난 후 신부가 부케를 던지고, 그 부케를 받은 여성이 다음에 결혼한다는 말도 전해지고 있다.

〈계절에 따라 부케 선택하기〉

봄

화사한 봄에는 생기 있고 내추럴한 분위기의 부케가 좋다. 야생화를 섞어 내추럴함과 풋풋한 아름다움을 강조하거나 파스텔 톤의 다양한 꽃들과 잎을 조화시켜 순수한 느낌을 연출한다.

여름

신선함과 상큼한 분위기의 부케가 제격이다. 그린을 주로 사용해 신선하면서도 상큼한 느낌을 살린 라운드 부케를 선택하는 것이 좋다. 심플한 것보다 전체적으로 화려한 것을 선택하도록 한다.

가을

지적이고 차분한 느낌으로 연출하는 것이 좋다. 단아한 소국과 해바라기, 그리고 자그마한 꽃송이들의 멋진 조화는 가을만의 독특한 정취를 느끼게 해 준다.

겨울

클래식한 분위기로 연출하여 신부님의 우아함을 강조하는 것이 좋다. 사계절의 꽃인 장미의 다양한 컬러를 이용해서 클래식하면서도 화려한 신부의 이미지를 강조해 본다.

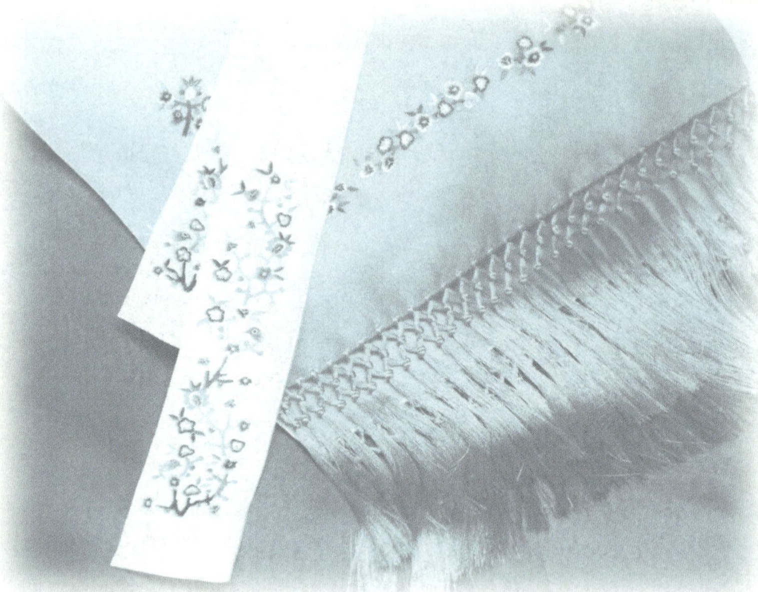

한복은 원래 의고 분리의 알타이 계 복식을 근간으로 이루어진 특수한 복식제도이다. 상의와 하의가 나누어져 있어 여자는 저고리와 치마, 남자는 저고리와 바지로 구성된다.

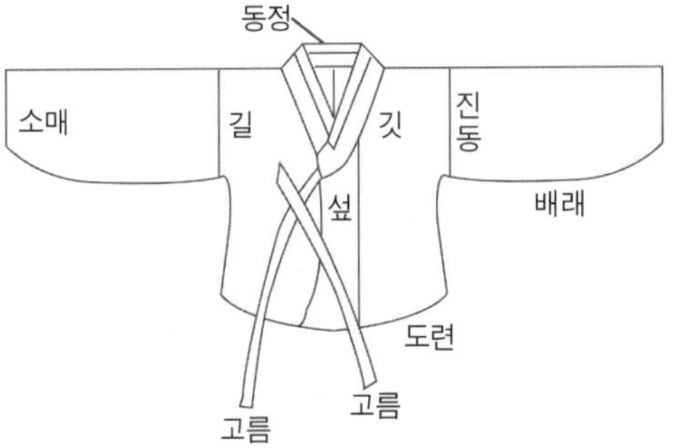

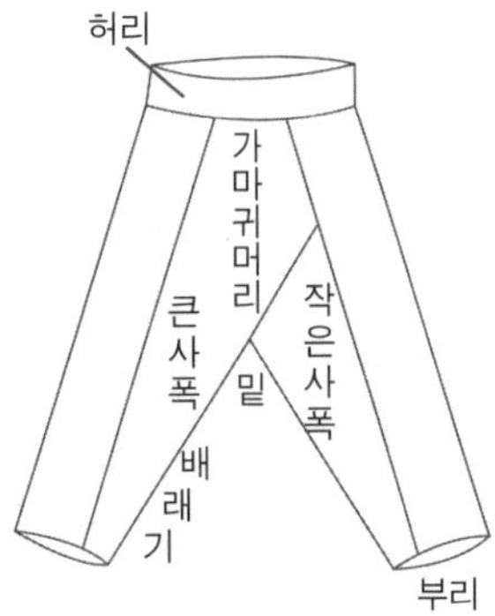

저고리는 길, 소매, 깃, 동정, 고름으로 구성되어 있으며, 여자의 경우에는 끝동이 달리기도 한다. 저고리는 소재, 재봉법, 모양에 따라 여러 종류가 있는데, 홑·겹·솜·누비저고리 등 소재의 두께와 재봉법에 따라 나누기도 하고, 저고리 각 부분에 배색을 어떻게 하느냐에 따라 민저고리, 반회장저고리, 삼회장저고리로 나누기도 한다.

여자 바지는 치마와 단속곳 속에 입는 속바지로 되어 모양이 남자 바지와 다르며, 조선 후기에는 관고의 밑을 따로 떨어지게 만들어 여러 계층에서 모두 입었는데, 그 종류로는 바지, 너른바지, 고쟁이, 단속곳 등이 있다.

그리고 치마는 유동적인 곡선미가 뛰어난 옷으로 허리부분에서 잘게 주름을 잡아 볼륨감을 살려 항상 풍성하게 하는 특색이 있어, 한복 특유의 매력을 보여 준다.

※ 삼회장

일반 민저고리에서 깃, 고름, 곁마기, 끝동을 자주색으로 물들인 것을 말한다. 남편이 있을 때에는 자주색 고름을 달고, 자녀가 생기면 자주색 끝동을 달았던 우리 조상들의 전통복식이다.

여자 저고리

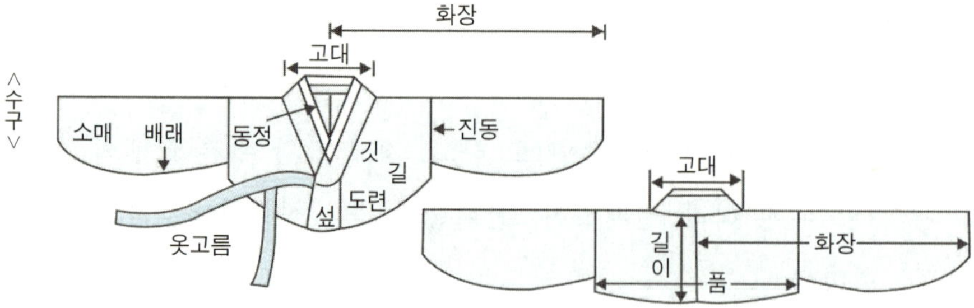

저고리의 종류

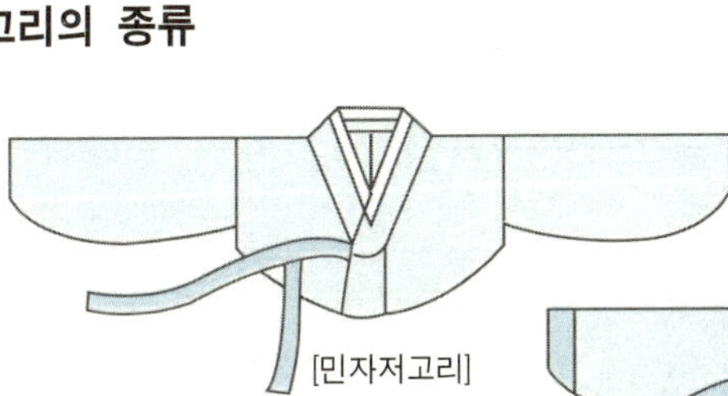

[민자저고리]

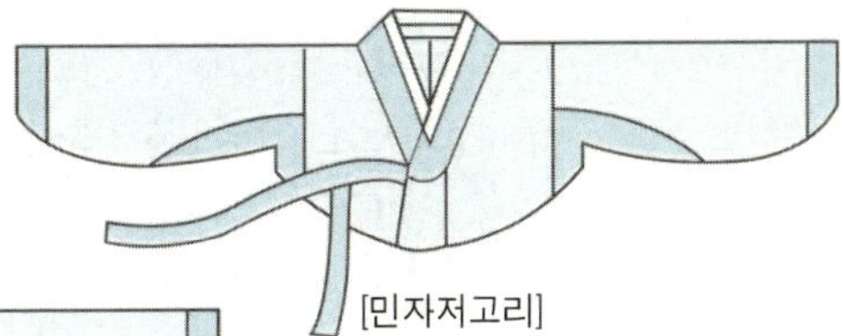

[민자저고리]

[반회장저고리]

[색동저고리]

여자 치마

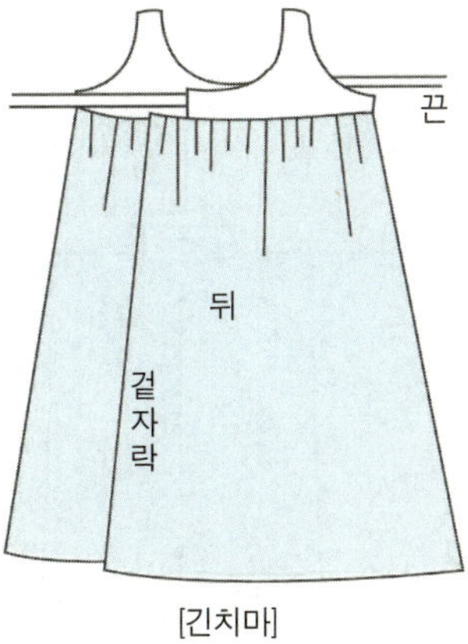

[긴치마]

[통치마]

두루마기

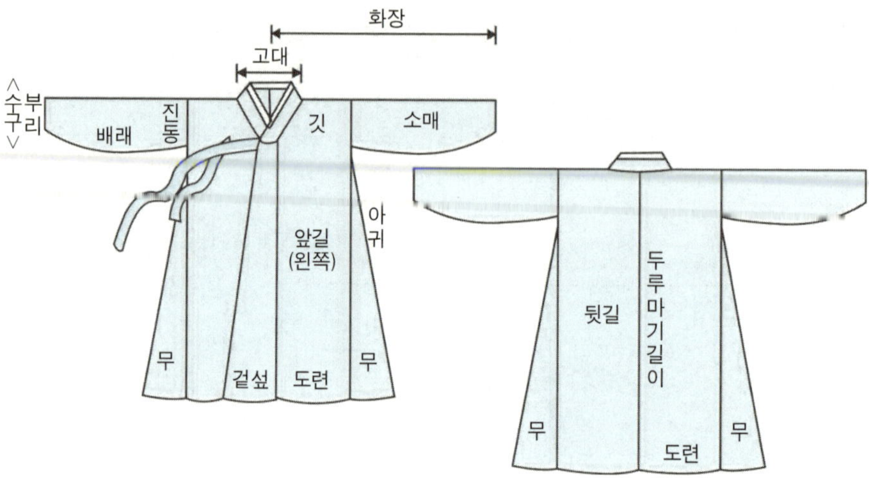
화장
고대
수구
부리
배래
진동
깃
소매
아귀
앞길
(왼쪽)
무
겉섶
도련
무
뒷길
두루마기길이
무
도련
무

남자 저고리

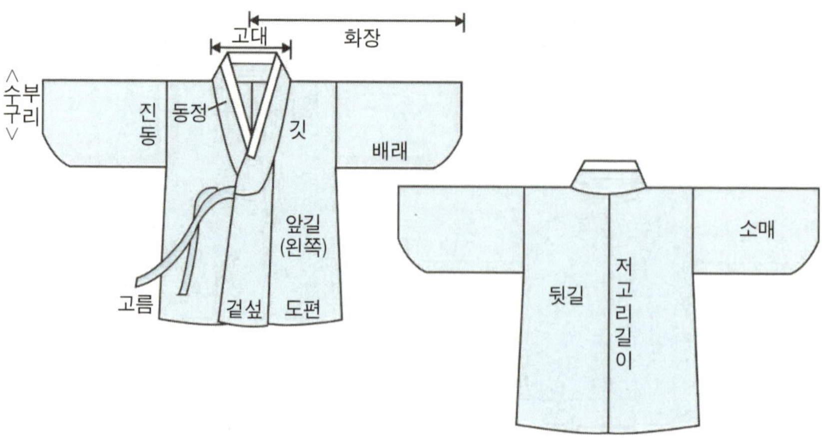
고대
화장
수구
부리
진동
동정
깃
배래
앞길
(왼쪽)
고름
겉섶
도편
뒷길
저고리길이
소매

남자 바지

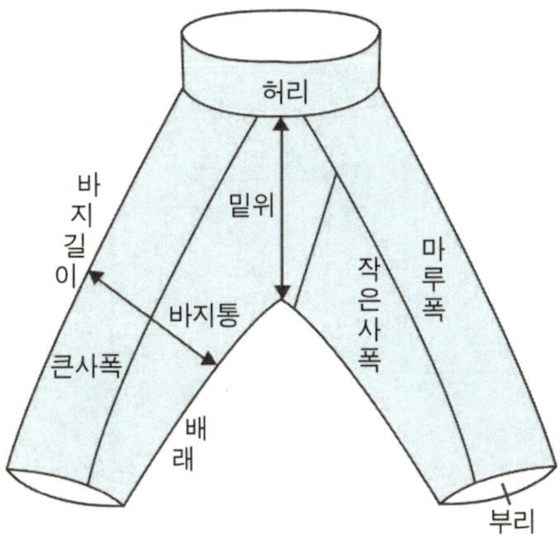
허리
바지길이
밑위
마루폭
작은사폭
바지통
큰사폭
배래
부리

조끼

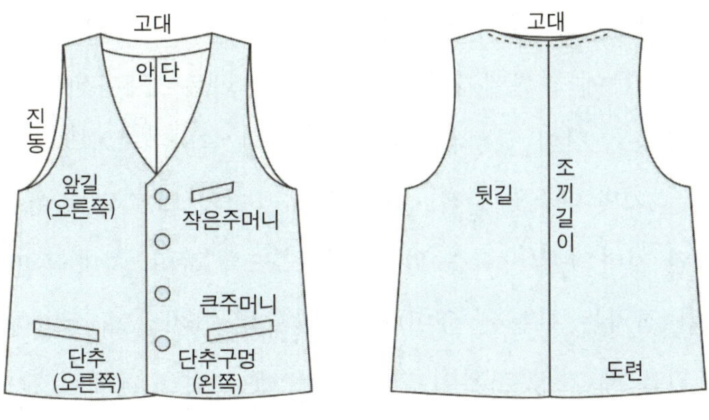
고대
안단
진동
앞길
(오른쪽)
작은주머니
큰주머니
단추
(오른쪽)
단추구멍
(왼쪽)
고대
뒷길
조끼길이
도련

남자 마고자

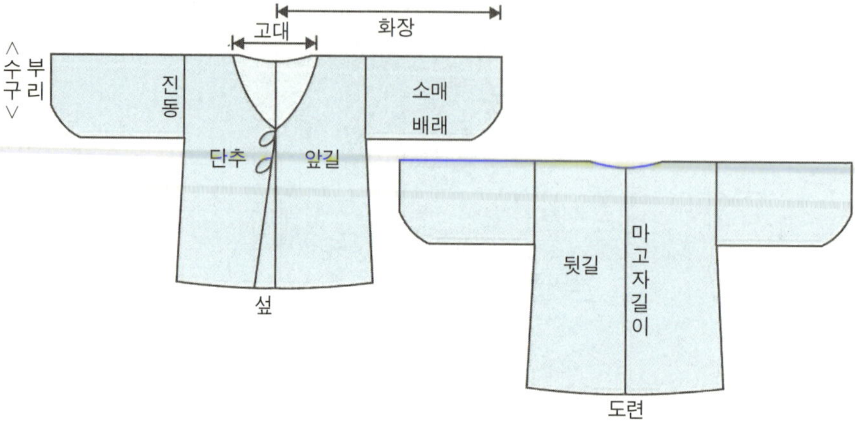

한복 차림의 바른 예의

기본적인 것은 청결과 몸가짐이다. 특히, 신부들이 처음 입는 한복이기 때문에 쩔쩔매기 일쑤다. 그러나 한복 입는 것에 자신감을 갖고 시작하는 것이 실수를 줄이는 일이다. 길을 걷거나 계단을 오를 때에는 치맛자락을 살짝 잡아 땅에 끌리지 않도록 주의한다. 다 입고 나면 치마의 겉자락을 왼쪽으로 오도록 하며, 치마의 안자락과 뒷자락의 겹치는 부분은 층이 나지 않도록 가지런히 여민다. 우선, 한복을 입을 때 가장 기본이 되는 고름 매는 법을 제대로 알도록 하자. 고름은 긴 고름과 짧은 고름이 있는데, 긴 고름을 위로 올려 고를 만든 다음 맨다. 고의 길이는 4~5cm가 적당하며, 긴 고름과 짧은 고름의 차이가 크게 나지 않는 것이 제대로 맨 모습이다. 그리고 신발 속에는 버선을 신는데, 선은 수눅(시접)이 바깥쪽을 향하게 한다. 앉을 때는 치맛자락이 구겨지지 않게 유의하며 무릎을 굽혀 앉고 편하게 두 손을 무릎에 올려놓는다. 등을 기대고 앉으면 옷도 구겨지거니와 어른들 보기에도 좋지 않다.

신랑은 외출시에 반드시 두루마기를 입어야 하며, 마고자 차림으로 외출하는 것은 바람직하지 않으며, 실내에서도 두루마기는 벗지 않는 것이 바른 예의이다.

때와 장소에 어울리는 한복

약혼식

약혼식 때 한복을 입는 것은 이제 일반화되었다. 보통 분홍색 치마저고리를 입는데, 요즘에는 분홍색 치마저고리 위에 소례복으로 입혀졌던 당의를 입기도 한다. 당의는 핑크색을 입거나 흰색을 입기도 하는데, 양 어깨와 앞뒤에 보를 달아 화려한 신부의 모습을 연출하고 있다. 남자는 바지저고리를 갖춰 입고 두루마기를 입는다.

▪결혼식 폐백 옷

결혼식에 있어 지금까지 한복의 명목을 유지하고 있는 것이 폐백 드릴 때이다. 신부는 녹의홍상, 즉 빨강 치마에 녹색 저고리를 입고 위에 녹원삼이나 활옷을 덧입는다. 원삼은 주로 가벼운 소재인 숙고사나 갑사로 만드는데, 활옷은 두꺼운 감인 양단으로 만든다. 원삼은 소매 부분을 흰색, 노랑, 홍색의 천을 덧대는 것이 특징이다.

활옷의 경우, 화려한 수를 놓고 소매 끝부분은 원삼과 비슷하다. 원삼의 차림을 살펴보면 가슴에 금박 댕기를 드린다. 머리 뒷부분에는 도투락댕기를 드리며, 활옷에는 족두리 대신 화관으로 화려하게 장식한다. 남자의 경우 바지저고리 위에 마고자·조끼를 입은 다음에 관복을 입는데, 관복은 쌍학흉배가 달린 화려한 의상으로 머리에 사모를 쓰고 신발은 목화를 신는다.

한복 입기

고운 한복을 차려 입고 예쁜 새색시의 모습으로 어른들께 인사드리는 일은 좋은 인상으로 새아기 신고식을 할 수 있는 절호의 찬스이다. 하지만 입어 본 지 오래 되었거나 입어 본 경험이 없다면 옷고름은 어떻게 매는지, 치마는 어느 쪽이 겹쳐지게 입는 건지, 또 신랑은 한복을 제대로 갖춰 입는 건지, 대님은 잘 매기나 하는 건지 정말 헷갈리게 마련이다. 옷 입기가 반 바느질이라는 옛말도 있듯이 한복 잘 입는 법을 알아보기로 하겠다.

신부 한복 입기

① 치마를 입는다. 치맛자락이 왼쪽으로 마무리 되도록 정리한다.

② 치마를 고정시키는 끈은 치마 중심에서 단단하게 묶어준다.

③ 저고리를 입고 동정과 깃의 모양이 틀어지지 않게 매만져 준다. 고름을 맨다. 짧은 고름을 올려 한 번 묶는다.

④ 묶은 짧은 고름 자락으로 고를 만들어 준다.

⑤ 긴 고름을 속으로 넣어 고름을 완성시킨다.

⑥ 버선을 신는다. 이 때, 버선코가 정중앙에 오도록 유의해서 신도록 한다.

속옷입기

우선, 한복을 맵시 있게 입으려면 속옷을 반드시 갖추어 입어야 한다. 속옷은 옷의 맵시뿐 아니라, 땀의 흡수도 도와 준다. 요즘은 속옷으로 짧은 속바지를 입고, 다음에 버선목까지 오는 긴 바지, 계절에 맞게 솜바지, 누비바지, 고쟁이 등을 입는다. 가슴이 처진 사람은 브래지어로 바스트 포인트를 고정시키고, 속치마는 겉치마보다 2～3cm쯤 짧으면 된다. 속치마는 너무 부풀리지 않고 적당히 심이

들어간 A라인 페티코트나 전통 속치마를 입는 것이 더 우아한 느낌이 든다.

■ 버선신기

버선을 신을 때 주의할 점은 수눅(꿰맨 솔기)이 중앙을 마주 보도록 기울어지게 신는 것이다. 오른발은 왼쪽으로, 왼발은 오른쪽으로 가도록 양쪽으로 잘 잡아 당겨 신는다.

■ 치마입기

① 치마 어깨걸이를 팔에 껴서 입는다.

② 치마 겉자락을 왼손으로 잡을 수 있도록 왼쪽 위로 오게 해서 입는다.

③ 오른쪽 끈은 치마말기 안쪽으로 빼서 앞으로 돌리면 흘러내리지 않고 잘 고정된다.

④ 중앙에서 묶어 주면 저고리가 들뜨기 쉬우므로 겉자락이 약간 왼쪽으로 오도록 매듭을 잡아준다.

■ 속저고리 입기

저고리 속에는 속적삼이나 속저고리를 입는데, 대개 엷은 색의 얇은 옷감으로 되어 있다. 특히, 얇은 감일수록 속적삼이나 속저고리를 꼭 갖춰 입어 속이 비치지 않도록 해야 한다.

■ 저고리입기

저고리는 우선 왼쪽과 오른쪽의 동정니가 벌어지지 않도록 잘 맞춰 입는다. 저고리를 입었을 때 깃고대와 솔기가 뒤로 넘어가지 않도록 앞으로 약간 잡아 당겨 입고, 속적삼과 치마의 허리선이 저고리 밑으로 나오지 않도록 입는다.

▪ 고름매기

먼저, 저고리의 동정니를 맞춰 안고름을 맨 다음 보조단추를 잠그고 겉고름을 반듯하게 맨다. 고름을 매는 방법은 아래의 설명과 같이 하면 된다. 고름을 다 매었을 때 긴 고름과 짧은 고름의 길이 차이는 5cm정도가 알맞으며, 고의 길이는 어깨의 깃 선과 비슷하게 맞추면 된다.

① 두 고름을 반듯하게 펴서 양손으로 가볍게 잡는다.

② 짧은 고름은 위로, 긴 고름은 아래로 가도록 X자 모양으로 놓는다.

③ 짧은 고름을 안쪽으로 넣어 위로 잡아 뺀다.

④ 짧은 고름을 돌려 잡고 긴 고름으로 고을 잡을 준비를 한다.

⑤ 긴 고름을 짧은 고름 안쪽으로 접어 넣는다.

⑥ 짧은 고름을 긴 고름 밑으로 넣어 아래위를 팽팽하게 잡아당기며 가지런히 정돈하다.

⑦ 고름을 제대로 맨 모양

■ 진동선 정리하기

한복은 입체적인 재단을 하는 양장과는 달리 평면재단 방식이라서 옷의 매무새를 잡아 주어야만 옷 태가 제대로 난다. 저고리를 입었을 때 가슴과 어깨 사이에 있는 진동선 부분이 불룩하게 솟아오르는데, 이 때 양손을 올려 그 부분을 가볍게 잡고 바깥쪽으로 살짝 접어 준다. 그러면 저고리가 몸에 착 붙어 한결 보기가 좋아진다.

■ 노리개 달기

한복의 종류에 따라 노리개를 다는 법이 다르다. 당의를 입을 때에는 고름에 달고 짧은 저고리를 입을 때는 노리개의 형태에 따라 고름이나 치마 허리끈에 달기도 한다. 고름 쪽에 달 경우, 노리개 걸이가 있을 때에는 고름매듭에 걸이를 걸고 끈고리일 경우에는 긴 고름에 고리를 끼워 놓고 고름을 맨다.

■ 두루마기 입기

외출할 때에는 두루마기를 입고 그 위에 목도리를 단정하게 매는 것이 예의이다. 두루마기를 입을 때에는 치마 뒷자락을 잘 여미고 허리띠를 매어 활동하기 편하게 한다. 페티코트를 입었을 경우에는 속치마로 갈아입는 것이 좋다.

※ 주의사항

• 신발은 꼭 한복에 맞는 고무신, 비단신, 가죽신을 신어야 한다.

• 치마가 땅에 끌리지 않게 입는다.

• 바닥에서 2~3cm 정도 떠서 신발 코가 약간 보이는 게 적당하다.

• 손가방은 한복 전용 백을 사용한다.

• 절대로 뒤로 젖혀서는 안되며 다소곳하게 약간 앞으로 숙이는 자세를 취해야만 보기가 좋다. 여성의 한복은 겨드랑이 폭이 좁기 때문에 자칫 잘못하면 보기에 좋지 않을수 있기 때문에 겨드랑이 제모를 하는 것이 좋다.

신랑 한복 입기

겨울철에는 솜바지, 솜저고리와 같은 솜옷을 입었으나 요즘은 거의 겹옷을 입으며, 가을에는 겹옷, 여름에는 홑옷을 입는다. 예복에는 대례복과 상복이 있고, 평상복으로는 외출복, 집에서 입는 가정복, 작업을 할 때 입는 작업복으로 구별된다.

■ 평상복

속옷으로 속고의 · 적삼을 입고, 겉옷으로 바지 · 저고리에 조끼와 마고자를 입으며, 여름에는 고의 · 적삼 · 홑조끼를 입는다.

■ 작업복

여름철에는 등거리, 잠방이를 입는데, 요즘은 농부들이 농사일을 할 때에 많이 입는다.

♧ 입는 순서

① 내의나 속고의를 입는다.

② 바지를 입는데, 앞 중심에서 왼쪽으로 주름이 가도록 접어 허리둘레를 조절한다.

③ 저고리를 동정니가 잘 맞게 입는다.

④ 버선이나 양말을 신고, 대님을 친다.

⑤ 조끼를 입는다. 이 때, 조끼 밑으로 저고리가 빠지지 않도록 한다.

⑥ 마고자를 입는다. 저고리가 마고자의 소매 끝이나 도련 밑으로 보이지 않게 한다.

⑦ 두루마기를 입는다. 외출하거나 예를 갖추어야 할 때에는 두루마기를 입어야 한다.

♧ 대님 치는 순서

① 마루폭의 솔기를 발목 안쪽 복사뼈에 댄다.

② 발목을 싼 끝을 바깥쪽 복사뼈에 댄다.

③ 대님을 대고 두 번 돌려서 안쪽 복사뼈에서 한 번 묶는다.

④ 나머지로 고를 만들어 묶는다.

⑤ 바지 끝을 내려, 보기 좋게 정리한다.

한복 고르기

색상과 소재, 바느질의 조화가 한복 고르는 기준인데, 한복를 고를 때 신경 써야 할 체크포인트를 알아보기로 하자.

색상이나 소재에 따라 전혀 다른 분위기를 낼 수 있는 것이 한복이다. 또한 재단과 바느질에 따라서도 한복의 디자인이 약간씩 차이가 나기도 한다. 그렇기 때문에 한복을 고를 때에는 색상과 소재, 바느질의 수준 등을 함께 꼼꼼하게 살펴보고 골라야 오랜 시간이 지나도 변형되지 않는다.

한복의 원단은 100% 실크인 본견이 가장 많이 쓰인다. 실의 짜임에 따라 완자무늬가 들어간 항라와 자연염인 옥사 등의 원단도 인기 있는 소재이다. 물빨래가 가능한 화섬이란 원단도 있지만 변형되기 쉬워 그다지 많이 쓰이지는 않으므로 잘 알아보고 선택하도록 한다.

신부의 한복은 손수, 어머님들 한복은 깔끔한 무지와 깃, 고름, 끝동에 수를 놓은 소재를 많이 쓴다. 신랑 마고자와 조끼는 본견을, 바지는 물세탁이 가능한 소재를 선호한다. 한복은 원단을 잘 고르는 것도 중요하지만 바느질과 재단법에 따라 한복의 다자인이 천차만별로 달라지기 때문에 바느질을 잘 하는 곳에서 고르는 것이 좋다.

디자인상으로 볼 때 한복의 맵시를 결정하는 중요한 요소 중 하나는 목선이다. 목이 가늘고 긴 사람은 단아해 보이도록 깃을 짧게 하는 것이 좋고, 반대로 목이 짧거나 굵은 사람은 목이 시원해 보일 수 있도록 깃이 내려오고 고대가 깊게 파이도록 한복을 짓는다.

최근 유행하는 패턴은 예전과 아주 많은 변화가 없고 단지 둥글고 넓은 배래가 약간 좁아지고 직선 형태에 가까워졌으며, 저고리의 길이는 조금 길고 동정과 깃이 넓어졌다. 치마폭은 넓은 A라인에서 전통치마 형태인 항아리 형태를 선호하고 있다. 한복의 색상을 고를 때는 평소 선호하는 색상을 고르는 것도 한 방법이다. 또 자신의 체형을 고려해 고르기도 한다. 최근에는 비둘기색, 아이보리, 오미자, 항색, 소복 등 파스텔 톤이나 부드럽게 가라앉은 천연 염색톤이 인기가 높다. 또한 색상의 배색을 달리해 깃과 끝동, 고름 등에 배색을 넣는 것도 세련돼 보인다.

보통 남자 마고자나 조끼는 곤색 등의 진한 계열의 색상과, 바지는 분홍색 등의 화사한 계열의 색상을 가장 선호한다. 보통 남색치마에는 옥색, 미색, 흰색, 다홍 저고리가 잘 어울리며, 흑자주치마에는 분홍, 미색, 옥색, 노란색, 회색 저고리가 안정감을 주는 색상이다.

북청색 치마에는 옥색, 연두색, 분홍 저고리가, 다홍치마는 은은한 연두색이나 흰색, 남색 저고리가 잘 어울린다.

■ 혼례용 한복

전통혼례는 예로부터 우리나라에서 진행되었던 혼례의식을 그대로 재현하는 예식으로 일반예식보다 절차가 많고 예식시간이 길어 결혼식의 깊은 의미와 장엄함을 느낄 수 있는 방식이다. 전통혼례식에서 신랑 · 신부가 갖춰 입는 혼례용 한복에 대해 알아보자.

신부는 청홍 스란치마와 노랑저고리 위에 원삼을 입고 족두리를 쓰며, 용잠에 앞댕기와 도투락댕기를 드린다.

치마를 입을 때에는 홍치마의 앞부분을 한번 접어 속에 입은 청치마의 스라단이 나오도록 입는다. 원삼의 봉띠는 가슴을 지나 뒤에서 속 끈으로 묶도록 되어 있고, 봉띠는 얽매지 않고 속 끈에 걸쳐서 한 번만 묶는다. 길게 늘인 끈 부분에도 같은 방법으로 한 번만 묶는다.

신랑은 바지저고리와 조끼를 입고 마고자 위에 두루마기를 입고 단령을 입는다. 또 사모관대를 하고 목화를 신는다. 관대는 단령의 겨드랑이에 고리가 있어, 그 고리에 끼우는데 대체로 허리나 가슴둘레보다 크기 때문에 고정이 되지는 않는다. 앞가슴의 흉배 중앙에 관대가 위치하도록 하면 된다.

신부가 폐백 때 입는 활옷은 공주의 대례복으로 혼례 때에는 일반인에게도 허용된 옷이다. 다홍색 바탕에 장수와 길복의 뜻을 지닌 십장생 길상 문양이 옷 전체에 수놓아져 있는 화려한 옷으로, 머리에는 화관을 쓰고 도투락댕기를 드린다.

체형별 한복코디

어떤 타입의 옷을 입더라도 체형에 따라 잘 어울리는 옷과 그렇지 못한 옷이 있다. 또한 완벽하지 않은 체형을 커버하기 위해 색상이나 소재, 무늬 등에 신경 써 옷을 고른다면 어느 정도의 효과를 거둘 수 있다. 한복에 있어서도 체형별로 다르게 코디를 한다면 좀 더 내게 어울리는 한복을 입을 수 있다. 키가 작거나 큰 체형, 날씬하거나 통통한 체형에 어울리는 한복 코디법을 알아보도록 하자.

키가 작고 날씬한 체형

대체적으로 한복이 잘 어울리는 타입이다. 전체적으로 밝고 화사한 느낌의 색상을 선택하는 것이 좋다. 저고리와 치마의 색상을 같은 색상으로 맞춰 키가 커 보이는 효과를 본다.

여러 가지 무늬를 사용하는 것보다는 포인트를 살리는 것이 좋고 지나치게 큰 무늬를 피하도록 한다. 잔잔한 무늬로 귀여운 신부의 이미지를 강조하는 것도 한 방법이다.

■ 키가 작고 통통한 체형

한복뿐 아니라, 어떤 옷을 입어도 신경 쓰이는 타입이다. 우선, 치마와 저고리를 같은 색 계열로 통일해 키가 커 보이는 효과를 노린다. 잔잔한 무늬로 포인트를 주는 것도 좋다.

저고리의 길이는 약간 짧게 하고 치마의 길이는 약간 길게 입는 것이 좋다. 품의 길이가 길어야 덜 통통해 보인다. 어깨가 넓거나 올라간 경우에는 진동선을 고대 쪽으로 좁혀 주고 회장저고리를 입거나 조끼·마고자를 입는다.

■ 키가 크고 날씬한 체형

대담한 디자인이 어울린다. 큰 꽃무늬나 가로 문양, 화려한 금박자수를 놓은 한복도 잘 소화된다. 가늘고 긴 목의 체형이므로 깃을 약간 짧게 해 목선의 단아한 아름다움을 살려 주는 것이 좋다. 너무 키가 크고 마른 체형은 치마폭을 넓게 하고 주름을 촘촘히 잡아 풍성하게 보이도록 해서 시선을 치마 쪽으로 끌어내는 것이 효과적이다.

품이나 진동 소매 너비도 꽉 끼지 않고 넉넉하게 맞춰 준다. 상하를 다르게 배색하는 것도 키가 작게 보이도록 하는 방법이다.

■ 키가 크고 통통한 체형

무늬가 많은 것은 답답해 보일 수 있으며, 치마폭을 이용한 디자인이나 저고리에 포인트를 주어 약간의 무늬를 넣어 주는 것이 좋다. 체격 자체가 크기 때문에 저고리의 색상은 짙은 계열로 고르고, 삼회장저고리나 반회장저고리의 길이는 조금 길게 해서 너무 커 보이지 않도록 하고, 겉마기를 이용해 날씬해 보이도록 하는 것도 좋다.

한복의 장신구

■ 비 녀

비녀는 계, 채, 잠이라는 명칭으로도 불리어지며, 조선 후기 얹은머리를 금지하고 낭자머리를 권장한 후부터 더욱 널리 사용하게 되었다.

비녀의 모양과 소재는 다양하였는데, 여인의 머리에 꽂힌 비녀를 보고 계급을 알 수 있었다. 비녀는 긴 부분의 몸체와 머리 부분으로 구성되어 있는데, 머리 부분은 비녀가 낭자에서 빠져 나가는 것을 막는 역할을 하는 동시에, 모양을 내고 장식을 할 수 있는 유일한 곳이다. 이 머리 부분의 모양과 만든 재료 등으로 종류가 구별되어진다.

■ 노리개

노리개는 패물의 하나로 겉고름과 안고름 또는 치마허리에 차서 우리 고유의 복식미를 고조시키는 대표적인 장신구이다. 노리개는 하나 단독으로 사용하는 단작노리개의 경우도 있으나 여러 가지를 같이 합해 사용하는 경우, 특히 삼작노리개가 많았다. 노리개의 명칭은 색상, 재료, 형태, 개수 등의 순으로 붙여지는데, 몇 가지만 살펴보면 매미노리개, 수나비노리개, 옥노리개, 나비삼작, 대삼작 등이 있으며, 자손만대의 뜻으로 표주박 삼작, 고추 모양 노리개를 했고 박쥐, 나비 등은 복이나 장수를 뜻하며 당의나 저고리 고름에 찼다.

■ 꽃신

꽃신은 선이 아름다운 한복의 멋을 발끝까지 연장시켜 줄 뿐만 아니라, 비단에 꽃 자수가 놓아진 꽃신은 그 자체로서 아름다움을 지니고 있다. 꽃신은 버선과 함께 여성 한복의 아름답고 고운 선을 살려 주는 중요한 요소이다.

여자의 것은 당혜라고 하고 남자의 것은 태사혜라고 불리어지며, 한복색과 매치가 잘 되도록 선택하는 것이 포인트이다.

■ 아얌

오늘날 예복이나 생활 복에 멋으로 널리 사용되고 있는 아얌은 족두리보다 앞선 것으로 조선 초기부터 사용되었다. 형태는 위가 트여 있고 귀를 덮지 않는 것이 특징이다.

앞쪽과 옆면은 주로 칠보, 옥, 진주 등의 꾸미개를 화려하게 장식하고, 긴 아얌드림 역시 일정 간격의 꾸미개로 곱게 단장한다. 오늘날은 장식의 목적으로 사용되어 다양한 형태의 아얌이 제작되고 있으며, 사용재료와 색, 장식문양과 기법이 화려하고 다양하게 응용되어지고 있다

■ **뒤꽂이**

뒤꽂이는 쪽 머리 뒤에 덧꽂는 비녀 이외의 장식물을 총칭한 것으로, 끝이 뾰족한 단순한 뒤꽂이 이외의 실용적인 면을 겸한 귀이개, 빗치개 등이 있다.

재료와 두식(頭飾)에 따라 종류가 다양하나 일반 뒤꽂이 가운데 가장 많이 애용된 것은 화접 뒤꽂이로 매화나 국화사이에 호랑나비가 앉은 것과 연봉 뒤꽂이가 있다.

이 밖에 비취, 산호, 진주 등을 사용하여 매우 화려하게 만들었다.

한복의 세탁과 손질

한복은 소재가 얇고 바느질이 섬세한 깨끼바느질이 많기 때문에 잦은 드라이클리닝을 하면 탈색되거나 바느질이 상할 우려가 많다. 음식물 얼룩이 생기면 벤졸로 가볍게 문질러 얼룩을 지운다.

한복 세탁 법은 소재에 따라 구분되어지는데, 천연섬유 중 명주

는 드라이클리닝을 하는 것이 좋으며, 합성섬유는 손빨래를 해도 무방하다. 특히, 손빨래를 할 경우 세탁기를 사용하면 옷감이 상하거나 모양이 손상되기 쉬우므로, 손으로 직접 살살 비벼서 빨아야 한다. 이 때 미지근한 물에 적당히 담궈 때를 불리고 물속에서 2~3회 흔들어 건져 놓는다. 그런 다음 (space 조절)미지근한 물에 세제를 녹여 약 20분간 담갔다가 구겨지지 않도록 눌러 빨기를 한다.

■ 금박 찍은 옷의 세탁방법

금박 찍은 옷은 습기, 연탄가스에 색깔이 변질될 수 있으며, 세탁은 피크로 크리닝을 절대 하지 말고 숄벤트 드라이 크리닝(V1)으로 한다.

■ 한복의 다림질

다림질을 할 때는 섶을 양쪽으로 젖혀놓은 후 도련이 겉으로 밀려 나오지 않게 안쪽에서 다리는데, 곡선 부분이 늘어나지 않도록 주의한다. 치마는 안자락을 먼저 다리고 너무 누르지 않도록 한다. 동정은 입기 바로 전에 반듯하게 달아야 목선이 아름다워 보인다. 저고리의 겨드랑이 부분에 물수건을 대고 두세 번 다림질을 해 주면 말라도 흉하지 않게 된다.

■ 저고리

저고리는 먼저 안감을 다리는데, 도련과 부리의 안감이 겉으로 밀려 나오지 않도록 안쪽에서 눌러 다린 다음에 겉감을 다린다. 겉감은 뒷길과 소매 뒤, 앞길과 소매 앞, 안깃, 겉깃, 고름의 순으로 다린다.

■ 치 마

치마는 아랫단과 선단을 안감 쪽에서 먼저 다리고, 치마폭을 아래에서부터 다린 후 허리를 다린다. 이 때에 주름을 너무 누르지 말고 다려야 치마의 풍성함을 살릴 수 있다.

한복 보관법

■ 여자한복

♧ 저고리

펼친 다음, 고름을 두 짝 가지런히 하여 몸판 위에 옆으로 포개 놓은 다음에 양쪽 소매를 깃 쪽으로 접는다. 그러나 자주 입는 경우, 저고리는 등솔을 중심으로 하여 진동선이 닿도록 반을 접어 옷걸이나 횃대에 걸어 둔다.

♧ 치마

폭은 네 겹으로 접고 길이는 반으로 접어놓는데, 많은 옷을 눌러 놓으면 모양이 변할 우려가 있으므로 되도록 눌리지 않도록 해야 한다. 자주 입는 경우에는 허리를 끈으로 돌려 묶어 옷장 속에 걸어 두면 된다.

남자 한복

♧ 저고리

펼 옷고름 두 짝을 나란히 병풍 접기로 접은 후 양 소매를 진동에 맞춰 접어 포갠다. 남자 저고리는 길이가 길므로 아랫길을 2/3가량 접어서 소매 위로 포개는데, 이 때 깃이 접히지 않도록 주의한다.

♧ 조끼

등의 중심선을 접어 네 겹이 되도록 하며, 바지는 두 가랑이의 밑 위의 선을 꺾어 포개고, 밑아래의 반과 밑 위의 반을 접어 중앙을 포개면 된다.

♧ 두루마기

저고리와 같이 펼쳐 놓고 고름 두 짝을 가지런히 놓은 다음에 진동선을 접어 두 소매를 마주 포개어 놓는다. 위에서부터 3단이 되게 접되, 소매를 접은 것이 제일 위에 오도록 한다.

♧ 대님과 허리띠

분실하기가 쉬우므로 따로 접어서 주머니 속에 넣어 두면 분실의 우려가 적다.

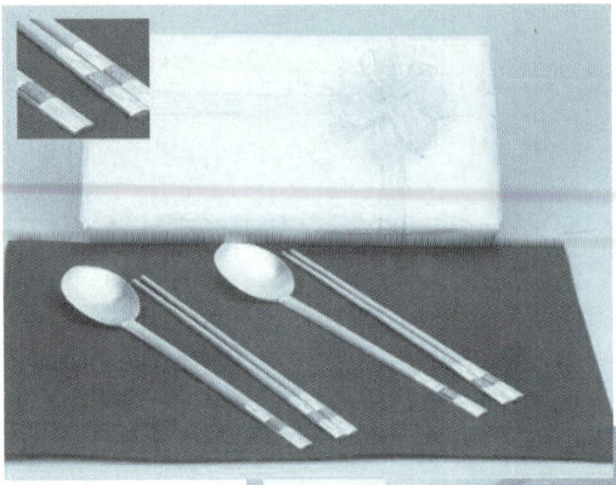

Wedding

예단

예단은 본래 신부가 시댁에 드리는 비단을 뜻하는 것이었다. 옛날에는 비단이 귀하였기 때문에 가장 귀한 비단을 신부가 시집가는 집안에 선물로 드려 예를 표했던 것이다.

전통적으로 신랑 집에서 신부 집으로 비단을 보내면 신부가 직접 시아버지, 시어머니의 옷을 곱게 바느질한 뒤 잘 싸서 돌려보내고 신랑 집에서는 수공비를 돈으로 해서 신부에게 보냈다고 한다.

오늘날 예단이라고 하면 신부가 그 집안의 며느리로 들어가면서 시댁 식구들에게 인사로 드리는 선물을 통틀어 말한다. 시대가 변하면서 예단의 의미가 많이 변해 지금은 신부들이 가장 신경을 써야 하는 고민거리가 되었다. 신부가 시댁 식구들에게 처음 정식으로 인사드리는 것이기 때문에 그만큼 부담스러울 수밖에 없는 것이다.

또한 예단을 누구에게까지 해야 할지, 무엇을 해야 할지 역시 조심스럽고 민감한 문제일 수밖에 없다.

예단을 어떻게 해야 하는지에 대해서도 정확한 답이 없다. 먼저 시어머니 될 분과 충분히 상의하는 것이 가장 중요하며 요즘 일반적인 경향과 당사자들의 형편을 고려하여 준비하는 것이 좋다. 그리고 예단을 드릴 때의 형식과 예절을 반드시 지키도록 한다.

예단의 종류

현금 예단

보통 5백만원에서 1천만 원대가 가장 많다.

5백만원 정도가 예단으로 가면 보통 2~3백만 원 정도가 신부 쪽에 예단 조로 오는데 이는 각 집안 풍속에 따라 다르므로, 기대하지 않고 드리는 것이 좋다.

현금 & 현물 예단

현금 예단과 현물 예단을 절충할 때에는 예상 금액 중 어느 정도를 현금으로 할 것인가를 기준으로 삼고 나머지는 가족과 친지들에게 필요한 품목들을 직접 구분해 보내는 것이 바람직하다.

현물예단

♧ 시부모 예단

① 이불세트, 의류 한 벌, 칠첩 반상기, 은수저 세트가 기본

② 이불 세트는 요와 이불 한 벌과 방석 두개, 베개 두 개가 한 세트

③ 의류는 한복, 양복 중 택일하여 원하는 취향과 스타일을 고려하여 구입.

④ 한복 금 단추나 귀금속류, 모피 코트, 보료 등의 특별한 예단을 하기도 한다.

♧ 직계 가족 예단

① 의류 한 벌 값을 기준으로 하여 양복지나 양장지를 보냄.

② 구두, 양복 티켓 등을 선물하는 방법도 있음.

③ 여자에게는 화장품세트나 머플러, 액세서리 등도 좋다.

♧ 가까운 친척 예단

차렵이불이나 누비이불, 구두 티켓 등이 가장 보편적인 예단 품목

예단을 보내는 시기

예단을 보내는 시기는 정해진 것은 아니지만 통상적으로 결혼식 올리기 한 달 전쯤에 많이 보낸다. 그러나 이 시기도 양가의 충분한 합의 하에 정하는 것이고 시댁에서 예단으로 결혼을 준비해야 하는 경우라면 이보다 더 빨리 보낼 수도 있다.

예단준비는 우선 당사자인 예비 신랑과 신부의 의견이 중요하고 부모는 최종결정만 하면 된다. 이때는 서로의 의견을 솔직하게 말한 후 결정하는 것이 바람직하다.

예단의 범위

전통혼례에서 예단은 신랑의 직계 사촌에서 팔촌까지로 정하며, 결혼식 때는 폐백을 받는 친척들의 범위와도 같다.

현대에 들어와서는 촌수에 연연하기 보다는 시댁과 왕래가 잦

은 친척이나, 외가라 하더라도 친밀도가 높은 정도에 따라 예단을 준비해도 무방하다. 주는 부담이란 상상을 초월하는 경우가 많으므로, 범위를 정할 때는 신랑 측과 충분히 상의하여 정하고 그 수가 10명을 넘지 않는 것이 바람직하다.

예단 보낼 때의 예절

현금으로 예단을 보낸다고 돈 봉투만 달랑 시댁에 전할 신부는 없을 것이다. 예단을 보내고 받는데도 예법이 있으므로 그 예법에 맞추도록 하다.

예단은 신부가 직접 가지고 가는데 형제자매와 같은 직계 가족이 한 두 사람 동반하는 것이 좋다.

그리고 예단을 현금으로 보낼 때는 그냥 현금만 보내는 것보다는 시부모님의 반상기 세트와 반상기에 곁들일 은수저 세트 정도는 챙기고 백지나 한지로 속지와 봉투를 만든다. 속지 위에는 예단의 품목과 금액, 일시, 배상(拜上)이라 적은 후 세 번 접은 후 그 안에 현금을 넣고 봉투를 넣는다. 당연히 수표나 현금은 빳빳한 새 돈을 넣는 것이 예의다.

봉투 앞면에는 예단(禮緞)이라고 쓰고 봉투입구는 봉하지 않고 봉투 입구에 근봉(謹封)이라고 쓴다. 이 봉투를 다시 녹색과 붉은색으로 만든 보자기에 싸는데 만약 보자기가 없을 경우에는 녹색이나 홍색의 한지로 싸도 무방하다. 예단 봉투와 보자기는 직접 만들어도 되고, 한복집이나 혼수 전문점 등에서 판매하는 것을 구입해도 된다.

물건으로 보낼 경우에는 따로따로 시댁에 보내는 것이 아니라 예단을 품목별로 정성스럽게 포장 한 후 보자기에 싸거나 큰 가방에 넣어서 들고 가되 깨끗한 백지나 한지에 품목을 적어 역시 겉봉에 예단이라고 쓴 봉투에 함께 가지고 간다.

예단을 받는 시댁에서는 작은 탁자에 붉은 탁자 보를 깐 후 신부가 예단을 가지고 그 위로 예단을 받으면 된다. 이때에도 예단은 직접 손으로 건네받는 것이 아니라 예탁보 위에 받쳐 받는다. 이렇게 신부가 예단을 들고 오면 시댁에서는 작은 상과 붉은 예탁보를 준비해서 맞는 것이 예법에 맞는다. 그리고 예단을 받은 시댁에서는 예단을 신부 측에 전화를 걸어 잘 받았다고 인사를 하는 것이 좋다.

예단의 최근경향

예전에는 이부자리와 한복이 예단의 기본이라고 생각했지만 요즘은 시부모님이 필요로 하는 것을 시부모님과 며느리가 함께 가서 고르는 경우도 많을 뿐더러 꼭 정해진 방식만을 고집하지 않는 경향이다.

몇 년 전부터 예단의 중요한 변화는 예단을 이부자리나 한복과 같은 물건보다는 현금으로 하는 경우가 늘어나고 있다는 것. 각종 조사에 의하면 예비 커플의 80% 이상이 물건이 아닌 현금으로 예단을 대신한다고 한다. 100% 현금이 아니더라도 물건과 현금을 적당히 섞어 준비하는 경우는 더욱 흔하며 현금의 경우는 5백만~1천만 원 선이 가장 많았는데 물건으로 직접 준비하는 것보다는 액수가 확연히 드러나기 때문에 아무래도 부담스러울 수밖에 없다.

하지만 예단을 보낸 후 신랑 집에서 인사치레로 일정금액을 신부 집에 보내므로 실욕적인 측면도 있다. 그러나 예비 신랑이 장남이거나 집안의 장손일 경우 예단에서 현물이 차지하는 비중이 높은 편이 많다.

현명한 예단준비

가장 좋은 방법은 결혼하는 신부가 시어머니와 충분한 대화로 어떤 것을 원하시는지 알아서 예단을 드리는 것이다.

시댁에서 생각하는 예단 규모와 주요 품목을 조심스럽게 시어머니와 상의한 후 이에 맞춘다면 가장 무난한 방법이 될 것이다. 그러나 시어머니가 실제 마음과 달리 아무것도 필요 없다고 하시거나 너무 많은 것을 요구하는 경우는 신랑과 상의해서 조정하도록 하는 것이 좋다.

예단의 경우 구설에 오르는 가장 큰 이유가 물건이 마음에 들지 않기 때문인데 그것은 물건 자체보다는 받은 사람의 기호에 맞지 않는 경우가 많아서이다. 그래서 예단은 신경은 신경대로 쓰이고 돈은 돈대로 들면서 좋은 소리 못 듣는 경우가 다반사인 결혼에 있어 가장 풀기 어려운 숙제라고 할 수 있다. 그러므로 현금으로 예단을 드린다면 물건으로 드렸을 때 보다는 구설수 같은 문제는 피할 수 있는 장점이 있다.

허례허식으로 규격화된 예단을 탈피해 실속 있는 예단을 준비하자. 대표적인 예단 품목인 이부자리나 보료 등은 요즘의 입식 생활에는 별로 필요치 않은 물건이라고 할 수 있다. 그러므로 위에서도 말했듯 시어머니와 상의한 후 필요한 물건이나 돈으로 드리는 것이 좋다.

또한 물건을 준비할 경우는 체면치레를 위해 백화점만을 고집할 것이 아니라 혼수전문시장을 꼼꼼히 조사해보고 알뜰히 준비하거나 예단을 받을 분들이 필요한 물품이 무엇인지 사전에 알아보고 그에 맞는 참신한 아이디어 상품을 마련하는 것도 현명한 방법이다.

함

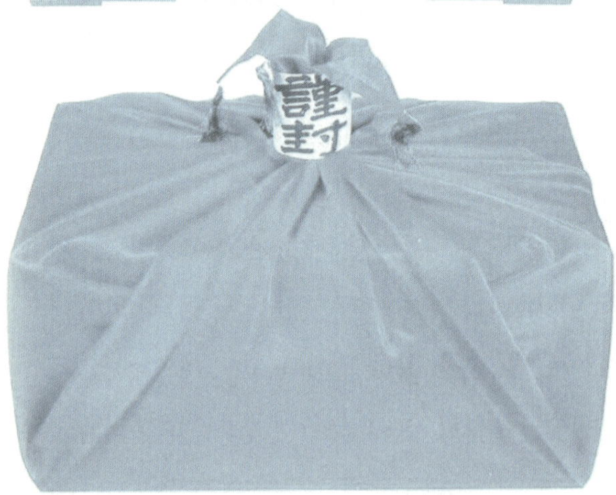

함의 내용

폐백과 혼서지가 내용이다. 폐백은 청·홍색의 채단을 쓰는 것이 보통인데, 채단마다 양 끝을 청·홍색 실로 묶는다. 폐백은 형편에 따라 차이가 있겠으나 두 가지 이상으로 하고, 열 가지를 넘기지 않는 것이 관례이다. 혼서지(납폐서)는 보통 신랑의 아버지가 쓰지만 요즘은 한복집이나 주단집에서 파는 인쇄된 것을 쓰기도 한다.

함 보내는 시기는 원래 혼인식 일주일 전쯤 행하는데, 현대식으로는 결혼 전날 저녁에 보낸다. 그러나 전날은 신부집이 바쁘므로 2~3일 전에 보내는 것이 좋다.

■ 혼서 싸는 법

전지가 달린 검정색 비단 겹보자기에 혼서를 싼다.

근봉 띠를 끼워 잘 매만진 뒤 혼수함의 맨 밑에 넣는다.

■ 채단 싸는 법

홍단은 청색 종이에 싸서 홍색 주타래실로 묶는다. 청단은 홍색 종이에 싸서 청색 실로 묶는다. 묶을 때는 동심결로 맺는다. 이러한 포장 법은 음과 양의 결합과 조화라는 동양사상에서 유래한다.

♧ 혼서의 일반적인 내용의 예문

때는 바야흐로 초봄이옵니다. 존체 안녕하십니까?

저의 아들이 나이가 차도 배필이 없사온데, 높으신 사랑으로 소중한 따님을 아내로 삼게 하여 주시니, 조상의 예를 따라 삼가 납폐의 의식을 행하오니 받아 주시옵소서.

■ 함에 들어가는 것

결혼식을 올리기 전에 신랑집에서 신부집으로 예물을 담아 보내는 상자를 일반적으로 함이라 한다. 함은 오동나무 함이 가장 좋지만 가격이 비싸고 귀하므로 근래에는 은행나무함이나 한지에 다홍빛 물감을 들인 지함, 나전칠기함 등을 이용한다. 그 함 속에 가장 먼저 넣어야 할 것으로는 오곡주머니. 오곡주머니에 각각 목화씨, 붉은 팥, 노란 콩, 찹쌀 그리고 향을 넣는다. 이들이 가지고 있는 의미도 다양하다.

♧ 목화씨 / 붉은 팥

자손과 가문의 번창을 뜻하고 붉은 팥은 잡귀나 부정을 쫓는다는 의미를 내포한다.

♧ 노란 콩 / 찹쌀

며느리의 심성이 부드럽기를 바라는 의미에서 찹쌀은 부부의 해로를 기원하고 질긴 인연을 바란다는 뜻이다.

♧ 향

서로의 장래가 길하기를 기원하기 위함이다. 하지만 이는 지방마다 관습이 조금씩 다르므로 관습에 따라 다른 뜻 있는 것들도 넣는데, 신랑·신부의 행복을 기원하는 의미는 어느 곳이나 같다.

이 5가지의 오곡주머니 중 4가지는 분홍 한지가 깔린 함의 네 귀퉁이에 놓이고, 중앙에는 노란 주머니를 놓는다. 그 위에 청·홍 양단을 넣는데, 음을 상징하는 청단을 먼저 넣고, 그 위에 양을 상징하는 홍단을 넣는다.

이 때, 홍단은 청지로 싸서 홍실로 동심결을 매고, 청단은 홍지로 싸서 청실로 동심결을 맨다. 동심결은 매듭 부위를 잡아당기면 한 번에 매듭이 풀리도록 매어야 한다.

이렇게 청·홍 양단을 넣은 위에 신랑의 생년월일을 적은 사주를 홍보자기에 싸서 3개의 근봉을 한 후 넣는다. 이 때, 함에 들어가는 종류를 적은 목록도 함께 넣는다. 사주를 넣은 후 혼인을 승낙한다는 내용의 혼서를 넣는데, 혼서지는 네 모서리에 청색 수술을 달고 은지로 붙여서 만든다.

혼서지 싸는 보자기는 쪽물 물감을 들인 천을 사용한다. 싸리나무 가지나 수숫대를 사용하여 혼수 감이 함 안에서 놀지 않게 한 후 함을 닫는다.

이것을 다시 빨간 보자기로 싸되, 네 귀를 맞추어 싸매고 남은 귀를 모아 매고 종이를 감는다. 그리고 그 곳에 근봉이라고 쓰고, 지고 갈 수 있게끔 걸 방을 맨다. 걸 방은 무명 8자로 된 함질 끈을 마련하여 석 자는 땅에 끌리게 하고, 나머지는 고리를 만들어 함을 지도록 한다. 함 끈 역시, 한번만 잡아당기면 매듭이 풀리도록 하는데, 이는 두 사람의 앞날이 술술 풀리기를 바라는 의미를 갖는다.

함들이기

함봉하는 순서

① 혼서를 격식대로 접어 봉투에 넣은 후 혼서 보에 싸고 세 개의 근봉을 한다.

② 홍단은 청색간지에 싸서 홍색 비단실로 동심결한다.

③ 청단은 홍색간지에 싸서 청색 비단실로 동심결한다.

④ 황금이나 백금으로 만든 쌍가락지는 홍색 주머니에 넣는다.

⑤ 예탁, 예탁 보, 함보, 함 파, 향 주머니 등을 준비하고 순서대로 함 속에 넣는다.

함 보내고 들이기

신부는 노랑 저고리에 분홍치마를 입으며, 신부의 부모님도 한복을 갖추어 입고, 집에는 돗자리나 화문석을 대청에 깔아 놓고 신랑집과 같이 봉치 떡을 만들어 소반 위에 올려놓고 함이 도착하기를 기다린다. 함이 도착하면, 함을 시루 위에 얹어 놓고 신부 아버지와 함을 지고 온 사람이 서로 인사를 한다. 함은 옻칠한 칠함이나 자개함이 보통이지만 요즘에는 신혼여행 가방을 사용하는 경우도 많다. 신랑집에서는 팥고물과 대추, 밤을 넣어 만든 찹쌀떡을 시루에 쪄서 그 위에 얹었다가 보내고, 함을 진 함진아비는 대개 첫 아들을 낳은 사람으로 도중엔 함을 내려놓지 않고 신부집까지 가야한다.

함을 지고 가는 사람은 정중히 예복을 입고 가는 것이 예의이며, 함을 받는 신부집에도 찹쌀떡 시루 위에 함을 놓았다가 받는데, 이것은 굶지 않고 넉넉하게 살기를 바라는 의미인 것이다. 신부아버지가 함을 반쯤 열고 혼서지를 꺼내 본 뒤 방으로 들여보낸다. 예부터 신부집에서는 함진아비에게 맛있는 음식과 술 대접은 물론이고 노자까지 챙겨주는 풍습이 있었는데, 무리한 함 값을 요구하여 즐거워야 할 날에 피차간에 얼굴을 붉히는 일이 없도록 사전에 신랑과 신부가 상의하는 것이 좋다.

결혼예물이란

서로의 사랑을 약속하는 의미이기도 하고 평생을 간직해야 할 소중한 보석이기에 신중을 기하여 선택하는 것이 바람직스럽다.

예물 고르는 요령

☑ Check Point 1

결혼예물을 준비하는 의미와 결혼예물에 대한 믿을 수 있는 정보와 보석에 대한 자료를 수집해 본다.(결혼잡지, 결혼한 주위의 친·인척 및 직장동료, 부모님의 조언, 기타)

☑ Check Point 2

어느 정도의 예산으로 어떤 스타일의 디자인이 좋을지 미리 계획을 세운다.

☑ Check Point 3

결혼예물을 구입할 때에는 미리 믿을 수 있는 보석점을 2~3군데 정도 방문하여 계획한 예산에 맞춰 디자인과 세팅이 맘에 들면 가격대가 합리적인지 꼼꼼히 검토·비교한 후에 한 곳을 선택하는 게 좋다.

☑ Check Point 4

결혼예물 계약시에는 다이아몬드의 경우, 감정서에 따라 가격에 차이가 있으므로 여러 가지로 비교하는 것이 좋고, 유색보석의 경우에는 천연석인지 미리 확인한 후 계약서에 명시하는 것 또한 좋은 방법이다. 보석에 세팅되는 금의 종류 및 구입 후 A/S 여부 등을 살펴보는 것도 잊지 말아야 한다.

다이아몬드 구입하기

아무런 계획 없이 판매자의 설명만을 듣고, 충동적으로 구입하지 않는다. 미리 예산을 세워 원하는 금액의 다이아몬드를 선택한다.(부스 or 등급)

다이아몬드의 여러 등급 중 크게 몇 가지로 등급을 내보면 다음과 같다.

다이아몬드 감정기준

다이아몬드의 가치평가(감정)는 색(Color), 투명도(Clarity), 커트(Cut), 캐럿(Carat)의 4가지 요소 즉 4C에 의해서 결정된다.

색(Color)

다이아몬드는 가장 귀하고 가치 있는 완전 무색에서 누런색까지 모든 자연 색을 가지고 있다. 그 중 다이아몬드가 무색에 가까울수록 빛이 쉽게 투과되므로 더욱 찬란한 무지갯빛을 발하여 희귀하고 가치가 높아진다.

다이아몬드가 전문가들은 완전무결하게 무색인 다이아몬드를 색상 등급의 최고급인 D등급으로 정하여 무색의 순도에 따라 E, F, G….Z까지 나누었는데 M 이하는 보석용으로 잘 사용되지 않으므로 실제 거래에서 보석용 등급의 색상은 D~M까지 10등급 정도이다.

이 외에도 자연 상태에서 녹색, 청색, 적색, 노란색 등의 색상을 띄는 팬시 다이아몬드도 있다.

♧ 투명도(Clarity)

	FL(Flawless) IF(Internally Flawless)	표면특징이나 내부 특징이 없다. 내부 특징은 없으나 약간의 표면 특징은 있다. 10배로 확대하여 관찰했을 때 내부특징은 없으나, 약간의 외부특징이 있는 것이다.
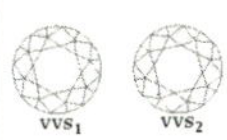	VVS $_1$, VVS $_2$ (Very Very Slightly Included)	10배 확대로 보았을 때 그 위치를 발견하기 어려울 정도로 극히 미소한 내포물을 포함하고 있다.
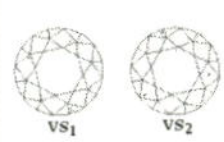	VS $_1$, VS $_2$ (Very Slightly Included)	10배로 보았을 때 VVS 등급보다는 내포물이 명확해 지며 크기, 수, 위치가 약간 발견하기 곤란함과 발견하기 용이함의 중간 정도이다. 다이아몬드의 아름다움에는 영향을 미치지 않는다.
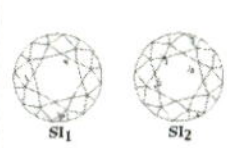	SI $_1$, SI $_2$ (Slightly Included)	10배로 용이하게 발견할 수 있을 정도로 확실한 내포물을 포함하고 있으며, SI2등급은 흰 종이 위에서 페이스 업으로 보면 간신히 육안으로도 발견이 가능하다.
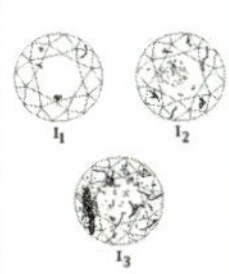	I $_1$, I $_2$, I $_3$ (Imperfect)	10배로 봤을 때 확실히 내포물이 보이고 페이스 업 위치에서 육안으로는 보이는 내포물을 포함하고 있다. 이 등급의 돌들은 아름다움과 내구성에도 영향을 미친다.

대부분의 다이아몬드는 각 다이아몬드를 특징 지워주는 자연의 지문과 같은 매우 미세한 내포물을 함유하고 있다.

그 내포물이 다이아몬드의 아름다움을 손상 시키거나 내구성에 영향을 미치지는 않지만, 내포물이 적으면 적을수록 빛이 통과할 때 장애를 주지 않으므로 다이아몬드를 더 찬란하게 빛나게 한다.

다이아몬드는 모든 보석 가운데 가장 찬란한 광채를 발한다. 투명도는 전문가의 숙련된 눈으로 10배의 현미경을 통해서 감정되며, 투명도의 등급은 일반적으로 11등급으로 분류한다.

♧ 연마(Cut)

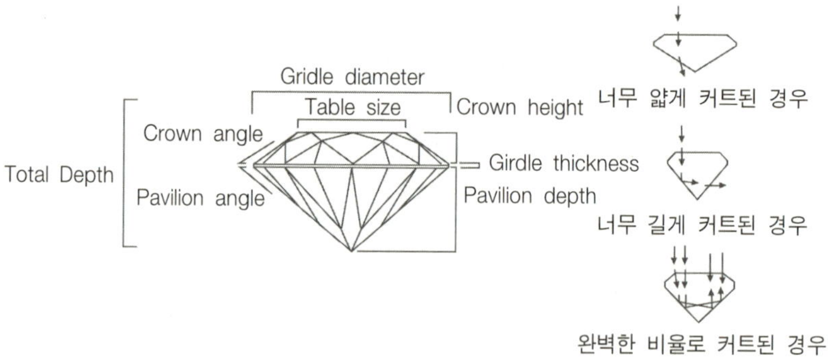

흔히들 다이아몬드의 컷과 모양을 혼동 하는데, 다이아몬드의 컷은 다이아몬드의 명 혹은 면의 각도를 의미한다.

어떠한 모양의 다이아몬드라도 숙련된 연마사에 의해 좋은 비율로 커트된다면 더 많은 빛을 반사하여 찬란한 빛과 광채를 발하게 되며, 가치 또한 높아지게 된다.

최대의 아름다움을 도출해 내기 위해서는 이상적인 연마비율이 맞아 떨어져야 하는데 커트의 평가는 연마비율과 마무리로 나누어 평가한다.

♧ 중량(Carat)

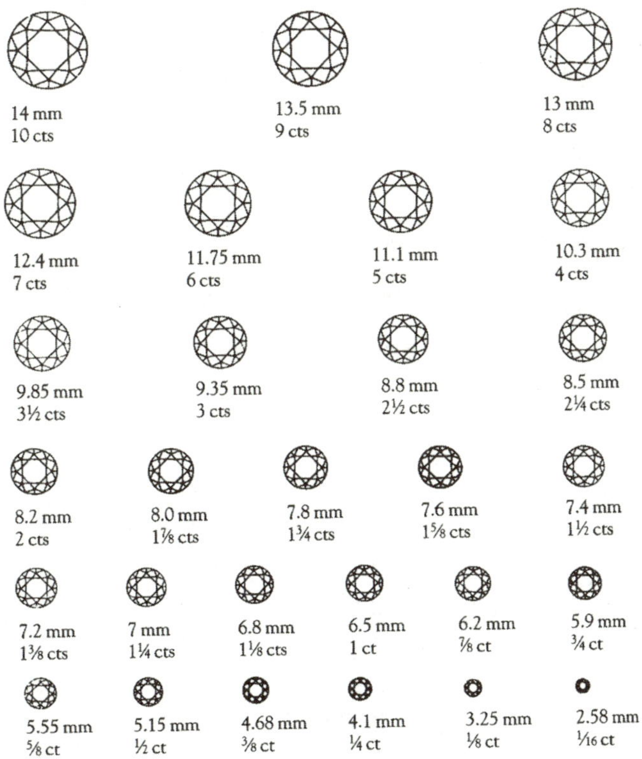

다이아몬드의 무게는 캐럿으로 측정하며, 그 어원은 캐럽나무 열매 하나의 무게를 기준으로 사용한 것에 유래한다. 1캐럿은 0.2g의 중량과 같다. 1캐럿은 10부로 나누어지며, 7부5리는 다이아몬드는 0.75캐럿의 무게가 된다. 캐럿은 4C중에서 가장 측정하기 쉬운 요소지만, 똑같은 캐럿의 두 다이아몬드도 그 연마와 색상, 투명도에 따라 그 가치가 엄청나게 차이가 날 수 있다.

다이아몬드는 중량에 따라 판매되므로 정확한 중량 측정은 필수적인 요소이며, 중량이 높아짐에 따라 희소가치에 따라 가격이 기하급수적으로 높아진다. 다이아몬드의 무게는 다른 대부분의 보석들처럼 ct라는 약자를 사용한다.

요즘은 최상급보다는 중·상급이나, 일반 중급정도가 인기가 많고, 나중에 팔고자 할 때에 고가일수록 인기가 높다.

〈다이아몬드 등급 기준〉

상급	Color(컬러)	▸ D, E
	Clarity(투명도)	▸ FL, IF
중상급	Color(컬러)	▸ F, G
	Clarity(투명도)	▸ VVS1, VVS2, VS1
중급(일반)	Color(컬러)	▸ G, H
	Clarity(투명도)	▸ VVS1, VVS2, VS1
하급	Color(컬러)	▸ I, J
	Clarity(투명도)	▸ P1, P2, P3

〈다이아몬드 구입 CHECK POINT〉

첫째

▶ 다이아몬드의 감정서를 꼭 따진다.

다이아의 감정서는 공신력이 있는 것으로 해야 나중에 다시 팔 때, 보상가가 높다.

요즘은 자체 감정서(보석상에서 직접 감정하는 다이아몬드)가 많다.

자체 감정서는 아무리 높은 등급이라도 그 감정을 객관적으로, 인증받기가 어렵다. 감정서 발행 보석상에서만 큰 보상을 해 주며, 외부에서 통하지 않는 경우도 많다.

현재 국내의 공신력이 높은 캐럿 감정서는 미조, 한미 감정서가 대표적인데, 캐럿 미만(부단위)은 우신과 현대가 대표적이다. 국제 감정서인 미국 G I A 감정서도 추천한다.

둘째

▶ CUTTING(컷팅)이 GOOD이라고 모두 안심되는 것은 아니다.

다이아몬드의 상세수치(PROPORTIONS 프로포션) 중, 중요한 3 가지 Table(테이블), Pavilion(퍼빌리온), Crown angle(크라운 각도)를 모두 따져야 하지만 컷팅 GOOD이면 웬만큼은 좋은 것이다.

그러나 그 중 테이블은 56~62% 사이의 다이아를 골라야 한다. 다이아몬드의 찬란한 빛은 여러 가지가 충족되어야 하지만, 테이블 수치에 따라서 다이아의 빛이 많은 영향을 받는다.

마지막으로 판매자의 말만 믿고 계약한다면 나중에 처음과 다른 말을 들을 수 있으므로, 다이아몬드가 결정되면 그 감정서에 사인이나 감정서의 번호를 적어 둔다.

반지에 다이몬드를 끼울 때에는 공장에 같이 가서 보는데, 앞에서 직접 물리는 것도 좋다.

가 구

가구를 고를 때 주의할 점

꼼꼼히 따져 보고 예산에 맞추어서 자신에게 꼭 맞는 가구를 잘 구입하도록 하자. 가구는 혼수비용 중 비중을 많이 차지하기 때문에 전체가구의 구입예산을 정하고, 각 품목별로 비중을 두어 세부 예산을 정하여 구입해야 한다. 충동구매를 막기 위해 필요한 품목을 꼼꼼히 체크하고 집의 평수를 고려해서 불필요한 소품은 구입을 자제한다.

아이가 생기면 커 나가면서 추가로 가구를 들여 놓아야 하기 때문에 나중에 다른 가구와의 매치도 생각해 보는 것도 빼 놓을 수 없다. 아무 정보도 없는 상태에서 예산을 세우기는 힘들므로 각 브랜드별 카탈로그를 구해 제품의 가격과 디자인을 미리 알아보면 구입하는 데 걸리는 시간을 최소화할 수 있을 것이다. 구입 장소와 A/S여부를 확인한다.

백화점에서는 유명 브랜드 제품만을 판매하며, 같은 브랜드라 하더라도 일반 가구점에 비해 가격이 비싸다. 일반 대리점도 직영일 경우와 개인이 운영되는 경우에 따라 같은 브랜드의 대리점이라도 가격차이가 난다.

가구단지에는 유명 브랜드 제품을 싸게 판매하는 곳도 있고 중소기업의 좋은 제품을 판매하는 곳도 많으므로, 경제적으로 장만할 수 있을 것이다. 경제성과 함께 A/S 여부를 확인하는 것도 잊어서는 안 된다.

■ 실용성, 내구성, 디자인, 색상 등을 고려하자.

주어진 공간에 가장 잘 어울리며 가장 편리하고 편안하게 꾸며져 있는 게 최적이다. 질리지 않게 무난한 디자인의 가구를 선택한다. 겉모양은 좋은데 견고하지 못하고 허술해 보인다면 가구를 잘 골랐다고 말할 수 없다. 무엇보다 가구는 단단해야 하고 효율적으로 수납할 수 있도록 짜임새 있게 파티션이 나뉘어져 있어야 한다. 내부손질이 깔끔한지, 마무리 작업은 견고한지, 손잡이나 경첩, 모서리 부분에 흠이 나지 않았는지 꼼꼼히 체크해야 하며, 애프터서비스도 확인하는 것이 좋다.

■ 관리가 쉬워야 함

물걸레질만 해도 청소가 가능한 제품이 좋다.

크랙 제품은 장식 때문에 청소가 까다롭다.

붙박이장이나 시스템 가구를 활용해 보자.

좋은 공간도 효율적으로 사용할 수 있고, 수납도 자유롭고 활용성이 높은 가구가 요즘 인기품목이다.

■ 아기가 생길 때를 대비한다.

소파의 경우나 식탁 등 모서리가 뾰족한 제품보다는 둥근 형태를 선택하고 가능한 한 수납공간을 확보하기 위해 아기 옷을 위한 서랍장을 꼭 장만하다.

■ 집 크기를 고려한다(평면도를 먼저 그린다).

신혼부부들이 흔히 하는 실수로 집 규모보다 큰 가구를 사는 경우가 많은데, 생활공간이 좁아져서 오히려 불편을 겪게 된다. 그러므로 적당한 크기의 가구를 고르기 위해 집을 먼저 마련한 후 각 공간에 필요한 가구를 생각하는 것이 좋다. 다양한 가구들이 조화를 이루어 신혼집 분위기를 만드는 만큼 전체적인 흐름을 먼저 설정하고, 거기에 맞춰 가구를 구입하면 실수가 없다. 수납장이 내장된 아파트의 경우에는 그 위치에 따라 공간 활용법 등을 미리 계획해 가구선택에 나서도록 한다.

■ 집의 분위기를 고려한다.

분위기를 먼저 설정하고 여기에 어울리는 가구로 통일감과 조화를 고려해 선택하도록 한다. 편안하고 소박한 분위기를 선호한다면 내추럴한 원목가구가 돋보이고, 다소 화려하고 세련된 분위기를 좋아한다면 광택이 있는 하이그로시를 선택하면 된다.

가구뿐 아니라, 벽지도 집 안의 분위기, 가구와 통일감을 주는 것으로 골라야 신혼집의 분위기가 더욱 아름다워진다. 따라서 집 안

전체의 분위기를 고려하고, 특히 부부의 취향을 미리 의논해 계획하는 것이 중요하다.

♧ 내추럴 분위기

자연과 함께 하는 원목가구는 나무의 결이 그대로 살아 있는 원목의 심플한 디자인이다. 요즘에, 원목에 다양한 파스텔 톤의 색이 더해져 깔끔한 분위기도 낸다.

• 장점

원목제품을 소품으로 구입하면 각각 구입해도 어울리는 효과가 있다. 이 때, 원목도 다색이 틀리므로 꼭 비교하고 사도록 한다.

• 단점

가구들이 대체로 작은 느낌이 많다. 장은 키가 작아 수납이 자유롭지 못하나, 요즘에 이를 보완한 시스템 가구나, 붙박이장들이 수납을 극대화하고 있다.

♧ 세련된 분위기

도시풍의 심플한 디자인 – 하이그로시

• 장점

장식이 없고 심플한 하이그로시는 공간을 더욱 넓고 깔끔해 보이도록 한다. 수납공간도 넓어질 수 있다.

• 단점

원목가구 같은 아기자기한 맛이 없다.

♧ 로맨틱한 분위기

황실 분위기의 고전적 분위기. 오크나 크랙가구

- 장점

우아하고 화려한 분위기를 좋아하는 신부에게 맞다.

- 단점

오크는 습기와 직사광선에 약하다.

다음은 가구를 고를 때 분야별 체크 포인트이다.

가구 구입시의 주의사항

① 흠집이 난 곳이 없는지 잘 살펴본다.

② 색상과 칠이 고르게 되어 있는지 세심하게 살펴본다.

③ 문과 서랍이 부드럽게 잘 열리고 닫히는지 확인해 본다.

④ 서랍들은 밑바닥이 튼튼한지, 아니면 얇은 합판으로 되어 있거나 조립이 잘 되었는지 확인한다.

⑤ 무늬목의 경우, 나무간의 접착상태가 양호한지 확인한다.

⑥ 손잡이나 거울 등 가구본체와 접착된 부분은 깔끔하게 처리됐는지 살펴본다.

⑦ 가벼운 충격에도 쉽게 긁히지는 않는지, 긁힌 경우에는 A/S는 가능한지 알아본다.

장 롱

이불장은 작고 기능적이면서도 넓은 수납공간을 갖추고 있는 기능성 옷장이 인기다. 와이셔츠나 블라우스의 구김방지를 위해서 전용 서랍장을 마련하는 것이 실용적이며, 두 사람의 옷을 미리 체크하여 계절 옷까지 수납할 수 있는 사이즈를 선택해야 한다.

■ 일반장일 경우, 9~10자 장롱이 가장 적당하다.

아무리 신혼 초라 해도 이론상으로 최소품목만을 구입할 경우(7자 같은 경우), 이후 신랑의 옷 벌 수나 신부의 옷 벌 수가 합쳐지기 때문에 모자라는 부분이 많이 있다. 또한 이불과 손님용 이불, 그 외의 액세서리 수납장에 대한 것도 고려 해야 하기 때문에 신혼 살림에 가장 적당하면서 신혼집에 가장 적당한 장의 수는 9~10자가 좋다고 할 수 있다

■ 가능하면 키 높이 장이 좋다.

아직 기반이 완벽히 갖추어진 상태가 아니므로 신혼 초에는 이사를 갈 확률이 높다. 이럴 경우, 붙박이장으로 선택을 하게 되면 이사 때마다 시공을 다시 해야 하므로 가구업체와의 계속적인 연락이 취해져야 하고, 이로 인해 시공비가 추가되기 때문이다.

■ 실용성, 내구성, 디자인, 색상 등을 고려하여 선택한다.

장롱의 겉보다 안을 더 유심히 봐야 한다. 안쪽을 손으로 쳤을

때 빈 느낌이 드는 것을 고려해 봐야 한다. 요즘은 옛날처럼 온돌생활보다 침대생활이 많아져서 이불보다 옷이나 여러 소품을 수납하는 기능으로 많이 쓰고 있다. 내부 수납기능이 다양한 제품이 많으므로 잘 체크해 본다.

■ **측면 폭**

너무 깊은 디자인은 방이 답답해 보이므로 측면 폭이 60cm 이하의 것이 좋다.

■ **높이**

요즘엔 주로 높게 나와 천장과의 공간이 많지 않아서 수납을 극대화한 제품이 많다.

이것도 역시 미리 체크해서 장의 다리를 자르고 들어가는 일이 없도록 한다.

■ **청소**

심플한 디자인이 청소하게 편하다.

가장 기본이 되는 것이므로 잘 살피고 가구점에서 가구용 왁스도 얻어 온다.

■ **사이즈**

2통짜리 8자보다는 3통짜리 10자가 편하다.

수납공간이 큰 것이 단연 편리하므로 안방에 10자가 들어가는지 알아보자.

■ A/S

우리나라는 4계절이 있으므로 계절에 따라 습도가 달라지므로 사후 A/S도 잘 되나 꼭 알아봐야 한다.

세부사항 체크

① 문짝

부드럽게 열리는가?

무늬 연결상태와 두 짝의 문양이 서로 다르지 않는가?

뒤틀림과 표면에 붙인 합판, 무늬목의 들뜸 여부.

② 안

바닥이나 벽. 서랍에 흠집이나 갈라진 틈이 있는지 여부.

③ 손잡이

손잡이의 나사가 헐거운지의 여부.

④ 경첩

튼튼하게 마무리되었는지.

⑤ 수납공간

내부 수납공간이 효율적인지.

침 대

좁은 신혼집을 고려해 장롱공간을 남겨 놓고, 침대배치를 미리 구상해 놓은 후 고른다.

만일, 장롱과 함께 둔다면 같은 디자인이나 재질로 분위기를 통일시킨다.

스프링이 튼튼한 제품을 고른다. 스프링이 단단하지 못하거나 표면의 스프링이 균일하지 않은 것은 절대로 골라서는 안 된다. 침대가 너무 딱딱하면 안락한 맛이 없고, 너무 푹신하면 허리가 아플 수 있으므로 적당한 탄력도의 제품을 고른다.

매트리스에는 스프링 매트리스와 라텍스 매트리스가 있다. 라텍스 매트리스는 허리가 안 좋은 경우에는 사용하도록 매장에서 권해 주는 경우가 많이 있다. 하지만 스프링 매트리스 중에도 일반용보다 조금 더 딱딱하게 나오는 매트리스가 있는데 그런 매트리스를 구매한다면 굳이 고가의 라텍스 매트리스를 구매할 필요는 없다.

1매트와 2매트가 있다. 일반 시중에 판매되는 매트리스는 1매트로 진행이 되고 매트가 너무 딱딱할 경우에는 2매트를 사용하는데, 주로 1매트를 구매하고, 사용에도 지장이 없다. 만일, 침대 없이 매트리스만 사용할 경우에는 2매트로 하여 바닥에 신체가 닿는 느낌을 최소화하고 탄력성도 유지시켜 줄 수 있다.

반드시 누워 본다.

몸이 일직선이 되며, 편안한지 확인한다.

누웠을 때 한국인의 체형에는 딱딱한 매트릭스가 적당하다.

■ 사이즈

요즘엔 더블 사이즈보다 폭이 15cm 더 넓은 퀸 사이즈를 더 선호한다.

■ 스프링

손으로 눌렀을 때 스프링의 마찰이 있는 것은 안 좋은 제품이다.

♧ 세부사항 체크

① 몸체

매트리스 침대와 꼭 맞는지 확인한다.

② 길이

키보다 20cm 정도 긴 것으로 고른다.

③ 헤드

단순하고 긴 것이 유행이다.

식 탁

가족 수와 주방의 크기에 맞춰 크기를 결정한다. 신혼부부에게는 2인용이 적당하나, 손님 초대시나 이벤트 때에는 4인용이 적당하다.(주방 크기에 따른다)

주방이 좁을 경우에는 벽에 붙여 쓰는 카운트형이 적당하고, 접었다 폈다 하는 시스템이면 더 좋다.

소재는 원목이 튼튼하나 신혼부부는 이사를 자주 다닐 수 있으므로 MDF의 저렴한 제품도 좋다.

수평

식탁과 의자가 수평이 되어야 하므로 앉아 보고 결정한다.

분위기

거실이나 주방의 분위기와 인테리어를 고려해 색상이나 디자인을 고를 것이다.

식탁보로도 분위기가 많이 바뀌므로 예쁜 식탁보도 구입한다.

♧ 세부사항 체크

연결부위는 식탁과 의자가 삐걱거리지 않는지 확인하고 나사나 철재로 된 것보다 목재로 만들어진 것이 튼튼하다. 잘 보이지 않는 곳에 긁힘 등 흠집이 없는지 확인한다.

소 파

■ 크기

거실에 놓을 만한 장소가 있는지 확인한 후 고른다.

3인용 하나만 놔도 괜찮고, 거실이 좁은 경우에는 등받이 쿠션을 놔도 무난하다.

■ 폭

이왕이면 폭이 넓은 제품이 좋다.

■ 소재

천 소재가 고급스럽지만 냄새가 날 수 있고 세탁의 어려움 때문에 가죽 소파가 좋다.

■ 팔걸이

아기가 태어날 때를 대비해 나무나 철제로 된 것보다 쿠션으로 감싸진 것을 고를 것이다.

■ 쿠션

직접 앉아 보아 편안하지를 확인하고 쿠션의 복원력이 좋은 것을 고르며, 처음 살 때 너무 푹 묻히는 것은 후에 더 들어갈 수 있으므로 너무 폭신한 것으로 구입하지 말 것이다. A/S를 대비해 분리형방석 제품이 편리하다.

♧ 세부사항 체크

① 등받이

앉았을 때 등받이가 어깨까지 받혀 주는 것이 좋다.

② 폭

약 50cm 정도 되는 것이 적당하다.

③ 높이

약 35cm 정도 되는 것이 적당하다.

④ 염색

커버의 염색이 고르게 된 것을 확인한다.

⑤ 커버분리 : 천 소파는 커버 분리형이 세탁하기 편리하다.

가전

인터넷 쇼핑몰에서 혼수 가전구입시의 주의사항

가전제품은 한 번 설치하면 반품이 불가능한 경우가 많으므로 사전에 충분히 제품을 둘러보고 결정한다.

디자인이나 색상도 중요하지만 우리 집에 맞는 제품인지, 높이·너비·폭 등 제품규격을 꼭 확인한다. 줄자로 제품이 설치될 곳의 면적을 미리 계산해 보는 것이 좋다.

가전제품에도 트렌드가 있다. 비교적 비슷한 형태의 가전제품을 구매하는 것이 통일감 있어 좋다. 예를 들어, 백색 냉장고 옆에는 백색 전자레인지, 백색 전기밥솥을 배치하면 더 보기 좋다.

인터넷 이용 후기를 적극 참고한다. 구매해 본 고객들의 의견은 값진 정보가 된다. 냉장고의 경우, 소음문제와 냉장 및 냉동온도를 체크하고 세탁기는 소음과 세탁 및 탈수 기능평가에 귀 기울인다. 이 밖에 에어컨·TV·홈시어터 시스템 등을 구입할 때도 인터넷 이용 후기는 값진 참고자료가 될 수 있다.

인터넷에서의 혼수 가전구입시 장점

힘들게 다리품 팔지 않아도 되며, 오프라인 매장보다 저렴한 곳이 많다. 쇼핑몰은 오프라인 매장의 매장비용, 인건비 등이 절감되므로, 그만큼 제품 값이 저렴하다. 전시공간에 제한이 없으므로 상품구색이 다양하고 서로 다른 브랜드끼리도 상품·가격비교가 쉽다. 반면, 오프라인 매장은 제조사별로 매장이 분리되어 있거나, 주력 브랜드 위주로 전시가 되어 있어서 비교가 쉽지 않다. 점원 눈치 안보고 마음껏 제품을 살펴볼 수 있으며, 오프라인 매장 점원과 얼굴을 대면하고 구입할 때에는 심리적으로 편치 않을 때가 많다. 이것저것 물어 보고 견적도 뽑아 봤는데, 다음에 오겠다고 그냥 나올 때는 뒤통수가 따갑다. 하지만 쇼핑몰에서는 이런 눈치 전혀 볼 필요 없다. 인기모델에 대한 검증이 쉽고, 대부분의 인터넷쇼핑몰에서 제공되고 있는 고객이용후기 코너를 참고하면 제품에 대한 소비자들의 평가를 쉽게 확인할 수 있다. 또 인기 있고 만족도가 높은 제품에는 자연스럽게 이용후기가 많이 달려 있어서 인기모델에 대한 검증이 쉬운 편이다. 오프라인 매장에서는 점원의 권유와 설명에만 의존해 구매를 결정하게 되는 경우가 많은데, 이 과정에서 판매원이 주력으로 판매하고자 하는 제품을 적극 권유하는 등의 편견이 크게 작용을 하게 된다. 예를 들어, 대형 가전매장에서도 인기상품 순위 등을 제공하고 있는데, 이 순위가 실제 소비자들의 선호도나 판매량과는 무관한 경우도 있는 것이다.

하지만 인터넷쇼핑몰에서는 판매자의 추천이 아니라, 고객들의 선호도에 따른 인기상품이 명확히 드러나므로 구매 후 만족도가 높아진다.

인터넷쇼핑몰은 균등한 가격할인·서비스를 제공받을 수 있으며, 인터넷 매장에서는 판매원과의 협상에 의해 가격할인 폭이 달라지는 경우가 많다. 뛰어난 협상력으로 가격흥정을 하는 성취감은 없을지 몰라도 순진하게 바가지를 쓰는 일은 절대 없다.

백화점 가전매장

장점

쇼핑환경의 쾌적함과 화려한 디스플레이는 아이쇼핑의 즐거움을 더해 준다.

친절한 점원의 안내와 서비스를 받을 수 있다.

교환 및 환불이 100% 가능하다.

포장이나 배달 및 사후관리가 철저하다.

단점

가격이 가장 비싸다.

할인율 5~10% 정도

♧ 체크 포인트

세일 기간을 적극 활용하라.

이월상품 등을 파격적으로 선보이는 기획상품전을 활용하라. 상품권, 카드 무이자 제도를 이용한다.

모델은 백화점에서 보고 싼 곳에서 구매한다.

가전 대리점

■ 장점

신제품이나 원하는 모델을 쉽게 구할 수 있다.

집이나 직장에서 가까워 쉽게 이용할 수 있다.

같은 브랜드를 구입하게 되므로, 애프터서비스를 받을 때 편리하다.

가까운 거리라서 배달하는 동안 손상될 우려가 없다.

■ 단점

인터넷 매장보다는 싸지 않으나 백화점보다는 싸다.

♧ 체크 포인트

동네 단골을 이용하면 추가 할인혜택을 받을 수 있다.

신혼부부 패키지 상품을 이용하면 비용과 시간을 절약할 수 있다.

사후관리가 편하다.

양판점

전자랜드, 하이마트 등 본사 직영 가전할인 전문점

■ 장점

다양한 브랜드의 상품을 대리점보다 훨씬 저렴한 가격으로 구입할 수 있고, 전국 어는 곳이나 동일한 서비스를 받을 수 있다. 또한 본사 직원이 직접 판매하므로 판매인의 횡포에 시달릴 염려가 없다.

■ 단점

할인된 가격이지만 가격이 책정되어 있어 제대로 깎지 못한다.

♧ 체크 포인트

문제가 발생되면 본사 소비자 상담실을 이용하라.

가까운 지점을 이용하면 편리하다.

폐 가전제품 무료 수거 등의 서비스를 활용하라.

대형 할인매장

킴스클럽, 2001아울렛, 이마트 등

■ 장점

가격이 훨씬 저렴하다.

■ 단점

물건이 다양하지 않고, 아이쇼핑의 즐거움과 친절한 점원 서비스가 부족하며, 배달이 불가능하거나 배달비를 지불해야 한다.

♧ 체크 포인트

모델의 성능과 디자인을 사전에 확인한 후 구입하라.

배달은 직접 하는 것이 유리

환불교환을 위해서 영수증을 반드시 보관하라.

전자 전문상가

용산전자상가, 세운상가, 테크노마트 등

■ 장점

각종 브랜드의 다양한 모델을 비교·검토하여 구입할 수 있고, 1년 내내 할인된 가격으로 구입이 가능하다.

■ 단점

호객행위가 심하며, 단품 구매시에 혜택이 적다. 또한 카드 구입시에는 수수료를 받는 곳이 많다.

♧ 체크 포인트

충분히 아이쇼핑을 한 후 결정한다.

호객행위나 악덕상인을 주의하여 영수증을 꼭 챙긴다.

연말, 월말, 문 닫는 시간이 가장 싸다.

백화점이나 대리점에서의 전단지 등을 통해 모델과 성능을 확인한다.

폐백음식 준비하기

폐백의 의미

결혼식을 치른 신부가 시댁 어른들에게 정식으로 예를 갖추어 첫인사를 올리는 자리로, 신부가 신랑 집안의 새로운 구성원이 되었음을 공식적으로 알리는 절차이다.

신부의 집에서 혼례를 치르고 시댁으로 온 신부가 처음 뵙는 시부모와 시댁 식구들에게 인사를 올리는 혼례의 한 부분이다.

옛날에는 신부는 우귀, 즉 요즘 말로 신행을 하여 신랑집에서 첫날밤을 자고, 그 다음 날 아침 일찍 시부모님께 처음으로 큰절을 올렸다. 신랑의 직계 존속에게는 사배를 행하고, 나머지 친척들에게는 한 번씩 절하는데, 이를 현구례(見究禮)라 한다.

신부는 이 예를 올리기 위해 시부모님께 드릴 음식을 가져가고, 이를 폐백이라 했다. 이 절차가 끝나면 우귀행사를 마치게 됨으로, 신부는 신랑의 가족으로서 자연스럽게 행동할 수 있게 되는 것이다.

요즘에는 대부분의 신랑 · 신부가 예식장에 마련된 폐백실에서 약식으로 폐백을 드리기는 하지만 전통적인 폐백예절을 알아서 그 기본을 지킨다면 금상첨화가 될 것이다. 시아버님만 계시면 대추만, 시어머님만 계시면 꿩만 쓴다. 시부모가 안 계시면 폐백은 드리지 않으며, 근래에는 예식장의 폐백실을 많이 이용한다. 한편 사위는 이튿날 신부의 부모(장인 · 장모)를 가서 뵙고 인사를 드린다. 신부의 집에서는 신랑을 맞는 것을 마치 손님 대하듯 한다. 사위 대접은 주로 닭을 잡고 좋은 음식을 대접한다.

사위는 백년손님이라 하여, 결혼 후 사위가 처가에 방문하면 장모가 닭을 잡아 주는 것도 여기서 유래된 것이다.

폐백 상에 올리는 음식들의 내용과 의미

▪ 밤, 대추, 고임

홍 보자기에 싸서 시아버님께 올린다(다남과 부귀를 상징한다).

▪ 육포, 닭

청 보자기에 싸서 시어머님께 올린다(서울, 경기도 지방은 육포가 발달되었고, 전라도 · 경상도 지방은 닭이 발달되었다).

▪ 구절

아홉 개의 절로 된 그릇에 안주류를 담아서 올렸다. 폐백 음식은 딸을 시집보내는 친정 집안의 문화와 그 지역의 특징적인 문화가 결합되었다.

밤, 대추, 고임

굵은 밤을 마른 행주로 닦아 윤기를 내고, 대추는 굵고 실한 것을 골라 물로 가볍게 헹구고 물기를 뺀 후 청주를 뿌려 따뜻한 곳에 7시간 정도 둔 후, 대추에 잣을 박고 2겹의 홍실로 도중에 끊김과 매듭이 없이 한 줄로 꿰어 나무 목판에 돌려 담는다. 이것을 시아버님께 올리면 신부에게 대추를 던져 주며 첫아들을 낳으라고 말씀하시는데 밤·대추는 장수와 다남을 상징한다. 대추를 던져 주는 것은 시아버님만 할 수 있다.

육포

쇠고기 우둔살을 결대로 썰어 마른 행주로 핏물을 닦아 내고 간장, 꿀, 설탕, 청주, 후추, 배즙, 생강즙으로 조미하여 채반에 펴서 햇볕에 말린다. 이것을 시어머니께 올리면 육포를 어루만지면서 부모를 공경하고, 형제간에 우애 있고 부부간에 화합하라 이르신다.

■ 닭

수탉의 배를 가른 다음, 목의 부위를 약간 세운 듯 양을 잡아 익혀서 석이버섯, 황백 지단, 실고추, 은행, 메추리알 등의 고명으로 치장한다. 시조부님께 올리며, 쌍 닭으로는 암수를 사용한다.

■ 구절

산해진미로 만들어 신랑・신부가 올린 화합주를 드시고 난 후 안주로 사용한다. 육포, 어포, 약과, 잣 솔(잣과 소나무 가지 끼운 것), 대추, 은행, 생률, 호두강정, 생강편, 다식 등이 있다.

폐백음식 주문시의 고려 사항

요즘은 직접 음식을 하기보다는 전문점에서 주문하는 경우가 많은데 업체 선정을 할 때 몇 가지 중요한 사항을 체크한다.

- 좋은 재료
  요즘 대추나 육포를 중국산을 많이 쓰므로 신뢰할 수 있는 업체를 선택해야 한다.
- 양을 속이지는 않는지
  샘플사진과 다르게 만들거나 속을 바가지를 엎어서 모양만 크게 보이도록 하는 곳이 많으니 주의해야 한다.
- 배달과정과 약속이행은 확실한지
  계약시에 약속했던 날짜와 시간이행이 정확하게 이뤄져야 한다.
- 세트구성과 가격대가 적절한지를 확인하고 계약한다.

예를 갖춘 첫인사로 올바른 절차를 익혀 두는 것이 중요하다. 본식이 끝나고 폐백실로 이동을 하면 수모(폐백 도우미)가 폐백의 전반적인 도움을 주게 된다. 먼저 수모가 신부를 대신하여 큰절을 올리고 시작된다.

마찬가지로 수모가 시어머님께 육포를 올리면 두 번 큰절을 한다. 먼저 수모(폐백 도우미)가 신부를 대신해 시아버님께 대추를 드리면 두 번 큰절을 한다.

이 때, 신부는 신랑의 오른편에 서서 수모의 도움을 받아 절을 올리면 된다. 네 번 큰절을 한 후 반절을 하고 물러나 앉아 수모의 도움으로 신부가 시부모님께 술을 따라 올리면 시아버님은 대추를 몇 알 집어 신부의 치마폭으로 던져 주며 덕담을 한다.

대추를 던지는 것은 첫 아들을 바라는 것에서 유래된 관습이다. 그러면 수모 대추를 신부의 원삼 큰소매 속에 넣어 주는데, 이 때 받은 대추는 신혼여행 첫날 밤에 신부가 먹는 것이다.

폐백의 절차

① 병풍을 치고 돗자리를 깔아 놓고 폐백 상을 올린다.

② 상에는 붉은 면이 겉으로 오게 하여 청홍예탁 보를 덮고, 대추는 시아버지 앞에, 포는 시어머니 앞에 놓는다.

③ 시아버님은 왼편, 시어머님은 오른편이 앉는다.

④ 수모를 통해 술을 따라 올린 다음에 큰절을 드린다.
시아버지께 2배, 시어머님께 2배, 총4배를 한다.(양반가에서는 술을 올리지 않았으나, 일반적으로는 관례로 되어 있다)

⑤ 신부가 폐백을 올리고 술을 따라 올리면, 이를 받아 마신 다음에 대추를 던져 준다.
시부모님 외에 다른 사람이 대추를 던져 주는 것은 예의에 어긋나는 행동이다.
요즘은 신랑·신부가 함께 폐백절을 올리는 것이 일반적이지만, 원래는 신부만 큰절을 하고 신랑은 옆에서 지켜봤었다.

폐백 드리는 순서

폐백절을 올리는 순서는 시부모님이 가장 먼저이다. 시조부모가 생존해 있더라도 시부모에게 먼저 절하는 것이 원칙이다. 그리고 난 후 시조부모, 백·숙부 내외, 시삼촌, 시고모, 형제들, 사촌지간 순으로 절을 하는데, 신랑님과 항렬이 같거나 낮으면 맞절로 예를 갖춘다.

폐백이 끝나면 신랑과 신부가 맞절을 하고 합환주를 마시며, 대추를 나누어 먹는다. 마지막으로 신랑이 신부를 업고 그 자리에서 돌며, 다정한 포즈로 사진을 찍는 것으로 모든 순서는 끝난다.

폐백 절하는 방법

신랑은 오른손이 위로 가게 한 후 두 손을 겹친 다음, 코와 수평이 되도록 손을 올린다.

앉을 때에는 발바닥이 마주 보게 앉는다.

신부는 왼손이 위로, 오른손이 아래로 가도록 하여 손을 바닥에 짚고, 머리는 등과 수평이 되게 한다. 엉덩이는 포갠 발꿈치 위에 붙이고, 일어 날 때에는 왼쪽 무릎, 오른쪽 무릎 순으로 일어나고 손은 그대로 내리면 된다.

절을 하기 위해 앉을 때에는 수모가 먼저 앉고, 일어설 때에는 신부가 먼저 일어서는 것이 요령이다.

※ 절을 올릴 때, 신랑의 왼손이 위로, 신부의 오른손이 위로 가게 한다면, 이는 상가에서 절을 하는 방법이므로 엄청난 결례를 저지르는 것이다.

절값에 대하여

절을 받은 어른들께서는 절값의 명목으로 신혼여행에서의 용돈을 주시는 것이 일반적이다. 어른께서 봉투를 건네시면 신부가 이를 받고 수모(폐백 도우미)가 한쪽에 챙겨 둔다. 수모에게 줄 수고비는 미리 챙겨 두었다가 폐백 후에 신부의 도우미가 수모에게 건네는 것이다.

절값으로 받은 봉투에서 꺼내 수모에게 수고비로 건네는 것은 예의에 크게 어긋나는 것이므로 주의한다.

■ 상차림

지방마다 가풍에 따라 차이가 있지만 폐백음식의 기본은 대추고임, 닭이나 육포, 건 구절판 정도이다.

천주교와 개신교의 폐백 드리기

▪폐백의 생략 여부

천주교 예식의 경우에는 폐백을 생략하지 않으나 개신교 예식의 경우에는 생략하는 경우도 있다. 이는 교파의 영향과 신앙생활의 방식에 따라 좌우되며, 또한 참석하시는 시댁 하객들이 선반석으로 신앙을 가지신 분들인가를 고려하여 결정한다. 시댁 집안에 신자가 많으신 경우 또는 시부모님의 신앙심이 독실하신 경우에는 생략하여도 무방하다는 것이다.

▪폐백실과 폐백소품

천주교의 경우는 대부분 성당 내에 폐백을 치르실 장소가 마련되어 있다. 폐백 상, 병풍, 방석, 주기세트(술 주전자와 술잔) 등의 소품도 비치되어 있는 것이 일반적이지만 반드시 확인은 해 보셔야 한다.

반면, 개신교의 경우는 대략 세 가지 정도로 경우의 수가 나뉘어져 있다.

■ **첫째**

교회 내에 폐백실이 별도로 마련되어 있으며, 필요한 소품도 비치되어 있는 경우이다.

■ **둘째**

교회 내에서 폐백을 올릴 장소만 제공하고 소품은 비치되어 있지 않은 경우가 있다.

많은 교회가 여기에 해당된다.

■ **셋째**

교회 내로 폐백음식의 반입을 금하고 외부의 장소에서 폐백을 올려야 하는 경우가 있다. 이런 경우, 하객의 식사를 대접하는 식당에 장소를 빌려서 폐백을 하는데, 대개 병풍과 폐백상만 제공된다.

〈원활한 폐백을 위한 체크 포인트〉

Check Point 1

위에서 요약한 점을 참고하고, 예식을 올리실 교회 사무실에 확인을 해 본다면 신부가 준비해야 할 사항이 무엇인지가 파악될 것이다. 외부의 장소가 필요하다면 식당에 장소를 섭외하고 비치된 소품을 확인해 보아야 하며, 교회 내에서 폐백을 올리실 경우에는 역시 소품의 구비여부를 확인해야 한다.

폐백을 올릴 때 제대로 된 소품이 없으면, 당시의 모양새도 그렇거니와 나중에 사진을 보았을 때 실망하기 쉽다. 폐백에 필요한 요소는 폐백음식과 술, 병풍, 상, 주기세트, 원앙 등의 소품, 절차를 도와 줄 도우미(수모, 폐백 헬퍼 라고도 부름) 등의 세 가지이다.

폐백용 소품 중 병풍과 상(음식을 차릴 큰 상 하나와 술잔을 차릴 작은 상), 방석 등은 외부에서 조달하기가 어렵다. 폐백 장소 자체에 마련되어 있어야 한다는 뜻이다.

주기세트와 기러기 목각(생략가능)은 해당 장소에 비치되어 있지 않은 경우에는 폐백음식을 주문하면서 대여가 가능한지 확인해야 한다. 물론, 집에 적당한 주전자와 술잔이 있다면 그것을 활용하시는 것이 좋다. 소품을 대여하거나 직접 가져오는 경우에는 폐백도우미에게 그 물건을 꼭 챙겨 달라고 해야 분실되거나 시댁으로 쓸려가 버리는 일이 예방된다.

폐백도우미는 해당 교회에 해 주시는 분이 있기도 한다. 대개의 경우, 드레스 도우미가 대신한다. 이 경우에는 드레스 봉사료 외에 약간의 수고비를 추가로 지불하면 된다.

Check Point 2

▶ 그 밖의 주의사항

천주교나 개신교 예식의 경우는 일반 예식장보다 폐백음식의 전달 또는 보관에 각별한 주의를 기울여야 한다. 예식장에는 폐백실이 있고, 그 곳에 배송 되어 보관되는 것이 보통이지만 교회는 전용 폐백실이 없는 경우가 많기 때문이다. 가급적 직접 받아 보관했다가 쓰는 것이 좋고, 그렇지 않은 경우에는 폐백업체와 전달 또는 보관방법에 대하여 확실한 약속을 해 두는 것이 필요하다.

▶ 폐백 술

천주교의 예식은 폐백 술을 보통 쓰는 술 그대로 사용하지만, 개신교의 예식은 식혜로 대신하시거나 붉은 포도주 또는 포도 주스를 사용한다. 가장 일반적인 것은 식혜이다. 이런 경우에는 식혜의 건더기를 모두 제거하여 달라고 하거나, 폐백용이라고 의뢰하면 알아서 준비해 준다.

신혼여행

신혼여행의 의미는 다른 여행과 많은 차이가 있다. 제2의 인생을 시작하는 인생의 설계와 부부의 화합을 약속하는 휴식과 의미를 상징하고 있다. 단순히 즐기고 놀다 오는 여행이 아니라, 함께 가꿔 가는 삶의 시작이라 해도 지나친 표현이 아닐 것이다.

우리 정서에 맞는 여행의 스타일을 살펴보면, 일정이 긴 Travel보다는 단기여행의 Tour가 맞는 표현이다. 여행의 컨셉트를 정하고 함께 공유할 수 있는 인생계획의 약속이 무엇보다 중요한 것이 허니문의 특징이다.

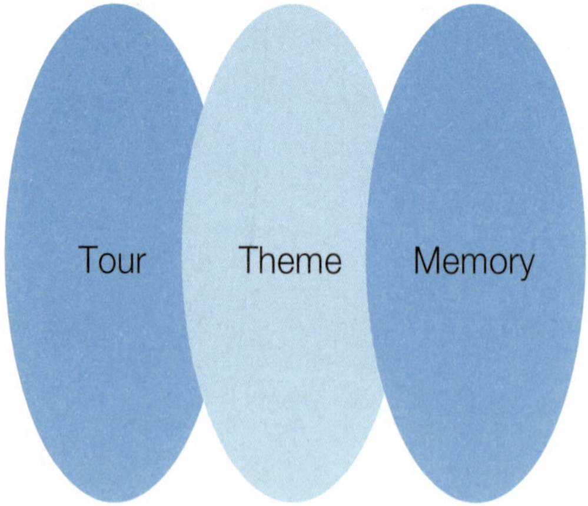

취향과 여행 목적 고려하기

우선, 신랑과 신부의 취미나 관심사, 신혼여행지에서 하고 싶은 것에 대한 이야기를 충분히 나누는 것이 중요하다. 원하는 것이 휴식인지 관광인지를 결정하는 것에 따라 신혼여행지가 달라지기 때문이다.

또한 여행사의 패키지 상품을 이용할 것인지, 둘만의 자유여행을 할 것인지를 결정한다.

■ 여행기간 결정하기

직장 휴가기간에 따라 신혼여행기간을 결정한다. 일반적인 회사에서 보통 결혼휴가는 일주일 정도인 만큼 신혼여행의 기간은 4~5일 정도가 적당하다.

■ 대략적인 신혼여행 경비 정하기

신혼여행 예산을 미리 정한 후, 여행지를 고르는 것이 좋다. 항공, 숙박, 관광 등 여행사에 지불하는 비용과 옵션, 식비, 선물비 등 현지에서 지출하는 비용을 함께 고려해야 한다.

옵션이 많으면, 현지 지출이 과도하게 늘어나므로 여행상품을 자세히 살펴보고 의문사항이 생기면 바로 물어 보는 것이 좋다.

■ 항공편과 여행상품 체크하기

요즘에는 평일예식도 있지만 대부분 주말을 이용하기 때문에 여행상품도 주말출발이 가장 많다. 만약, 오후 늦게 예식을 올리거나 지방에서 예식을 하게 되면 당일 출발이 어려운 경우도 있으므로 다음 날 출발하기도 한다. 결혼식, 폐백, 피로연을 다 치른 후 출발하기 2시간 전에 여유롭게 공항에 도착 할 수 있도록 해당 항공편의 출발시간도 반드시 체크해야 한다.

■ 여행상품 고르기

많은 경험과 인지도가 있는 믿을 만한 여행사를 이용한다.

싼 게 비지떡이라는 말이 있는 것처럼 여행지역과 가격만 보지 말고 숙박하는 호텔의 등급과 식사포함 여부, 질과 내용, 현지 관광 일정과 옵션사항, 쇼핑일정, 가이드유무, 항공편과 경유지, 이동시간, 최소 출발인원 등을 꼼꼼히 체크해 보고 몇 가지 상품을 비교하도록 한다.

미리 여행지 정보를 수집해 꼭 가고 싶은 곳이나, 여행지에서 하고 싶은 것들을 미리 생각해 본 후 가능 여부도 문의한다. 자유여행은 확실한 정보수집이 필수적으로 요구된다. 언어구사력과 여행경험도 고려하여 무리 없는 여행지를 선택하는 것이 좋다.

여권 비자 신청하기

비자

방문할 국가에서 입국을 허가해 주는 증명서이다.

여권

해외여행을 할 때 맨 먼저 필요한 것은 여권이다. 여권은 여행자의 국적을 밝혀 주고 여행목적을 자국정부가 증명해 주는 국제 신분증인 셈이다. 우리나라 어디를 가든 주민등록증 하나만 있으면 신분이 증명되는 것처럼, 해외에 나가서는 여권만 있으면 자신의 신분이 증명 · 보장된다.

여권은 여행자수표를 현지 화폐로 환전할 때, 면세품을 구입할 때, 렌터카를 임대 하거나 호텔에 투숙할 때 등 반드시 제시해야 한다. 신분증 역할을 하므로 해외여행 기간 동안에 반드시 소지하고 있어야 한다.

여권은 여행을 한 번 다녀올 수 있는 단수여권과, 유효기간이 5년/10년인 복수여권이 있다.

단수여권

주로 30세 미만의 미필자로서, 병무청의 국외여행허가 기간이 1년 이하인 사람이 사용한다.

■ 여권 신청시의 구비서류

♧ 복수여권(5년/10년 사용)

6개월 이내에 찍은 여권용 사진 2장, 주민등록증 또는 운전면허증, 인지대, 본인 사인.

♧ 단수여권(1회 출국)

복수여권과 같고 복수여권은 여권만료일을 기준으로, 전후 6개월 이내에 1회 연장이 가능하다. 구비서류는 신규여권 만들 때와 같다.

■ 여권을 만들 수 있는 곳

♧ 서울

서초구청, 영등포구청, 노원구청, 동대문구청, 강남구청, 종로구청

♧ 광역시청

광주, 인천, 대전, 부산, 대구,

♧ 그 외

경기도, 강원도, 충청남도, 충청북도, 전라남도, 전라북도, 제주도청, 경상남도, 경상북도, 제주도청이다.

※ 병역 미필자 주의사항

병역 미필자는 해외여행을 다녀와서 꼭 군대에 가겠다는 보증을 해야 한다. 이 보증을 가지고 병무청에서 허가를 받아야 하므로 일반인들보다 구비서류가 몇 배나 많다. 일반인들이 필요한 서류 외에도 다음과 같은 것들이 추가로 필요하다.

여권 발급 시 필요한 서류

- 보증인 2명의 인감이 찍힌 귀국보증서(병무청)
- 2명의 인감증명(동사무소)
- 보증인 2명의 재산세 과세증명(동사무소)
- 국외여행허가신청서(병무청)
- 위의 서류를 들고 병무청에 가서 국외여행 허가서를 받을 것
- 이 국외여행허가서와 일반적인 여권서류
  (개인일 경우 사진 2장, 주민등록증, 인지 비용 1만5천원)

여권발급 구청에서 한다. 과거에는 만 30세 이하의 남자로서 군대를 다녀와서 처음으로 해외여행을 하려면 국외여행 신고확인서가 필요했었는데, 현재는 미필자인 경우만 공항에 있는 병무신고서에 신고를 하면 된다.

비자가 필요한 국가

미국(하와이), 일본, 대만, 호주, 인도, 네팔, 미얀마, 베트남, 캄보디아, 벨로루시, 우루과이, 온두라스, 파나마, 아르헨티나, 칠레

비자 신청

비자 신청은 여행 대상국의 주한 대사관이나 영사관에서 하면 되고, 준비해 할 서류는 여권, 비자 신청서, 여권용 컬러 사진, 호적등본 등인데, 국가와 여행 목적에 따라 조금씩 달라지므로 확인한

다음 준비한다.

■ **비자 신청시의 준비할 서류**

여권, 사본1장, 운전면허증, 사본1장, 주민등록증, 사진 1장, 도장, 항공권 사본, 발급 수수료

신혼여행 패키지 선택하기

■ **싼 것이 비지떡이다.**

동일한 신혼여행 상품이라도 여행사마다 가격이 천차만별이다. 하지만 평균이하의 가격을 제시하는 여행사의 상품은 신혼여행지에서 팁이나 쇼핑을 강요당하게 된다.

일정이 너무 타이트하거나 새벽에 도착하고 출발하는 경우에는 쉽게 지친다.

가격이 비싸더라도 팁이 없거나 일정이 부드러운 곳을 택해야 편안한 신혼여행을 즐길 수 있다.

■ **지역별 전문여행사를 선택하자.**

전세계 지역의 상품을 판매하는 여행사도 있고, 한 지역만을 한정해서 판매하는 곳도 있다. 지역전문 여행사를 통해 여행을 해야 고품격 여행을 즐길 수 있다.

■ 신혼여행의 목적을 파악하자.

휴양을 위한 여행이라면 여러 곳을 돌아다니지 않고 한 장소에서 머무르는 리조트 여행이 적당하고, 관광을 위한 여행이라면 시간상 가까운 동남아의 일부 관광지를 돌아보는 코스가 좋다. 물론, 배낭여행도 좋은 경험이 될 것이다.

■ 허니문 설명회에 참석해 보자.

여행사들은 봄, 가을에 예비 신혼부부들을 위해 설명회를 주최하는데, 각 지역 정보 및 사진을 입수할 수 있다. 일정표와 여행사의 특전을 자세히 알아보자. 일정표의 일정이 너무 타이트하면 아침부터 저녁까지 가이드만 쫓아다녀야 하고 자유시간의 여유도 없다. 충분히 자유시간이 확보되어 있는지 살펴보자. 또한 같은 종류의 상품에 여행사만 틀리다면 특전을 많이 주는 여행사를 선택한다. 예로 꽃바구니라든가, 체크아웃 시간 연장이라든가 특식 제공 등이 있을 것이다.

■ 국외여행 표준계약서를 작성하자.

여행사와 계약을 하게 되면 기본적으로 반드시 국외여행 표준계약서를 작성해야 한다. 여행사와 계약자 간의 계약확인서이므로 서로가 한 장씩 나누어 갖는데, 잊고 오면 여행사에 책임을 물을 수 없게 된다. 후에 문제가 생겼을 때, 꼭 필요한 문서이므로 확실히 챙겨 둔다.

■ 팁에 관련된 사전 지식을 갖고 가자.

팁은 아직 우리나라에서 흔하지 않아 아깝다고 여기나 이것은 국제적인 관례이다. 대략 사용금액의 10%정도를 생각하면 된다. 특히, 가이드와 관련된 팁이 가장 문제인데, 미리 여행사에 문의하도록 하며, 이런 것이 싫다면 팁이 필요 없는 상품을 이용한다.

새로 개발되는 상품 중에는 팁이 신혼여행비에 포함되어 있는 것도 있으므로, 이런 상품을 이용한다면 편하게 여행을 할 수 있을 것이다.

해당 여행사가 직접 주관하는 행사인지 확인하자.

일부상품의 경우, 여러 여행사가 한 상품을 파는 경우도 있는데, 이런 경우에는 대부분 문제가 생긴다. 비행기 좌석이나 여행지에서의 대우 등이 차이가 나게 된다. 영세한 여행사일 경우 이런 일이 종종 발생한다.

■ 문제 발생시에 클레임을 쉽게 걸 수 있는 여행사를 선택한다.

신혼여행시에 계약과 틀려 보상을 요구하게 될 경우가 있는데 대형업체의 경우 여행자 배상보험을 여행사가 가입하는 경우도 많이 있다. 이런 여행사의 경우에, 클레임을 걸기 쉬우며 보상도 빠르게 받을 수 있다. 하지만 계약서와 현지에서 관련 자료를 잘 챙겨서 증거자료로 제출해야 한다.

〈신혼여행 체크 포인트〉

자유(관광목적)	호주, 유럽 등
자유(관광) 목적 + 휴양목적	태국 푸켓, 후아힌, 파타야 차암, 크라비, 코사무이 등
휴양목적	필리핀, 발리, 괌, 사이판, 티니안 등

▪ 시간적 여유에 맞춰 선택한다.

장소를 결정할 때 가장 신경 써야 하는 부분은 바로 두 사람의 시간적 여유에 맞게 일정을 잡는 일이다. 유럽의 경우, 보통 비행시간이 15시간 이상이기 때문에 출발일과 도착일 2일을 비행기 안에서 보내야 하므로 시간이 많지 않은 커플들에겐 적당하지 않다. 보통 3~4일의 여유가 있는 사람들은 동남아나 제주도를 선택한다.

▪ 경제적인 여유에 따라 결정한다.

신혼여행을 여행사 패키지로 간다고 해서 패키지 비용만을 계산해서는 안 된다. 여행을 떠나서는 예상치 못한 비용이 들기 마련이고, 즐기기 위한 옵션 가격도 만만치 않아 생각보다 훨씬 많은 비용이 드는 경우가 대부분이다. 여유자금이 2백만 원이라면 기본비용이 1백 40만 원 정도인 여행상품을 선택한다.

■ 커플 성격에 맞는 여행지를 선택한다.

여행을 통해 많은 것을 보고 많은 것을 얻고자 하는 커플들에게는 유럽 쪽이 좋다. 유럽은 유명한 미술관이나 박물관 등이 많아 배낭여행으로 신혼여행을 떠나려는 커플들에게 권한다. 스포츠를 좋아하고 휴양을 즐기려는 커플들은 푸켓이나 몰디브, 코 사무이, 인도네시아의 발리 등을 선택한다. 쇼핑을 좋아하는 커플들은 호주와 싱가포르, 홍콩 등이 좋다.

■ 허니문 장소에 따른 패키지 비용을 감안한다.

여행상품 가격은 여행사에 따라 다르고 패키지 성격에 따라서도 다르다. 일단 장소를 선정했다면 여행사에 따른 정보를 수집하고 패키지 성격도 꼼꼼하게 체크한 후 결정한다.

■ 단체여행과 개별여행의 장단점을 비교한다.

단체여행과 개별여행을 떠나는 방법이 있다. 여행 초보자들인 경우에는 자체적으로 스케줄이나 제반사항 등에 대비한다는 것이 무리이므로, 단체여행을 떠나는 것이 안전하다. 개인여행에 비해 가격이 저렴하다는 것도 단체여행의 장점이라 할 수 있겠다.

■ 여행 장소의 기후나 명절, 여행시기를 체크한다.

여행을 하고자 하는 나라나 지역에 따라서는 우기, 건기 등 기후특성에 따라 사계변화를 모두 거치는 경우도 있고, 특정 계절을 경험할 때도 있다. 또한 여행국가의 명절, 기후 등과 연관되어 고려해야 할 사항이 있으므로 사전에 미리 확인한 후 떠나야 한다.

여행 전 체크할 사항

비행기 출발시간과 도착시간을 확인한다.

괌, 사이판 지역은 대부분 저녁 늦은 시간에 출발한다. 이 지역을 운항하는 항공사는 아시아나 항공과 대한항공, 콘티넨탈 마이크로네시아 항공이 있는데, 오전 출발시간을 제외하고 대부분 저녁에 출발한다. 대개 12시에서 2시 사이에 예식을 진행하므로 폐백, 피로연을 다 해도 별 무리 없이 공항에 도착할 수 있다. 단, 공항에는 비행기 출발 두 시간 전에 도착해야 허둥대지 않고 출국수속을 마칠 수 있다. 그러나 오후에 결혼식을 올리는 신혼부부들에게는 해당되지 않는다.

그 다음 날 이 지역으로 떠날 계획이라면 오전 비행기를 이용하면 된다. 방콕과 푸켓으로 허니문을 떠나고자 한다면 운항 횟수가 많아 출발에는 큰 지장이 없다. 일정을 푸켓에서만 보내고 싶다면 직항 편을 이용하는 것이 편리하지만, 운항 횟수가 제한적이라 대부분 방콕을 경유해 여행한다. 호주와 뉴질랜드는 괌이나 사이판과 마찬가지로 저녁 늦게 출발한다. 비행시간은 시드니가 10시간, 브리스번이 9시간, 오클랜드는 11～13시간 정도이다. 하와이 역시 오후에 출발한다. 소요시간은 직항인 경우, 8시 30분에서 9시간 정도.

■ 아침식사는 호텔식인지 현지식인지

여행을 떠나기 전, 반드시 챙겨야 할 가장 중요한 준비물 중의 하나는 일정표이다. 일정표에는 여행 중 이용하게 되는 교통수단, 주요관광지 및 일정, 선택관광, 식사, 호텔 등이 기재되어 있다.

상품의 가격 또한 이러한 기본사항이 어떻게 처리되느냐에 따라 차이가 날 수 있다. 특급 호텔이냐 일급 호텔이냐에 따라서, 또는 선택관광이 일정에 포함되어 있는 경우, 요금이 올라가는 것은 당연하고 아침 식사의 경우, 호텔 조식과 그냥 조식 중 호텔에서 제공하는 조식이 두 배정도 비싸다. 호텔의 등급과 시설을 알아보는 것도 중요하다.

호텔의 위치, 즉 해변이나 시내에서의 거리, 이용이 가능한 부대시설 등은 알고 떠나야 한다. 상품의 차별화를 위해 오션뷰(Ocean View : 바다가 보이는 전망 좋은 방) 룸을 제공하는 여행사도 있다.

■ 선택관광은 대충 정해 놓는다.

신혼여행은 대부분 관광보다는 휴양지 중심이기 때문에 둘만의 자유시간이 비교적 많은 편이다. 어떻게 보면 신혼여행으로 더할 나위 없는 일정이지만 선택관광에 대한 사전 지식 없이 출발했다가는 대중심리에 휩싸여 이것저것 선택하게 돼 결국은 예산에도 없는 지출을 하게 될 수도 있고, 기대 밖으로 별 흥미를 끌지 못해 어영부영 시간을 보내는 결과를 낳을 수 있을 것이다. 신혼부부들이 가장 많이 찾는 괌이나 사이판, 하와이 등은 휴양지이기 때문에 이 곳에서 사실 놀거리를 찾아도 그다지 신통치 않다. 하지만 출발 전에 조금만 신경 쓴다면 반드시 그런 것만도 아니다. 주위에서 쉽게 찾을 수 있는 일들, 예를 들어 소설책을 읽는다든가 배낭여행 온 기분으로 지도를 들고 시내를 돌아본다든가 하는 일들도 이색적으로 둘만의 특별한 휴가를 즐길 수 있는 방법일 것이다.

■상품의 질은 완벽한 준비에서 만들어진다.

저렴한 여행상품이라고 무조건 질이 나쁜 것은 아니다. 또한 여행조건을 정확히 알고 떠나는 것과 현지에서 알게 되는 것에는 큰 차이가 있다. 50만원도 안 되는 괌 여행상품을 구입해 놓고 특급호텔 숙박에 호텔 조식이 포함되어 있는 것으로 생각한다면, 그것은 지나친 욕심이다. 괌으로 가는 항공요금만 해도 약 30만원인데 50만원이라는 가격에 숙박비와 식비, 관광비가 모두 포함되어 있기는 무리이다.

저렴한 상품에는 고급상품과 여러 가지 면에서 차이나는 부대조건이 따르게 된다는 점을 인지하고 있어야 한다.

♧ 신혼여행시의 나라별 주의사항

• 말레이시아 – 아이들 머리에 손 올리는 것은 죄악

태국, 말레이시아, 라오스, 베트남, 대만 등 중남아 국가들에서는 머리에 손을 대는 것을 매우 싫어한다. 지역의 신앙인 정령신앙은 머리에 정령이 스며들어 있다고 규정하고 있고 손은, 더럽고 세속적인 것을 의미한다. 때문에 아이들을 칭찬할 때도 머리를 쓰다듬지 말아야 한다. 또 이 곳에서는 물건을 건네주거나 받을 때, 혹은 악수하거나 사물을 가리킬 때에는 오른손을 사용해야 한다. 그들에게 왼손은 불손한 손이다. 왼손을 부정하는 이유는 용변을 해결하는 손이기 때문이다.

• 중국 – 용변을 미리 해결하지 않고 외출하면 봉변

중국에는 문 없는 공중 화장실이 태반이다. 따라서 용변은 외출 전에 미리 해결해야 한다. 중국의 위생상태는 매우 좋지 않다. 현지 사람조차 자신의 젓가락을 가지고 다니는 경우가 많을 정도이므로, 거리에서 무언가 먹을 때 젓가락이나 그릇을 엽차로 헹군 후 사용하는 것이 좋다. 특히, 지방에 갔을 때에는 전염병, 기생충에 주의해야 한다. 식사는 아무래도 중화요리가 되기 쉽다. 그러다 보면 비타민이 부족하게 되기 쉬우므로 의식적으로 과일, 야채, 녹차 등을 섭취하도록 한다. 그 밖에도 밥 그릇 이외에는 손으로 받쳐 들지 말아야 하며, 국물이 있는 음식은 반드시 스푼으로 떠서 먹어야 식당에서 망신을 피할 수 있다. 또 중국에서는 문화보호법에 의해 골동품 반출이 금지되어 있다. 고궁이나 관광지에서 돈을 주고 정당하게 산 골동품이라 하더라도 세관검사원이 이상하다고 판단되어 옆으로 내려놓으면 그만이다.

• 인도네시아 – 발리 섬에서는 잡상인들 물건에 절대 NO 터치

인도네시아에서 발리는 가장 유명한 섬이다. 발리를 찾는 관광객이면 누구나 섬 중앙에 있는 칸타마니 고원에 이르게 되며, 여기에 오르면 식사는 으레 바무르 호수가 내다보이는 레스토랑에서 하게 된다. 그런데 버스에서 내려서 레스토랑까지 걸어가는 사이에 각종 민예품을 파는 잡상인들이 벌떼처럼 몰려든다. 여기서 만약, 어떤 물건이든지 손을 댔다 하면 반드시 사야 한다. 손을 대고도 사지 않겠다고 하면 큰일 나므로 살 의향이 없을 때에는 처음부터 완전히 무시해야 한다.

• 방콕 – 여자는 승려의 옷깃도 스쳐서는 안 된다.

태국 불교는 무척 엄격해서 승려가 여자의 몸에 손을 대서는 안 되고, 여자의 옷깃이 승려의 몸에 닿아서도 안 된다. 또한 여자로부터 물건을 받아서도 안 된다. 실제 신혼여행을 온 한국인 여성이 떨어진 승려의 물건을 건네주었다가 방콕의 지하철에서 사람들의 몰매를 맞았다고 한다. 태국은 입헌군주국가이다. 지금도 국왕을 섬기고 있는데, 왕실에 대한 태국 국민들의 존경심은 대단하다. 아

침 8시, 저녁 6시, 이렇게 하루 두 번 국가 연주를 하는데, 이 때는 아무리 관광객이라 해도 일어서서 부동자세를 취해야 한다. 또 국왕의 모습이 공공장소, TV나 스크린을 통해서 나올 때에도 기립해야 한다.

• 싱가푸르 – 화장실에서 물을 안 내려도 벌금

싱가포르는 세계최고 수준을 자랑할 정도로 거리가 깨끗하다. 그러나 이 깨끗함 뒤에는 세계최고 수준의 벌금법규가 자리잡고 있다. 이를 지키지 않을 경우, 외국인들이라 할지라도 결코 봐 주지 않는다. 새에게 먹이를 줬다는 이유로 벌금을 내는 경우도 있다. 이른바 새에게 먹이를 주면 새의 본연의 업무인 해충구제를 할 수 없다는 것이 그 이유이다. 또한 가정을 제외하고 모든 곳에서는 금연이다. 공공장소에서 쓰레기를 버리는 것이 적발돼 유죄가 확정되면 벌금 1천 달러와 함께 '나는 쓰레기를 버리는 죄를 저질렀습니다.'라고 씌어진 유니폼을 입고 거리에서 최소 반나절 동안 쓰레기를 주워야 한다. 화장실에서 볼일을 본 후 물을 내리지 않아도 벌금 5백 달러를 내야 할 정도이므로, 특별히 조심하지 않으면 여행경비를 탕진할 수도 있을 것이다.

신혼여행시의 입국과 출국절차

출국요령

출국 수속시의 개인 구비서류: 여권(비자 유무 확인), 항공권(예약상황 확인), 예방접종증명서(해당국), 병무 관련 출국 신고필증(만 30세 이하 남자의 경우), 출입국신고서, 호텔 예약확인서, 여행보험증서, 현지 여행사명 및 전화번호, 개인 수화물

여행지 입국요령

① 항공기 도착

② 입국심사(여권심사)

③ 여권(비자) 입국카드 제시(때에 따라 항공권을 제출하는 경우도 있다)

④ 화물회수

⑤ 도착한 비행기 번호를 확인한 후 자기 짐을 수거한다. 자기 짐이 없을 때에는 해당 항공사에 가서 짐표를 제시하고 확인을 요청한다.

⑥ 세관검사

세관신고서 제출

① 도착 로비

② 현지 담당자와 만나기

③ 입국수속 준비사항

④ 여권(비자 해당국가), 항공권, 검역카드(해당국가), 도착국 출입국 카드(E/D 카드)

⑤ 귀 국

⑥ 여행 중에 구입한 기념품 등은 부피는 되도록 작게 하고 짐의 수량을 줄이며, 세관 검사시 확인이 용이하도록 한다. 깨지는 물건이 있으면 의류 등에 싸서 넣고 가방에는 주의표시를 한다. 복장은 우리나라의 기후에 맞추어 착용한다.

■ 각 나라별 출입국신고서

이 페이지에는 각 나라별 출입국신고서의 견본을 소개한다.

〈싱가포르 출입국신고서〉

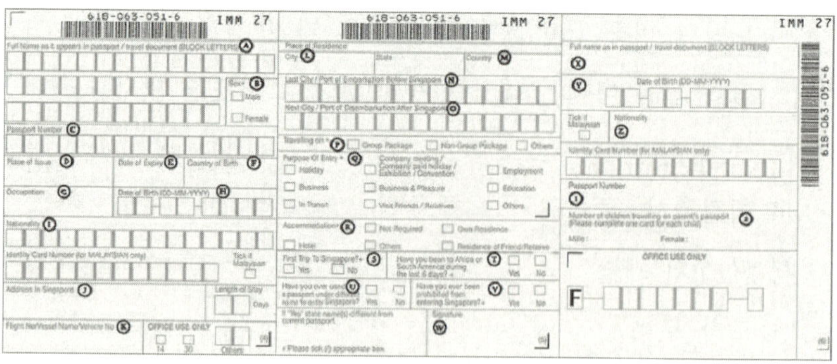
618-063-051-6 IMM 27
Full Name as it appears in passport / travel document (BLOCK LETTERS) Ⓐ
Sex* Ⓑ Male Female
Passport Number Ⓒ
Place of Issue Ⓓ
Date of Expiry Ⓔ
Country of Birth Ⓕ
Occupation Ⓖ
Date of Birth (DD-MM-YYYY) Ⓗ
Nationality Ⓘ
Identity Card Number (for MALAYSIAN only)
Tick if Malaysian
Address in Singapore Ⓙ
Length of Stay Days
Flight No/Vessel Name/Vehicle No Ⓚ
OFFICE USE ONLY 14 30 Others

618-063-051-6 IMM 27
Place of Residence
City Ⓛ State Country Ⓜ
Last City / Port of Embarkation Before Singapore Ⓝ
Next City / Port of Disembarkation After Singapore Ⓞ
Travelling on * Ⓟ Group Package Non-Group Package Others
Purpose Of Entry * Ⓠ
Holiday
Company meeting / Company paid holiday / Exhibition / Convention
Employment
Business
Business & Pleasure
Education
In Transit
Visit Friends / Relatives
Others
Accommodation* Ⓡ Not Required Own Residence Hotel Others Residence of Friend/Relative
First Trip To Singapore? * Ⓢ Yes No
Have you been to Africa or South America during the last 6 days? * Ⓣ Yes No
Have you ever used a passport under different name to enter Singapore? Ⓤ Yes No
Have you ever been prohibited from entering Singapore? * Ⓥ Yes No
If "Yes" state name(s) different from current passport
Signature Ⓦ
* Please tick (✓) appropriate box

IMM 27
Full name as in passport / travel document (BLOCK LETTERS) Ⓧ
Ⓨ Date of Birth (DD-MM-YYYY)
Tick if Malaysian
Nationality Ⓩ
Identity Card Number (for MALAYSIAN only)
Passport Number ①
Number of children travelling on parent's passport (Please complete one card for each child) ②
Male : Female :
OFFICE USE ONLY
F
618-063-051-6

A. 여권상의 이름

B. 성별에 V자로 표시

C. 여권번호

D. 여권 발급도시(Seoul, Busan 등)

E. 여권 유효기간
(예: 2005년 6월 25일일 경우 25–06–05 형태)

F. 태어난 국가. 당연히 Korea

G. 직업. 보통 Office Worker(회사원)

H. 생년월일. 일 – 월 – 연 순서

I. 국적. Korean

J. 싱가포르 주소. 보통 호텔 이름을 쓰면 됨. 옆의 두 칸에는 머무를 기간을 씀

K. 비행기 편명. SQ15 등

L. 사는 도시

M. 사는 국가. Korea

N. 싱가포르 오기 전의 도시. Seoul, Osaka, Tokyo 등

O. 출국할 도시. Seoul, Bintan, Johor Bahru 등

P. 그룹여행인지 아닌지 V로 표시

Q. 여행목적을 V로 표시. 보통 Holiday(휴가) 또는

Business(출장)

R. 숙소를 V로 표시. 보통 Hotel

S. 싱가포르에 처음인지? V로 표시

T. 아프리카나 남아메리카 국가에 지난 6일 동안 머무른 적이 있는지?

U. 여권 상 다른 이름으로 입국한 적이 있는지?

V. 싱가포르에 입국을 거부 당한 적이 있는지?

W. 본인 서명. (여권과 동일하게)

X. 여권상의 이름

Y. 생년월일. 일－월－연 순서

Z. 국적

1. 여권 번호
2. 자녀가 부모 동반 여권인 경우 남자아이와 여자아이의 수

〈호주 출입국신고서(앞면)〉

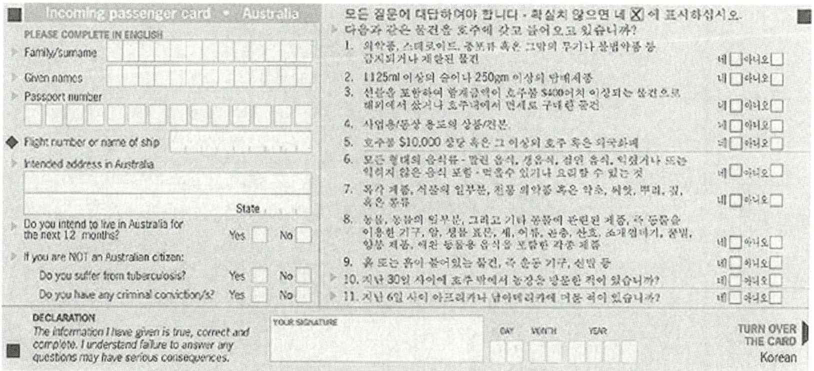

Incoming passenger card • Australia

PLEASE COMPLETE IN ENGLISH

Family/surname

Given names

Passport number

Flight number or name of ship

Intended address in Australia

State

Do you intend to live in Australia for the next 12 months? Yes ☐ No ☐

If you are NOT an Australian citizen:

Do you suffer from tuberculosis? Yes ☐ No ☐

Do you have any criminal conviction/s? Yes ☐ No ☐

모든 질문에 대답하여야 합니다 - 확실치 않으면 네 ☒ 에 표시하십시오.

다음과 같은 물건을 호주에 갖고 들어오고 있습니까?

1. 의약품, 스테로이드, 총포류 혹은 그밖의 무기나 불법약품 등 금지되거나 제한된 물건 네☐ 아니오☐
2. 1125ml 이상의 술이나 250gm 이상의 담배제품 네☐ 아니오☐
3. 선물을 포함하여 합계금액이 호주불 $400어치 이상되는 물건으로 해외에서 샀거나 호주내에서 면세로 구매한 물건 네☐ 아니오☐
4. 사업용/상업 용도의 상품/견본 네☐ 아니오☐
5. 호주불 $10,000 상당 혹은 그 이상의 호주 혹은 외국화폐 네☐ 아니오☐
6. 모든 형태의 음식류 - 말린 음식, 생음식, 절인 음식, 익혔거나 또는 익히지 않은 음식 포함 - 먹을수 있거나 요리할 수 있는 것 네☐ 아니오☐
7. 곡산 제품, 식물의 일부분, 전통 의약품 혹은 약초, 씨앗, 뿌리, 싹, 혹은 풀류 네☐ 아니오☐
8. 동물, 동물의 일부분, 그리고 기타 동물에 관련된 제품, 즉 동물을 이용한 기구, 알, 생물 표본, 새, 어류, 곤충, 산호, 조개껍데기, 꿀벌, 양봉 제품, 애완 동물용 음식을 포함한 각종 제품 네☐ 아니오☐
9. 흙 또는 흙이 붙어있는 물건, 즉 운동 기구, 신발 등 네☐ 아니오☐
10. 지난 30일 사이에 호주 밖에서 농장을 방문한 적이 있습니까? 네☐ 아니오☐
11. 지난 6일 사이 아프리카나 남아메리카에 머문 적이 있습니까? 네☐ 아니오☐

DECLARATION

The information I have given is true, correct and complete. I understand failure to answer any questions may have serious consequences.

YOUR SIGNATURE

DAY MONTH YEAR

TURN OVER THE CARD

Korean

〈호주 출입국신고서(뒷면)〉

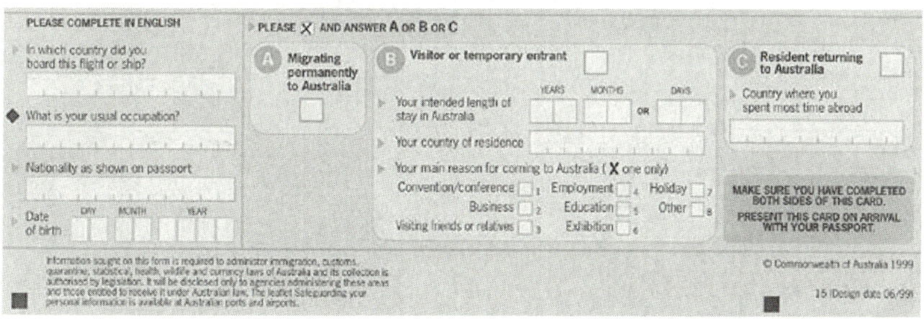

PLEASE COMPLETE IN ENGLISH

In which country did you board this flight or ship?

What is your usual occupation?

Nationality as shown on passport

Date of birth DAY MONTH YEAR

PLEASE ☒ AND ANSWER A OR B OR C

A Migrating permanently to Australia ☐

B Visitor or temporary entrant ☐

Your intended length of stay in Australia YEARS MONTHS OR DAYS

Your country of residence

Your main reason for coming to Australia (☒ one only)

Convention/conference ☐1 Employment ☐4 Holiday ☐7

Business ☐2 Education ☐5 Other ☐8

Visiting friends or relatives ☐3 Exhibition ☐6

C Resident returning to Australia ☐

Country where you spent most time abroad

MAKE SURE YOU HAVE COMPLETED BOTH SIDES OF THIS CARD.

PRESENT THIS CARD ON ARRIVAL WITH YOUR PASSPORT.

Information sought on this form is required to administer immigration, customs, quarantine, statistical, health, wildlife and currency laws of Australia and its collection is authorised by legislation. It will be disclosed only to agencies administering these areas and those entitled to receive it under Australian law. The leaflet Safeguarding your personal information is available at Australian ports and airports.

© Commonwealth of Australia 1999

15 (Design date 06/99)

현지공항 도착 30분 전, 기내에서 나누어 주며 양식을 참고하여 작성하면 된다.

〈괌 출입국신고서〉

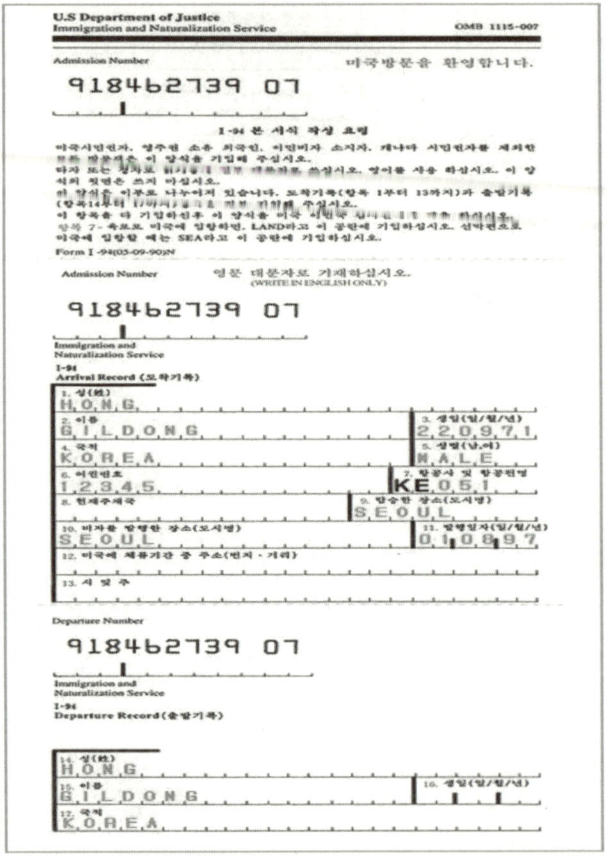

미국시민권자, 영주권소유 외국인, 이민 비자 소지자, 캐나다 시민권자가 아닌 괌 방문객들은 작성하여야 한다.

〈인도네시아 입국신고서〉

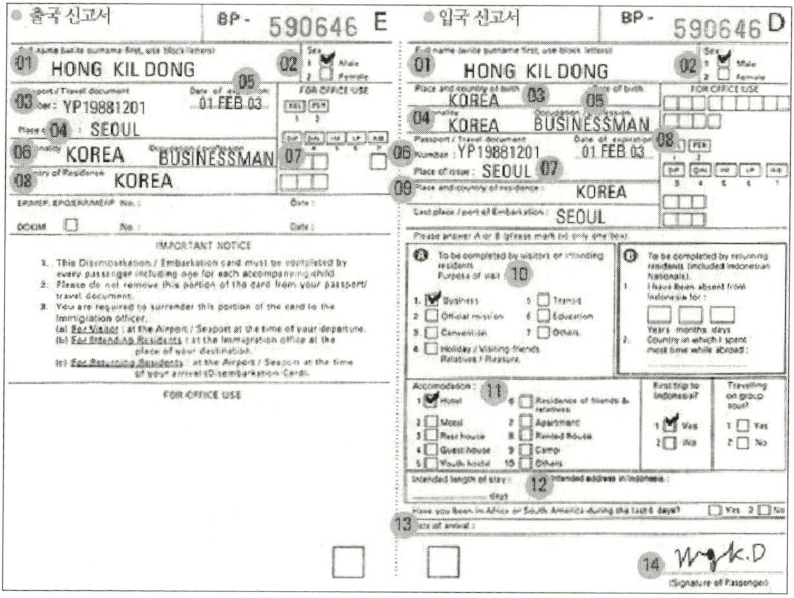
출국 신고서 BP- 590646 E
01 HONG KIL DONG 02 Sex 1 Male 2 Female
03 Passport / Travel document Number: YP19881201 05 Date of expiration: 01 FEB 03 FOR OFFICE USE
Place 04 SEOUL
06 Nationality KOREA Occupation / Profession BUSINESSMAN 07
08 Country of Residence KOREA
IMPORTANT NOTICE
FOR OFFICE USE

입국 신고서 BP- 590646 D
01 Full name (write surname first, use block letters) HONG KIL DONG 02 Sex 1 Male 2 Female
Place and country of birth 03 KOREA 05 Date of birth FOR OFFICE USE
04 Nationality KOREA Occupation / Profession BUSINESSMAN 08
06 Passport / Travel document Number: YP19881201 Date of expiration: 01 FEB 03
Place of issue: SEOUL 07
09 Place and country of residence: KOREA
Last place / port of Embarkation: SEOUL
10 Purpose of visit: 1. Business 2. Official mission 3. Convention 4. Holiday / Visiting friends Relatives / Pleasure 5. Transit 6. Education 7. Others
11 Accomodation: 1 Hotel 2 Motel 3 Rest house 4 Guest house 5 Youth hostel 6 Residence of friends & relatives 7 Apartment 8 Rented house 9 Camp 10 Others
First trip to Indonesia? 1 Yes 2 No
Travelling on group tour? 1 Yes 2 No
12 Intended length of stay: days Intended address in Indonesia:
13 Date of arrival:
14 (Signature of Passenger)

(입국신고서)

01. 성명	02. 성별	03. 출생국가	04. 국적
05. 직업	06. 여권번호	07. 여권발급기관	08. 여권유효일
09. 거주국가	10. 입국목적	11. 숙소	12. 체류예정기간
13. 입국일	14. 서명		

(출국신고서)

01. 성명	02. 성별	03. 여권번호	04. 여권발급기관
05. 여권유효기간	06. 국적	07. 직업	08. 거주국가

〈필리핀 입국신고서〉

Republic of the Philippines BUREAU OF IMMIGRATION	DISEMBARKATION CARD (For Arriving Passengers)

SURNAME / FAMILY NAME 성 | FIRST NAME 이름 | MIDDLE NAME

1 ☐ MALE 남 / 2 ☐ FEMALE 여 | BIRTHDAY (MM / DD / YY) 생년월일 (월/일/년) | COUNTRY OF BIRTH 출생지

CITIZENSHIP 국 적 | OCCUPATION 직업

ADDRESS ABROAD (NO., STREET, TOWN/CITY, STATE/COUNTRY, ZIP CODE) 거주지

ADDRESS IN THE PHILIPPINES (NO., STREET, TOWN/CITY, PROVINCE) 필리핀내 체류예정지

PASSPORT NUMBER 여권 번호 | PLACE OF ISSUE 여권 발급지 | DATE OF ISSUE (MM / DD / YY) 여권 발급일

MAIN PURPOSE OF TRAVEL (CHECK APPROPRIATE BOX)

1 ☐ HOLIDAY / PLEASURE　3 ☐ CONVENTION　5 ☐ OTHERS
2 ☐ VISIT FRIENDS / RELATIVES　4 ☐ BUSINESS　(SPECIFY) ______

NUMBER OF VISITS TO THE PHILIPPINES 방문 횟수? ☐ 1 ☐ 2 ☐ 3 or more | TRAVELING ON PACKAGE TOUR? 단체여행? 1 ☐ YES 2 ☐ NO

SIGNATURE OF PASSENGER 서명 | AIRPORT OF ORIGIN 출발 공항 | FLIGHT NO. 항공편수

FOR PHILIPPINE OVERSEAS CONTRACT WORKERS / BALIKBAYAN USE ONLY

OCW I.D. NO | REASON/S FOR RETURNING TO RP:
DATE OF LAST DEPARTURE (MM / DD / YY) | 1 ☐ CONTRACT TERMINATED / 2 ☐ VACATION / ON LEAVE / 3 ☐ HEALTH / 4 ☐ OTHERS (SPECIFY)

WARNING: DEATH TO DRUG TRAFFICKERS UNDER PHILIPPINE LAW (RA 7659)

현지 공항 도착 30분 전에 기내에서 나누어 준다.

〈태국 출입국신고서〉

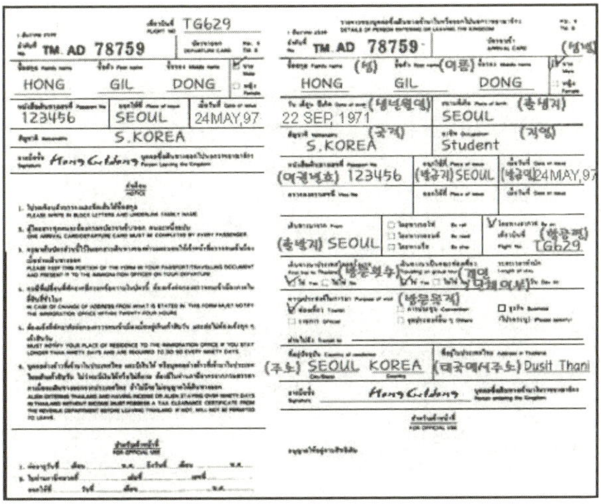
TG629
TM. AD 78759
HONG GIL DONG
123456 SEOUL 24MAY,97
S.KOREA
TM. AD 78759 (성별)
HONG (성) GIL (이름) DONG
22 SEP 1971 (생년월일) SEOUL (출생지)
S.KOREA (국적) Student (직업)
(여권번호) 123456 (발급지) SEOUL (발급일) 24MAY,97
(출발지) SEOUL (항공편) TG629
(방문회수) (개인/단체여부)
(방문목적)
(주소) SEOUL KOREA (태국에서주소) Dusit Thani

현지공항 도착 30분 전에 기내에서 나누어 준다.

신혼여행지 정보

■ 필리핀

잘 알려지지 않은 섬까지 포함하면 7,150여 개로 이루어져 있는 필리핀은 자연 친화적인 아름다움을 가져서인지, 우리나라 허니문들에게 사랑을 받고 있는 지역이다. 세상에서 가장 아름답고 큰 해변의 보라카이, 일곱 바다빛깔과 에메랄드빛 바다의 세부, 천해의 자연경관을 간직하고 있는 자연휴양지 펄팜, 원시 그대로의 자연을 즐기며 아름다운 산호초와 깎아 세운듯한 기암의 절경인 휴양지 엘니도 등 단연 최고의 허니문 지역일 수밖에 없다.

■ 태국

열대지방으로서 수도는 방콕이다. 태국 어디를 가든지 방콕을 경유해 가는 일정이 대부분이다. 국민의 95%가 불교도이며, 전반적인 생활수준은 낮은 편이나 요즘 관광사업에 박차를 가해 허니문 여행지로 더없이 좋은 곳이다. 태국 최대의 휴양지이며 관광일정이 잘 되어 있는 파타야, 왕족들의 실제 휴양지로 쓰였던 평온하고 조용한 휴양지 차암, 침실에서도 아름다운 바다를 볼 수 있는 푸켓의 판와부리 리조트, 장엄함과 순수, 그리고 화려함이 살아 숨쉬는 전설의 섬 메이통, 둘만의 공간을 누릴 수 있는 최적의 자연과 코코넛으로 둘러싸인 아름다운 언덕이 있는 코사무이 등이 있다.

■ 호주

새로운 나를 발견할 수 있는 곳이다. 그 유명한 오페라 하우스가 있는 나라이며, 호주·영국풍 거리의 모습을 볼 수 있는 다운타운과 패션 부티크, 쇼핑 거리가 매력적인 도시임에는 틀림없다. 도시와 자연과의 조화로움은 놀라움의 그 자체다. 시드니, 골드 코스트 등이 있다.

■싱가포르 / 몰디브

형용하기조차 어려운 이 아름다운 섬은 이름만으로도 흡인력이 느껴질 정도다. 눈부시게 아름다운 산호 백사장과 에메랄드빛 바다가 타원형으로 구조를 이루고 있다. 다양한 해양 스포츠를 즐기면서 여유롭게 휴식을 취할 수 있는 지상 최대의 낙원이다.

인도네시아

대표적인 여행지로는 신이 내린 선물이란 찬사를 받는 발리 섬과 최근 인도네시아의 숨겨진 보석이라는 이름을 가지고 새로이 등장한 롬 복 등이 있다. 최고급 리조트와 맑고 푸른 바다와 금빛 모래사장, 특유의 전통적인 주변환경들이 너무나 인상적인 섬이다.

괌, 사이판

1990년대 초에 신혼여행지로 각광을 받았던 곳이었으나, 요즘은 가족단위의 여행이 주가 된 곳이다. 남태평양의 사파이어 블루 해안과 일몰이 아름답다. 열대 야자수로 꾸며진 조경과 하얗게 펼쳐진 백사장 등이 괌의 자랑거리다. 게다가 리조트나 호텔에서 안락한 휴식과 레저를 즐길 수 있는 워터 파크와 모든 것이 갖춰진 환상의 파라다이스 여행지이다. 사이판은 비즈니스호텔의 품격과 고급 리조트의 즐거움을 갖춘 곳으로 휴식과 레포츠를 즐길 수 있는 완전한 워터 파크로 이루어져 있으며, 이색적인 경험을 할 수 있는 여행지 중의 하나이다.

Chapter 3

Wedding Planner
성공하는 상담기법

상담의 자세

상담을 직업으로 한다는 것은 사람 사이의 관계를 의미한다. 서로의 의견을 주고받는 대화에서 시작되며, 때에 따라서는 설득의 필요성이 뒤따른다. 그렇기 때문에 신뢰를 줄 수 있는 이미지는 30%의 성공을 의미하기도 한다. 우선 상담에 기본이라 볼 수 있는 자세에 대한 설명이다.

■ 밝고 경쾌한 인사

'웃는 얼굴에 침 못 뱉는다.' '말 한 마디가 천 냥 빚을 갚는다'라는 우리나라 속담처럼 말과 표정이 우리 삶에 얼마나 큰 비중을 차지하는지 알 수 있다. 웨딩플래너는 언제나 밝은 표정과 미소를 지어야 하며, 고객이 웨딩플래너와 상담을 시작해서 끝날 때까지 좋은 기분을 유지하도록 밝고 경쾌한 목소리의 대화는 웨딩플래너의 필수항목이다.

■ 명함 전달할 때

명함을 전달할 때에는 고객이 명함을 함께 제시하는 경우, 고객의 명함을 먼저 받고 나의 명함을 주는 것이 예의이며, 고객에게 명함을 내밀 때에는 고객이 쉽게 볼 수 있도록 고객 쪽으로 명함의 아래쪽이 위치하도록 전달한다. 이 때도 미소를 잃어버려서는 안 된다.

■ 가벼운 화제로부터 시작

처음부터 계약에 대한 부담감이나 본론을 들어내어 고객으로 하여금 거부감을 일으킬 필요는 없다. 그 날의 날씨나 그 시기의 시사 등을 가볍게 나누면서 서서히 본론으로 들어가는 것이 고객에게는 편안함을 줄 수 있는 방법이다.

▪ 고객의 니드(NEED)를 정확히 파악하라

딱딱한 나열식의 질문으로 '예식 날짜는? 예식의 장소는? 리허설 촬영예산은?' 등과 같은 구구절절보다는 가벼운 화제로 시작해 대화 도중에 고객이 가장 관심을 가지는 분야를 정확히 파악해서 상담에 임하도록 한다.

▪ 계약시점 간파

고객과 상담을 나누는 중 고객과의 계약서 작성시점을 잡는 것은 상담 중 가장 중요한 부분이다. 대화도중 고객의 반응을 유심히 살피는 것을 잊지 말아야 하며, 판매시점의 행동유형의 경우에 대부분의 고객이 상담내용에 많은 호응을 보이는 행동양식이라고 판단이 되므로 알아둘 필요가 있다.

■ 계약시점

웨딩 상품의 계약 시점

- 진지한 태도로 질문 - 고객이 열심히 질문해 올 때
- 갑작스럽게 한숨을 쉰다거나 상체를 앞으로 당겨 바짝 다가올 때
- 웨딩플래너의 이야기에 맞장구를 칠 때
- 잠시 아무 소리 없다가 질문해 올 때
- 자료에 대해 관심을 보이며 자세히 바라보고 있을 때
- 굳어 있던 표정이 환하게 바뀔 때
- 가격에 대해 문의할 때
- 대금 지불방법에 대해 문의할 때
- 계약 후 사후관리에 대해 문의할 때
- 타사의 상품과 비교할 때
- 결정권자 이외의 사람들이 우호적일 때

※ 위와 같은 경우는 일반적인 경우이며, 반드시 그런 것은 아니라는 것을 인지하여 적절히 활용할 필요가 있다.

Welcom
to
ou
Wedding

상담의 여러 가지 화법

추정 승낙

고객은 항상 전문가적인 입장이기보다는 비전문가적 입장으로 상담에 응하게 되기 때문에 웨딩플래너의 자신감 있는 어필이 고객의 많은 호응을 가져오게 되며, 그런 유대감이 형성될 때 계약은 성공하게 된다. 그러므로 나의 고객이 되어 줄 것을 확신하고 대화를 유도해 나가는 방법을 지향할 필요성이 있다.

긍정암시

고객의 인사는 언제나 부정적이다. 그러나 웨딩플래너는 항상 긍정적으로 생각하고 행동하는 것이 필수적이다. 그러므로 상담초기부터 고객이 YES라는 대답을 할 수 있도록 유도해 나가는 화법 또한 필수적이다.

양자택일

상담에 응하는 고객은 지루하고 복잡한 사설보다는 본인이 원하는 해답으로 빠르게 유도 되어가기를 무의식중에 원하게 된다. 복잡한 여러 상황을 즐비하게 늘어놓는 방법보다는 간단명료하게 선택의 폭을 줄일 필요가 있다.

'A 또는 B'라는 간단한 선택의 단계가 고객으로 하여금 시간의 허비나 정신적 피로감을 덜게 할 수 있는 좋은 방법 중 하나이다.

이 때 가장 주의해야 할 것은 웨딩플래너가 가야 할 목적지를 정확하게 정해 놓고 양자택일법을 구사해야 한다는 것이다. 예를 들자면 고객에게 상품을 전달할 때 담당 웨딩플래너에게 예식을 의뢰할 것인지 그렇지 않은지를 질문하는 것이 아니라, 본인의 상품 중 어떤 것을 선택 할 것인지를 유도하는 것이 양자택일법의 가장 중요한 핵심이라 하겠다.

■ 입증

예식자료를 준비해서 상담에 들어갈 때 무엇보다도 웨딩플래너가 직접 예식을 진행했었던 고객의 자료를 준비해 가는 것이 더욱 효과적이다. 고객 중 소개로 인해 매니저의 실력을 인정받은 경우라고 하더라도 많은 예식진행을 입증해 줄 수 있는 자료를 준비한다면, 고객으로부터 더 나은 반응을 이끌어낼 수 있다.

■ 행동

더러는 여러 웨딩플래너들과의 미팅에서 계약의 혼돈을 초래하는 경우가 다반사로 발생하게 되며, 이 때 고객은 강하게 어필하는 웨딩플래너에게 많은 관심을 보이기 마련이다. 그러므로 때로는 중요한 시점에서 웨딩플래너가 직접 계약서를 작성하면서 고객을 강하게 당겨 줄 필요가 있다.

▪ 일반적 특성 분류

〈성별에 따른 특성〉

남 성	여 성
• 구체적이며 이론적인 사고 • 일관성 있는 행동경향 • 업무와 관련한 얘기에 흥미를 갖는다. • 상품 구매시 합리적인 가치를 우선으로 한다.	• 추상적이며 감성적인 사고 • 타인 지향적이고 감정적인 행동경향 • 일상생활과 관련한 내용에 흥미를 갖는다. • 미적 가치에 우선을 둔다.

연령에 따른 특성

청년층	생활을 즐기려 하고 태평스럽다. 감성적이며 봉사정신이 강하다. 탐구심이 강하고 모험을 하고 싶어한다.
중년층	생활에 많은 부담을 느낀다.
노년층	과거 지향적이다. 인생경험이 충분하고 삶의 가치를 중시한다.

직업에 따른 특성

일반 직장인	생활과 밀접한 정보에 민감하다. 논리적이고 합리적이다. 친화적이다.
전문직 종사자	개성이 강하다. 프라이드가 매우 높다.
개인 사업자	근검한 것에 우선 가치를 둔다. 상품에 대한 욕구가 많다.

▪개인별 특성 분류

행동유형별 특성에 따른 응대

〈인간행동의 세 가지 특성 〉

영향성	타인의 사상이나 행동에 영향을 끼치고자 하는 노력
반응성	타인이나 사건에 억제받지 않고 느낌을 나타내는 반응 경향
우호성	타인의 이상, 관계형성에 가치를 부여하려는 경향

〈인간의 행동유형〉

추진형

결단력 있고 요구적이며, 완고하고 엄격하며 능률적이다

요점만을 제시하고 결정은 스스로 내리게 한다.

표현형

충동적이며 열성적이고, 비규율적이며 사교적이다

관심을 갖는 시간이 짧기 때문에 흥미를 잃지 않도록 유의한다.

온화형

수동적이고 우유부단하며, 내향적이고 우호적이다

반박을 하지 않도록 주의하고 편안하고 친근감 있게 대한다.

분석형

신중하고 비판적이며 고집이 세다

자료를 제시하고 애매한 일반화는 피한다.

〈성격별 특성에 따른 응대〉

- 급한 성격 / 신속하게 행동하고 상품설명도 핵심만 강조하라.
- 느긋한 성격 / 결정을 내리는 데 시간이 많이 걸리므로, 관심을 보이는 상품에 대해 강하게 권한다.
- 결단성이 없는 성격 / 장단점을 구체적으로 알려 주어야 한다.
- 의심이 많은 성격 / 의문점을 명확하게 하고 자신 있게 설명한다.
- 내성적인 성격 / 조용하게 응대하고 상대의 의견을 충분히 듣고 권한다.
- 변덕스러운 성격 / 찬스를 찾아 재빨리 상품의 판매 포인트를 설명한다.
- 흥분을 잘하는 성격 / 부드러운 분위기를 유지하며 강압하지 않는다.

〈의사표현 형태의 특성에 따른 응대 1〉

남의 이야기를 그대로 받아들이는 사람 / 주체성이 결여된 자기방어형

대화내용을 이해하고 있는지 확인하면서 대응한다.

이야기의 맞장구를 잘 치는 사람 / 사교적인 타입

상대의 기분에 사로잡혀 말을 많이 하는 것은 삼간다.

말을 더듬는 사람 / 내향적이거나 행동력이 강한 사람

상대의 기분을 먼저 파악하고 대화를 보조해 준다.

주저하면서 말하는 사람 / 상대를 경계하거나 콤플렉스 소유자

상대가 부담없이 말할 수 있는 분위기를 조성해 나간다.

비유를 잘하는 사람 / 머리가 좋은 타입

논리적인 화법으로 설득하는 것이 좋다

과장되게 말하는 사람 / 콤플렉스를 감추고 있는 사람

상대의 기분이 어디까지가 진의인지 파악하고 말보다 객관적인 자료로 대응한다.

이치를 따지기 좋아하는 사람 / 완고한 성격의 소유자

이론적으로 맞서지 말고 상대의 의견에 동조한다.

생각에 생각을 거듭하는 사람 / 신중하나 판단력이 부족한 사람

결론을 내는 화법이 좋다

빈정거리기 잘 하는 사람 / 열등감, 허영심이 강한 사람

자존심을 존중해주면서 대한다.

익살을 잘 떠는 사람 / 생활을 즐기는 타입

지나치게 수다를 떨어도 가능한 받아준다.

〈의사표현 형태의 특성에 따른 응대 2〉

말의 허리를 자르는 사람 / 이기적인 성격의 소유자

상담시간을 충분히 잡아 상담자의 생각을 납득시킨다.

유창하게 말하는 사람 : 자신을 과시하는 타입

반론하지 말고 질문식 설득 화법으로 대응한다.

격렬한 어조로 말하는 사람 / 비사교적이나 판단력, 비판력이 직관적인 사람

정신적 우위에 서서 들어주는 것이 좋다.

무엇이든 반대하는 사람 / 콤플렉스 또는 자부심이 강하다

질문으로 대응하며 자존심을 건드리지 않으면 반대하지 않는다.

같은 말을 장시간 되풀이하는 사람 : 자아가 강하고 끈질긴 성격의 소유자.

상대의 이야기에 지나치게 동조하지 말고 문제를 압축하고 요점을 정리한다.

스스로 비하하는 사람 / 관심과 칭찬받기를 바라는 사람

칭찬화법으로 상대의 마음을 열도록 한다.

확신 없이 횡설수설하는 사람 / 자아의식이 강하고 상대방에 대해 배려가 없는 사람

인내력과 포용력을 갖고 대한다.

곧바로 타협하려는 사람 / 충분히 경계할 필요가 있는 사람

곧바로 이야기에 뛰어들지 말고 경영상태 등을 조사한다.

수다스런 사람 / 욕구불만이 많은 사람

이야기를 다 들어주면서 동조를 해주면서 상담을 끌고 간다.

〈목소리 유형별 특성에 따른 응대〉

- 목소리 유형 : 木성음 - 차분하고 부드러운 목소리
  火성음 - 쉰 목소리
  土성음 - 울리는 목소리
  金성음 - 맑고 깨끗한 목소리
  水성음 - 우는 목소리

- 木성음 : 차분한 성격이고 후회함이 적은 편이다.
  솔직한 것을 좋아하며, 예술적 감각이 뛰어나다.
  활동적이어서 운동적인 취미생활을 즐긴다.
  시작하면 악착같이 밀고 가며, 초록색, 청색, 하늘색을 좋아한다.
  싸우기 싫어하지만 싸우면 꼭 이기려 한다.
  - 차분히 요점을 간략하게 설명해야 한다.

- 火성음 : 욕심이 많고 자유분방하며 스트레스가 늦다.
  매우 성급해 순간에 결정하며, 확실한 것을 좋아한다.
  - 상대의 말을 중단시키지 말고 대화도중 묻는 것부터 말한다.

- 土성음 : 신의 있고 화합적이며, 남의 이야기를 잘 들어 준다.
  성격이 느긋해 천천히 결정하며, 정적인 취미생활을 즐긴다.
  - 확실한 반응을 얻으면서 말하고 결정단계는 박력 있게 밀고 간다.

- 金성음 : 시간관념이 철두철미하고 신사도를 잘 지킨다.
  깨끗한 선, 율동, 색깔을 좋아한다.
  처음 결정이 어렵지만 한번 결정하면 번복하지 않는다.
  - 많은 이점 강조가 필요하고 샘플이나 선물을 좋아한다.

- 水성음 : 이해심이 많으며 다정다감하고 애교가 많다.
  내성적이며, 질투심이 많으며, 끈기 있고 봉사적이다.
  말의 템포가 빠르면 싫증을 느끼므로 천천히 설명하다.
  - 비교설명을 좋아하므로 많은 사례를 제시한다.

〈상담시의 유의사항〉

- 복장은 언제나 깔끔하도록 하며, 난해하지 않으면서 유행에 뒤지지 않도록 자신에게 투자해야 한다.
- 많이 말하기보다는 많이 들어 주고, 고객의 말을 끊지 말고 끝까지 경청하라.
- 대화 도중에 휴대폰은 진동으로 한다.
- 전화가 오면 받으면서 반드시 상담 중이라고 말하고, 메모하면서 상담 후에 다시 전화를 드리겠다고 말씀드린 후 끊어라.
- 지루하지 않게 적절한 액션을 섞어라.
- 항상 미소를 잃지 않는다.

성공적인 전화업무

성공적인 전화의 요소

▪전화 접근시의 중요한 마인드

- 내가 속한 회사와 프로그램이 최상의 내용이라는 것을 마인드화(긍정적 사고)
- 자신이 최고라는 생각과 자신의 고객이 최고의 고객이라는 마음이 중요하다.

〈전화 전 사전준비〉

- 고객의 정보를 확인한다.
- 계약하기 위한 전화가 아니라, 스케줄을 잡기 위한 전화임을 잊지 말자.
- 거울을 준비하고 목소리에 웃음을 담는다.
- 필기도구를 준비하고 통화내용을 메모한다.
- 통화의 목적을 상기한다.

〈전화 접근의 시작〉

- 밝고 큰 목소리로 신분을 정확히 밝힌다.
- 통화가 가능한지의 여부를 파악한 후 전화상담에 임하며, 항상 아는 듯 친근한 분위기를 유지하라.
- 통화의 목적을 잊지 말고 주도권을 뺏기지 않는다.

〈통화 마무리하기〉

- 서로 알아야 할 것과 주기로 한 것에 대한 일정 및 통화내용을 다시 확인한다.
- 숫자에 관련한 내용은 두 번 정도 정확히 확인한다.
- 미팅 스케줄은 정확한 날짜와 시간 약속을 잡는다.
- 편인하고 세련된 인사로 통화를 종료한다.

※ 계약은 반드시 미팅을 통해서 해야 하니, 전화상담을 통해서는 약속을 잡도록 하라.

전화상담

〈목소리 조절(Voice)〉

① 자연스러운 말투　② 말하는 속도 및 간격조절
③ 명확한 발음　④ 적절한 목소리 크기

〈통화태도(Attitude)〉

① 고객의 문제에 공감　② 문제의 핵심 파악
③ 고객 서비스에 대한 자신감　④ 전문적인 태도

〈통화예절(Manner)〉

① 서두르지 않는다.
② 필요하면 정중하게 사과한다.
③ 매력적인 말(Magic - word)을 사용한다.

〈응수화법〉

Yes, But 화법

우선 긍정하게 차츰차츰 부정하는 방법
(예 : 말씀 하시는 대로입니다만 ……그 점에 대하여는……)

사례법

구체적인 사례를 들면서 고객의 반대를 해소시킨다.
(예 : 그 점에 대해서는 ○○○의 신부님도 처음에는 염려하셨으나 문제없이 해결되었습니다)

자료전환법

절취기사, 분석자료 등을 사전에 준비하여 이해를 돕는다.

질문법

상담이 어느 정도 진행되었을 때 질문을 해야만 고객의 심적 진도를 파악할 수 있고, 고객의 생각을 합리적으로 진행시킬 수 있다.

응수전화상담의 두려움을 극복하는 길

■ 자료전환

〈두려움의 원인〉

① 전화방문에 대한 두려움
② 거절에 대한 두려움
③ 가망고객에 대한 정보부족
④ 상품지식의 부족

〈두려움의 원인 Check list〉

대다수 사람들이 일반적으로 아래와 같은 원인으로 두려움을 경험한다.

① 자신의 능력/세일즈 능력에 대한 정보부족
② 상품/서비스 지식 부족
③ 경쟁사의 강점/약점, 판매전략에 대한 정보 부족
④ 효과적인 대화/경청능력의 부족
⑤ 거절에 대한 불안감/두려움
⑥ 상대편이 더 잘 알고 있을 것이라는 생각
⑦ 성취하여야겠다는 결심/각오를 잊어버림

〈전화상담 성공을 위한 황금 법칙〉

① 항상 상품과 고객에 관해서 고객과 접촉하기 전에 가능한 많이 연구하라.
② 항상 상대방의 말을 경청하고 자신의 말을 조절하라.
③ 항상 전문적으로 정보를 제안(Presentation)을 할 수 있도록 하라.
④ 항상 자신감을 유지하고 전화통화 중에 그 자신감을 보여 주도록 하라.
⑤ 항상 반론에 대한 대비를 함으로써 반론을 결정적인 세일즈 포인트로 전환 시킬 수 있도록 하라.
⑥ 목표를 향한 당신의 결심을 포기하지 마라.

〈SCRIPT 란?〉

상담자와 고객과의 전화상담을 위해 사전에 작성된 응대문안을 말한다. SCRIPT는 고객상황에 탄력적으로 대응하면서도 상담자의 개성과 특성을 살릴 수 있도록 구성되어야 하며, 상담자와 고객과의 상호이익을 위해 유익한 쌍방향의 대화 형태로 활용되어야 효과가 있다.

■ 자료전환

〈SCRIPT 작성방법〉

SCRIPT 4C 원칙

① CLEAR : 쉽게 이해할 수 있도록 작성한다.
② CONCISE : 간결하고 명료하게 작성한다.
③ CONVERSATIONAL : 매끄러운 회화체로 작성한다.
④ CONVINCING : 논리적으로 설득력이 있도록 작성한다.

〈SCRIPT 작성 시 유의점〉

① 상대에게 신뢰를 줄 수 있어야 한다.

회사명 및 자기소개를 명확히 한다.
전화한 목적, 요지를 간결이 말한다.
시간적 부담을 주지 않겠다는 것을 명확히 전달한다.
거짓이나 과장, 과대표현, 강요하는 표현은 피한다.

② 알기 쉽게 작성되어야 한다.

고객이 이해하기 쉬운 용어를 선택한다.
전체 흐름을 알 수 있어야 한다.

③ 설득력이 있어야 한다.

대화 흐름이 논리적이어야 한다.
세일즈 포인트를 간결이 표현해야 한다.
부정적 의미의 단어는 피한다.

④ 상대의 관심을 끌 수 있어야 한다.

상대방이 받을 수 있는 이점을 명확히 표현한다.
일방적으로 말하지 않도록 한다.
긴 문장은 짧게 한다.

⑤ 통화목적을 효과적으로 이룰 수 있도록 한다.

상대방의 감정을 존중한다.
UP - Grade, CROSS SELLING을 고려한다.
마무리 타이밍을 의식한다.

Chapter 4

Wedding Planner
성공하는 고객관리

웨딩상품의 거래

거래 전 서비스 – 만족하는 서비스

■ 상품의 특성

제품의 특성을 완벽하게 숙지하고 있어라.

■ 서비스 정책

■ 정보

요즘에는 웨딩플래너보다 고객이 웨딩정보를 더 많이 알고 있는 경우도 있으므로, 고객의 질문에 막힘이 없도록 준비하고 있어야 한다.

거래 중 서비스

다양한 구성

상품의 종류와 선택의 폭

편리한 쇼핑 방법

웨딩 상품을 선택하는 절차가 까다롭다면, 웨딩플래너의 존재는 무의미한 것이다.

대금결제 조건(고객의 편리성)

상품에 대한 결제의 방법이 까다롭지 않고, 편리하게 만든다.

환대

고객을 기쁜 마음으로 맞이하라.

업무처리(고객 위주)

빠르고 정확하게 업무를 처리하라.

거래 후 서비스

complain은 고객이 만족하지 못할 때, 생긴다.

이를테면, 고객과의 약속을 지키지 못할 때, 웨딩플래너가 예식진행 중에 바뀔 때 등이 가장 큰 complain이 되는 것이다.

〈고객의 유형〉

① 예식장을 통해서 필요한 모든 것을 해결하는 고객
② 온라인 정보를 통한 컨설팅서비스를 받는 고객
③ 웨딩 박람회를 통한 고객

〈고객을 관리하는 방법〉

① 처음부터 끝까지 동일한 자세로 임할 것
② 고객욕구의 다양화에 대응할 것
③ 유형화 서비스와 무형화 서비스 모두 충실히 임할 것

계약관리 방법

상품의 특성 숙지

제품의 특성에 대해서 완벽하게 숙지해야 고객이 적합한 상품을 선택할 수 있도록 서비스를 제공할 수 있다.

- 서비스 정책
- 서비스 정보

상품을 여러 가지 방법으로 사용할 수 있도록 여러 가지 정보를 가지고 있도록 한다.

계약 후 관리방법

- 처음부터 끝까지 동일한 자세로 임하기

처음에는 꼼꼼하게 준비해 드릴 것 같은 마음이 들겠지만, 업무가 많거나 시간이 부족하기에 처음 마음과 같이 되기란 쉽지 않다. 하지만 책임감을 갖는 것이 매우 중요하다.

- 고객의 다양화에 대응하는 것이 서비스의 사명임을 잊지 않기

상품은 유형이고, 서비스는 무형임을 특별히 명심하도록 한다.

- 고객은 단지 상품과 디자인에만 만족하지 않음을 기억하기

제품 + 마케터 = 상품

고객과의 상담

고객과 친숙해지기

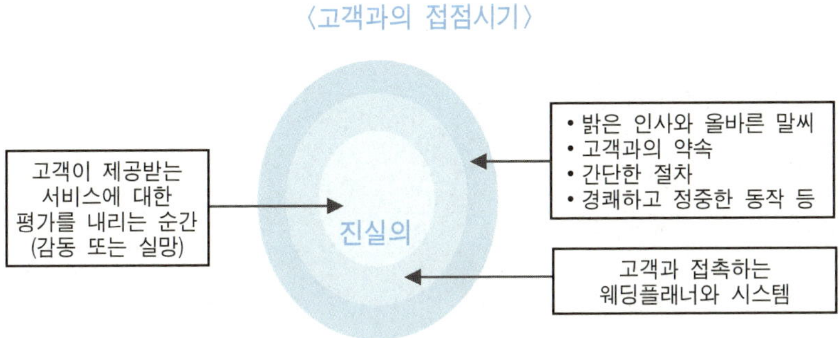

상담기법

서비스는 고객만이 정의 내릴 수 있다(이성적보다는 감성적).

물적 서비스보다는 인적 서비스가 압도적이다.

① 인사 : 편안한 분위기 설정(마음을 열수 있게)

변함없는 인사가 호감도를 지키는 비결(몸으로, 입으로, 마음으로)

② 웃는 얼굴로 인사하면 명함을 전달하는 순간 이미지 결정

③ 가벼운 화제로 접근 후 본론을 자연스럽게 유도

④ 예비 신랑 · 신부가 원하는 바를 알아내기

⑤ 타이밍 관리

일차적인 의사 전달의 수단 – 말

〈고객의 유형〉

① 효과적인 언어구사

특성과 이점을 가장 효과적으로 설명할 수 있는 말

② 얘기를 재미있게

③ 발단, 전개, 결말이 있게

④ 마치 처음처럼 흥미롭게

⑤ 효과적으로 질문하고 답하기

두 번의 기회는 오지 않는다.

〈성공적인 전화업무〉

① 전화접근시 중요한 마인드

② 전화 전 사전 준비

③ 전화접근의 시작

④ 통화 마무리하기

〈계약서 작성 방법〉

① 검정펜 사용

② 내용을 꼼꼼하게

③ 상담의 모든 부분을 정리하듯

④ 자료화한다.

계약내용 설명, 계약담당자, 계약자 확인

고객과의 상담 전

- **자기상품에 정통할 것**

스튜디오나, 드레스, 헤어 / 메이크업에 대한 컨셉트 등

- **다른 회사의 상품에 정통할 것**

다른 회사의 상품의 컨셉트와 성격 등을 파악하고 있으면 도움이 된다.

- **고객에 대해 파악할 것**

(고객에 대한 리스트) 예비신랑 · 신부의 성향파악

- **미팅 준비를 선행하라**

상담의 목표와 상담의 내용 등

- **웨딩플래너로서의 이미지 점검**

(미팅 준비가 잘 되었는가) 준비된 자세

- **고객과의 대화 노트를 준비하면 도움이 된다**

고객과의 상담 중

- **고객의 요구사항(고객의 문제, 욕구, 구매 결정자) 파악하기**
- **상품의 소개(방법)**
- **마무리**

(이점 요약, 고객이 우려하는 점에 대해 알맞게 대응하여 문제

해결 날짜 제시)

웨딩플래너는 상품을 결정하는 것이 아니라, 신랑·신부들의 상품에 대한 결정을 돕는 역할을 하는 것이다.

■ 의문점에 대한 적합한 해결책

문제해결을 위한 질문화법(택일, 장소 선택 등)

〈고객과의 상담 Point〉

- 예식장

  하객 수(최소지불보증인원), 메뉴, 음식가격, 위치, 주차시설, 계약 내용 등의 점검
- 스튜디오

  사진의 분위기, 예산 등의 고려
- 드레스

  장소, 계절, 신부의 이미지, 체형, 예산 등의 고려
- 한복

  취향과 예산의 고려
- 신혼여행

  상품구성(항공, 숙소, 팁, 옵션 등)의 꼼꼼한 체크

고객과의 상담 후

- 고객이 요청한 문제는 해결했는지 생각해 본다.
- 고객과의 상담내용을 분석한다.
- 반성(더 잘할 수 있었는지에 대한 자기반성) → 이 부분이 잘 되면 발전할 수 있다.
- 고객과의 재상담을 정확히 숙지한다(반드시 약속은 지킨다).
- 고객 기록카드 작성(상담 중 빠진 점이 있는지 확인한다).
- 대화하는 듯 열린 대화(취재하는 식의 대화는 삼간다).
  → 해결방법을 제시한다.
  → 메모를 철저히 한다.

문서화 작업

- 전화내용 : 고객과의 통화기록은 반드시 남긴다.
- 상담내용 : 서면으로 명시한다(중요내용 기록)
- 계약서 : 약속한 사항은 반드시 기록하여 실천한다.

Wedding Planner

완벽한 플래닝을 위한 조건

연습하면 분명 숙달이 된다.

- 프로가 되기 위해서는 반복훈련이 필요하다.
- 가장 기본요소로는 업무에 필요한 모든 전문지식을 습득해야 한다.

프로가 되는 법(프로의 6가지 원칙 활용)

① 최선을 다하라.
② 알아야 할 사항은 모두 숙지하라.
③ 끊임없이 노력하라.
④ 완벽하게 반복, 재현할 수 있는 능력을 갖추라.
⑤ 감정에 치우쳐 일을 그르치지 말라.
⑥ 목표를 정하고 계획을 세우라.

■ 모두 문서화해라

- 자신의 머리를 믿다가 낭패를 보게 된다.(고객의 이미지, 고객과의 상담내용 등)
- 기록하고 확인하는 것을 생활화하여 모든 내용을 필요시에 확인할 수 있도록 자료를 모아 두어 고객관리에 임하도록 한다.

■ 다이어리 관리(완벽한 스케줄관리)

- 고객관리가, 즉 자신의 스케줄 관리라는 것을 알아야 한다.
- 꼼꼼하고 구체적인 메모의 습관을 기르는 습관을 기르고 가져야 업무에 도움이 되며, 차질 없는 플래닝을 할 수 있을 것이다.(발주서, 신랑 · 신부의 스케줄, 웨딩업체의 스케줄 확인 등)

■ 오감을 동원해라

- 웨딩상품은 생필품이 아니기 때문에 그 의미와 소중함 또한 특별하다.
- 감성을 자극하고 충족시키기 위해서는 진실하고 섬세한 배려가 필수항목이다.
- 만족에서 끝나는 것이 아니라 고객 감동을 일으켜야 한다.

Wedding Planner
부 록

이용[표준약관]

2001. 12. 14 승인

- 최근 예식장업의 시장진입과 가격 등이 자유화되어 경쟁체제로 전환되면서 과거의 불공정행위가 많이 사라졌다고 하지만, 계약시점(예약일)과 이행시점(결혼식 당일) 간의 시차로 인한 사정 변경시에 과다한 위약금을 부과하는 등 소비자에게 일방적으로 불리한 조항으로, 예식장 사업자와 소비자들 사이에 분쟁이 빈발하고 있는 실정임.
- 이에 따라 공정거래위원회(위원장 : 이남기)는 예식장 이용에 있어서 건전한 거래질서 확립 및 소비자 권익보호를 위해 예식장 이용 표준 약관을 2001. 12. 14 승인함.

표준약관의 주요내용

〈건전한 거래질서 확립을 위해〉

- 신부드레스, 식당, 사진, 비디오 촬영 등 부대시설 · 서비스 · 물품의 이용을 사업자가 소비자에게 강제구매 혹은 대여하지 못하도록 함.
- 계약을 체결하기 전에 약관의 내용을 설명하여 이용 일시 및 시간, 예식비용, 계약금 등이 기재된 계약서를 고객에게 교부토록 함.
- 부대시설 사업자의 고의 · 과실로 인한 손해의 배상을 사업자에게 청구할 수 있도록 함.
- 휴대한 물건을 사업자에게 보관시킨 경우에는 그 물건의 멸실 · 훼손 · 도난 등에 대하여 그 손해를 배상토록 함.

〈소비자 권익보호를 위해〉

- 예약을 하는 경우 예식비용의 10% 이하로 하며 사업자의 고의·과실로 부대서비스 또는 물품을 이용하지 못한 경우에는 배상토록 함.
- 사업자의 사정으로 예식일로부터 2개월 전 이전에 계약을 해제한 경우에는 계약금의 배액을 소비자가 2개월 이전에 계약을 해제한 경우에는 계약금을 반환토록 함.
- 기념사진이 사업자의 고의·과실로 멸실·훼손된 경우에 사업자는 자신의 비용부담으로 재촬영하되, 이에 추가하여 촬영 요금을 소비자에게 지급토록 함.
- 계약에서 정한 부대서비스 또는 물품을 사업자의 고의·과실로 이용하지 못한 경우에는 당해 이용요금의 배액을 손해배상토록 함.
- 표준약관 제정으로 사업자와 소비자 간의 분쟁예방 및 소비자 피해구제 효과가 클 것으로 기대함. → 연간 약 70억 원(추정) 기대.

분쟁예방 및 소비자 피해 구제효과(추정치)

1. 표준약관의 주요내용
2. 예식장이용 표준약관 전문
3. 예식장 개요 및 소비자 피해 구제효과

- 부대시설 및 옵션 내역을 강요하는 것은 불법이다.
- 계약위반으로 인한 피해는 계약금환급 및 계약금의 100%(위약금) 배상받는다.

- 관계 기관에 신고한 금액을 알아보고, 그 보다 높은 가격으로 요구할 때는 신고한다.
- 예식장측에서 사진이나 비디오를 한 후에, 식장측의 잘못이 있을 경우에는 보상받을 수 있다.
- 예약하지 않은 사진을 찍어 놓고 나중에 요구하는 것은 지불하지 않아도 된다.
- 예식당일 비디오 및 카메라 반입을 금하는 행위도 있는데, 이는 불법이므로 행정기관 및 소비자 단체에 연락해 시정조치를 취할 수 있다.
- 예식 후 웃돈을 요구하거나 결혼식 원판사진 필름을 제공하지 않는 경우가 있는데, 사전에 계약내용을 분명히 확인하고 서류를 잘 보관하도록 한다.
- 예식장에서 피로연을 할 경우에는 피로연 음식값을 정확히 계산하기 위해 그릇 수를 체크하는 사람을 두거나 식권을 나누어 준다.
- 사용한 시설 이외의 비용이 포함된 것은 아닌지 확인한다.

예식장의 부당대우를 신고할 수 있는 곳

- 한국YMCA 전국 연맹 ☎ 754－7891～5
- 한국소비자연맹 ☎ 795－1042
- 한국소비자 교육원 ☎ 579－0603
- 문제를 연구하는 시민의 모임 ☎ 739－5441
- 주부클럽 연합회 ☎ 779－1573

여행사 표준약관
공정거래위원회

국내여행 표준약관

제1조(목적)

이 약관은 ○○여행사와 여행자가 체결한 국내여행계약의 세부이행 및 준수사항을 정함을 목적으로 합니다.

제2조(여행업자와 여행자 의무)

① 여행업자는 여행자에게 안전하고 만족스러운 여행서비스를 제공하기 위하여 여행알선 및 안내·운송·숙박 등 여행계획의 수립 및 실행과정에서 맡은 바 임무를 충실히 수행하여야 합니다.

② 여행자는 안전하고 즐거운 여행을 위하여 여행자간 화합도모 및 여행업자의 여행 질서 유지에 적극 협조하여야 합니다.

제3조(여행의 종류 및 정의)

여행의 종류와 정의는 다음과 같습니다.

- 희망여행: 여행자가 희망하는 여행조건에 따라 여행업자가 실시하는 여행.
- 일반모집여행: 여행업자가 수립한 여행조건에 따라 여행자를 모집하여 실시하는 여행
- 위탁모집여행: 여행업자가 만든 모집여행상품의 여행자 모집을 타 여행업체에 위탁하여 실시하는 여행

제4조(계약의 구성)

① 여행계약은 여행계약서(붙임)와 여행약관・여행일정표(또는 여행 설명서)를 계약내용으로 합니다.

② 여행일정표(또는 여행설명서)에는 여행일자별 여행지와 관광내용・교통수단・쇼핑횟수・숙박 장소・식사 등 여행실시일정 및 여행사 제공 서비스 내용과 여행사 유의 사항이 포함되어야 합니다.

제5조(특약)

여행업자와 여행자는 관계법규에 위반되지 않는 범위 내에서 서면으로 특약을 맺을 수 있습니다. 이 경우 표준약관과 다름을 여행업자는 여행자에게 설명하여야 합니다.

제6조(계약서 및 약관 등 교부)

여행업자는 여행자와 여행계약을 체결한 경우 계약서와 여행약관, 여행일정표(또는 여행설명서)를 각 1부씩 여행자에게 교부하여야 합니다.

제7조(계약서 및 약관 등 교부 간주)

다음 각 호의 경우에는 여행업자가 여행자에게 여행계약서와 여행약관 및 여행일정표(또는 여행설명서)가 교부된 것으로 간주합니다.

1. 여행자가 인터넷 등 전자정보망으로 제공된 여행계약서, 약관 및 여행일정표(또는 설명서)의 내용에 동의하고, 여행계약의 체결을 신청한데 대해 여행업자가 전자정보망 내지 기계적 장치 등을 이용하여 여행자에게 승낙의 의사를 통지한

경우

2. 여행업자가 팩시밀리 등 기계적 장치를 이용하여 제공한 여행계약서, 약관 및 여행일정표(또는 여행설명서)의 내용에 대하여 여행자가 동의하고 여행계약의 체결을 신청하는 서면을 송부한데 대해 여행업자가 전자정보망 내지 기계적 장치 등을 이용하여 여행자에게 승낙의 의사를 통지한 경우

제8조(여행업자의 책임)

① 여행업자는 여행 출발 시부터 도착 시까지 여행업자 본인 또는 그 고용인, 현지 여행업자 또는 그 고용인 등(이하 '사용인'이라 함)이 제2조제1항에서 규정한 여행업자 임무와 관련하여 여행자에게 고의 또는 과실로 손해를 가한 경우 책임을 집니다.

② 여행업자는 항공기, 기차, 선박 등 교통기관의 연발착 또는 교통체증 등으로 인하여, 여행자가 입은 손해를 배상하여야 합니다. 단 여행업자가 고의 또는 과실이 없음을 입증 한 때에는 그러하지 아니합니다.

③ 여행업자는 자기나 그 사용인이 여행자의 수화물 수령·인도·보관 등에 관하여 주의를 해태하지 아니하였음을 증명하지 아니 하는 한 여행자의 수화물 멸실, 훼손 또는 연착으로 인하여 발생한 손해를 배상하여야 합니다.

제9조(최저 행사인원 미 충족 시 계약해제)

① 여행업자는 최저행사인원이 충족되지 아니하여 여행계약을 해

제하는 경우 당일여행의 경우 여행출발 24시간 이전까지 1박2일 이상인 경우에는 여행출발 48시간 이전까지 여행자에게 통지하여야 합니다.

② 여행업자가 여행참가자 수의 미달로 전항의 기일 내 통지를 하지 아니하고 계약을 해제하는 경우 이미 지급받은 계약금 환급 외에 계약금 100% 상당액을 여행자에게 배상하여야 합니다.

제10조(계약체결 거절)

여행업자는 여행자에게 다음 각 호의 1에 해당하는 사유가 있을 경우에는 여행자와의 계약체결을 거절할 수 있습니다.

1. 다른 여행자에게 폐를 끼치거나 여행의 원활한 실시에 지장이 있다고 인정될 때
2. 질병 기타 사유로 여행이 어렵다고 인정될 때
3. 계약서에 명시한 최대행사인원이 초과되었을 때

제11조(여행요금)

① 기본요금에는 다음 각 호가 포함됩니다. 단, 희망여행은 당사자간 합의에 따릅니다.

1. 항공기, 선박, 철도 등 이용운송기관의 운임(보통운임기준)
2. 공항, 역, 부두와 호텔사이 등 송영버스요금
3. 숙박요금 및 식사요금
4. 안내자경비
5. 여행 중 필요한 각종 세금

6. 국내 공항・항만 이용료

7. 일정표내 관광지 입장료

8. 기타 개별계약에 따른 비용

② 여행자는 계약 체결 시, 계약금(여행요금 중 10%이하의 금액)을 여행 업자에게 지급하여야 하며, 계약금은 여행요금 또는 손해배상액의 전부 또는 일부로 취급합니다.

③ 여행자는 제1항의 여행요금 중 계약금을 제외한 잔금을 여행출발 전일까지 여행 업자에게 지급하여야 합니다.

④ 여행자는 제1항의 여행요금을 여행업자가 지정한 방법(지로구좌, 무통장 입금 등)으로 지급하여야 합니다.

⑤희망여행요금에 여행자 보험료가 포함되는 경우 여행업자는 보험회사명, 보상내용 등을 여행자에게 설명하여야 합니다.

제12조(여행조건의 변경요건 및 요금 등의 정산)

① 위 제1조 내지 제11조의 여행조건은 다음 각 호의 1의 경우에 한하여 변경될 수 있습니다.

1. 여행자의 안전과 보호를 위하여 여행자의 요청 또는 현지사정에 의하여 부득이 하다고 쌍방이 합의한 경우
2. 천재지변, 전란, 정부의 명령, 운송·숙박기관 등의 파업·휴업 등으로 여행의 목적을 달성할 수 없는 경우

② 제1항의 여행조건 변경으로 인하여 제11조제1항의 여행요금에 증감이 생기는 경우에는 여행출발 전 변경 분은 여행출발 이전. 여

행 중 변경 분은 여행종료 후 10일 이내에 각각 정산(환급)하여야 합니다.

③ 제1항의 규정에 의하지 아니하고 여행조건이 변경되거나 제13조 또는 제14조의 규정에 의한 계약의 해제·해지로 인하여 손해배상액이 발생한 경우에는 여행출발 전 발생 분은 여행출발 이전, 여행 중 발생 분은 여행 종료 후 10일 이내에 각각 정산(환급)하여야 합니다.

④ 여행자는 여행출발 후 자기의 사정으로 숙박, 식사, 관광 등 여행요금에 포함된 서비스를 제공받지 못한 경우 여행 업자에게 그에 상응하는 요금의 환급을 청구할 수 없습니다. 단, 여행이 중도에 종료된 경우에는 제14조에 준하여 처리합니다.

제13조(여행출발 전 계약해제)

① 여행업자 또는 여행자는 여행출발 전 이 여행계약을 해제할 수 있습니다. 이 경우 발생하는 손해액은 소비자 피해보상 규범(재정경제부 고시)에 따라 배상합니다.

② 여행업자 또는 여행자는 여행출발 전에 다음 각 호의 1에 해당하는 사유가 있는 경우 상대방에게 제1항의 손해배상액을 지급하지 아니하고 이 여행계약을 해제할 수 있습니다.

1. 여행업자가 해제할 수 있는 경우

가. 제12조제1항 제1호 및 제2호사유의 경우.

나. 여행자가 다른 여행자에게 폐를 끼치거나, 여행의 원

활한 실시에 현저한 지장이 있다고 인정될 때.

다. 질병 등 여행자의 신체에 이상이 발생하여 여행에의 참가가 불가능한 경우

라. 여행자가 계약서에 기재된 기일까지 여행요금을 지급하지 아니하는 경우

2. 여행자가 해제할 수 있는 경우

가. 제12조제1항 제1호 및 제2호사유의 경우

나. 여행자의 3촌 이내 친족이 사망한 경우

다. 질병 등 여행자의 신체에 이상이 발생하여 여행에의 참가가 불가능한 경우

라. 배우자 또는 직계존비속이 신체이상으로 3일 이상 병원(의원)에 입원하여 여행 출발 시까지 퇴원이 곤란한 경우 그 배우자 또는 보호자 1인

마. 여행업자의 귀책사유로 계약서에 기재된 여행일정대로의 여행실시가 불가능해진 경우

제14조(여행출발 후 계약해지)

① 여행업자 또는 여행자는 여행출발 후 부득이한 사유가 있는 경우 이 계약을 해지할 수 있습니다. 단, 이로 인하여 상대방이 입은 손해를 배상하여야 합니다.

② 제1항의 규정에 의하여 계약이 해지된 경우 여행업자는 여행자가 귀가하는데 필요한 사항을 협조하여야 하며, 이에 필요한 비용

으로서 여행업자의 귀책사유에 의하지 아니한 것은 여행자가 부담합니다.

제15조(여행의 시작과 종료)

여행의 시작은 출발하는 시점부터 시작하며 여행 일정이 종료하여, 최종목적지에 도착함과 동시에 종료합니다. 다만, 계약 및 일정을 변경할 때에는 예외로 합니다.

제16조(설명의무)

여행업자는 이 약관에 정하여져 있는 중요한 내용 및 그 변경사항을 여행자가 이해할 수 있도록 설명하여야 합니다.

제17조(보험가입 등)

여행업자는 여행과 관련하여 여행자에게 손해가 발생 한 경우 여행자에게 보험금을 지급하기 위한 보험 또는 공제에 가입하거나 영업보증금을 예치하여야 합니다.

제18조(기타사항)

① 이 계약에 명시되지 아니한 사항 또는 이 계약의 해석에 관하여 다툼이 있는 경우에는 여행업자와 여행자가 합의하여 결정하되 합의가 이루어지지 아니한 경우에는 관계법령 및 일반관례에 따릅니다.

② 특수지역에의 여행으로서 정당한 사유가 있는 경우에는 약관의 내용과 다르게 정할 수 있습니다.

국외여행 표준약관

제1조(목적)

이 약관은 00여행사와 여행자가 체결한 국외여행계약의 세부 이행 및 준수사항을 정함을 목적으로 합니다.

제2조(여행업자와 여행자 의무)

① 여행업자는 여행자에게 안전하고 만족스러운 여행서비스를 제공하기 위하여 여행알선 및 안내·운송·숙박등 여행계획의 수립 및 실행과정에서 맡은 바 임무를 충실히 수행하여야 합니다.

② 여행자는 안전하고 즐거운 여행을 위하여 여행자간 화합도모 및 여행업자의 여행 질서 유지에 적극 협조하여야 합니다.

제3조(용어의 정의)

여행의 종류 및 정의, 해외여행수속대행업의 정의는 다음과 같습니다.

1. 기획여행

   여행업자가 미리 여행목적지 및 관광일정, 여행자에게 제공될 운송 및 숙식서비스 내용(이하 여행서비스라 함). 여행요금을 정하여 광고 또는 기타 방법으로 여행자를 모집하여 실시하는 여행.

2. 희망여행

   여행자(개인 또는 단체)가 희망하는 여행조건에 따라 여행업자가 운송·숙식·관광 등 여행에 관한 전반적인 계획을 수립하여 실시하는 여행.

3. 해외여행 수속대행(이하 수속대형계약이라 함)

여행업자가 여행자로부터 소정의 수속 대행요금을 받기로 약정하고, 여행자의 위탁에 따라 다음에 열거하는 업무(이하 수속 대행업무라 함)를 대행하는 것.

1) 여권, 사증, 재입국 허가 및 각종 증명서 취득에 관한 수속

2) 출입국 수속서류 작성 및 기타 관련업무

제4조(계약의 구성)

① 여행계약은 여행계약서(붙임)와 여행약관 · 여행일정표(또는 여행 설명서)를 계약내용으로 합니다.

② 여행일정표(또는 여행설명서)에는 여행일자별 여행지와 관광내용 · 교통수단 · 쇼핑횟수 · 숙박 장소 · 식사 등 여행실시일정 및 여행사 제공 서비스 내용과 여행자 유의사항이 포함되어야 합니다.

제5조(특약)

여행업자와 여행자는 관계법규에 위반되지 않는 범위 내에서, 서면으로 특약을 맺을 수 있습니다. 이 경우 표준약관과 다름을 여행업자는 여행자에게 설명해야 합니다.

제6조(계약서 및 약관 등 교부)

여행업자는 여행자와 여행계약을 체결한 경우 계약서와 여행약관, 여행일정표(또는 여행설명서)를 각 1부씩 여행자에게 교부하여야

합니다.

제7조(계약서 및 약관 등 교부 간주)

여행업자와 여행자는 다음 각 호의 경우 여행계약서와 여행약관 및 여행일정표(또는 여행설명서)가 교부된 것으로 간주합니다.

1. 여행자가 인터넷 등 전자정보망으로 제공된 여행계약서, 약관 및 여행일정표(또는 여행 설명서)의 내용에 동의하고 여행계약의 체결을 신청한데 대해 여행업자가 전자정보망 내지 기계적 장치 등을 이용하여 여행자에게 승낙의 의사를 통지한 경우
2. 여행업자가 팩시밀리 등 기계적 장치를 이용하여 제공한 여행계약서, 약관 및 여행 일정표(또는 여행설명서)의 내용에 대하여 여행자가 동의하고 여행계약의 체결을 신청하는 서면을 송부한데 대해 여행업자가 전자정보망 내지 기계적 장치 등을 이용하여 여행자에게 승낙의 의사를 통지한 경우

제8조(여행업자의 책임)

여행업자는 여행 출발 시부터 도착 시까지 여행업자 본인 또는 그 고용인, 현지여행업자 또는 그 고용인 등(이하 '사용인'이라 함)이 제2조제1항에서 규정한 여행업자 임무와 관련하여 여행자에게 고의 또는 과실로 손해를 가한 경우 책임을 집니다.

Wedding Planner

결혼 후 30일 주별 플래닝

주별 플래닝

- 친정과 시댁에 인사 다녀오기
- 출근준비 꼼꼼히 하기
- 신혼여행 가방 정리하기
- 주례선생님과 이웃에 인사하기

첫째주 플래닝

결혼에 도움을 준 사람들에게 감사의 인사를 전하는 시기이다. 신혼여행에서 돌아온 후 친정에 들러 하룻밤을 보내고, 다음날 오후 시간에 맞추어 시댁으로 인사드리러 가는 것이 보통이다.

관례도 그러하지만 친정으로 가는 것이 새 신부가 마음놓고 여독을 풀 수 있어 좋다.

하지만 너무 늦게까지 침대에 누워 있지 말고 시댁에 문안 전화를 드리고 아침식사를 마친 후 설거지 등을 도우며, 친정어머니께 몇 마디 말씀을 듣도록 한다. 시댁에 도착하면 시댁 식구들과 함께 차를 마시며 신혼여행지에서 있었던 일들을 얘기 할 수 있는 시간을 가진다.

이 때 빼놓을 수 없는 것이 바로 이바지 음식이다.

정성들여 준비하되, 지나치지 않은 선에서 예쁘게 포장해 드린다.

♧ 항목1) 친척 댁 인사드리기

신접살림을 차린 후 짬짬이 틈을 내 친척 댁으로 인사를 다닌다. 시가 쪽으로 큰댁, 작은댁, 고모, 시누이 집 등 손위 친척과 오촌 정도 친척을 찾아뵙는 것이 예의이며, 시댁 친척에게 인사를 드리고 나면 친정 쪽으로 친하게 지내는 친지들을 찾아뵙는다.

♧ 항목2) 주례 선생님과 이웃에 인사하기

결혼식에 참석하거나 도움을 주신 모든 분들에게 인사를 드리는데, 빨리 하면 할수록 좋다. 특히, 주례는 부모님과 비슷한 연배의 분일 경우가 많으므로 최대한 예의를 갖추어 인사를 드린다. 친구들에게는 전화로 연락을 간단히 취하고, 집들이 날짜를 대강 정해 알려준다. 그리고 이웃에 인사를 드리는데, 먼저 반장 혹은 통장 댁에 인사를 가서 가까운 반상회에 참석해 한꺼번에 상견례를 마친다.

♧ 항목3) 어른 찾아 뵐 때의 방문예절

- 큰절을 한 번 올리고, 일어나서 가볍게 반절을 한 후 자리에 앉는다.
- 다과가 나오면 얼른 일어서서 받으며, 손가락을 모으고 정성스럽게 차를 따른다.
- 어른이 먼저 마시기 시작한 후 차를 마신다. 친한 친구들 집들이하기

또래 사람들이 모이는 자리이므로 언뜻 편할 것 같지만 막상

해 보면 손이 많이 필요하기 때문에 장보기는 남편과, 음식준비는 솜씨 좋은 친구와 함께 하도록 한다. 각자의 친구들 입맛을 미리 파악하고, 그에 맞는 식단으로 준비한다. 주변에 집들이 등 집안 대소사를 앞두고 있는 사람들을 물색해 요리 품앗이를 결성하는 것도 한 방법이다

- 혼인신고하기
- 각종 기념일 알아두기
- 서류상 처리문제 해결하기
- 생활용품 쇼핑하기
- 집들이하기

■ 둘째 주 플래닝

♧ 항목1) 혼인 신고하기

결혼식이 관습적으로 인정받는 것이라면 완전한 부부로 인정받는 절차가 바로 혼인신고인 것이다. 혼인신고는 아무리 바빠도 결혼식을 올린 후 일주일 내에 하도록 하며, 신고시에 함께 처리해야 할 행정신고(전·출입 신고 등)도 한꺼번에 해 둔다.

신부의 전 주소에서 퇴거신고를 해서 신랑의 거주지로 전입시켜야 비로소 법률상으로 한 집에 사는 부부로 의료보험 등의 혜택을 받을 수 있다. 전입신고는 동사무소에서 퇴거 후 14일 내에 해야 한다. 또한 신용카드, 핸드폰 등의 고지서 주소도 이 때까지는 옮겨놓아야 연체료를 물지 않는다.

요즘은 김포공항에서도 혼인신고가 가능하다. 국내선 청사 1층, 강서구청 민원 봉사실에 신랑·신부의 호적 두 통과 보증인 2명의 서명을 준비해 가면 열흘 만에 완성된 호적등본을 받아 볼 수 있다.

♧ 항목2) 각종 기념일 알아두기

결혼하고 나면 시댁의 행사는 미리 알아 두어 달력에 표시해 둔다. 또 며칠 전에 시댁에 전화를 걸어 확인하고 어떻게 도와 드려야 하는지 여쭤 보면 사랑받는 며느리가 될 수 있다.

이와 함께 남편에게 친정 부모님의 생신, 결혼기념일 등을 강조하여 서로를 배려하는 행복한 신혼을 보낼 수 있도록 한다.

혼인신고에 필요한 서류는 본적지와 거주지에서 다음과 같이 준비한다.

- 장남일 경우

신부의 호적등본(초본) 2통,－혼인신고서 4통, 신랑의 호적등본 2통, 신부의 호적등본 2통, 신랑의 주민등록 등본 1통

- 차남일 경우

혼인신고서 4통, 신부의 호적등본(초본) 2통,－혼인신고서 4통, 신랑의 호적등본 2통, 신부님의 호적등본 2통, 신랑의 주민등록 등본 1통

- 옷장 정리하기
- 주방, 침실 정리하기
- 거실 정리하기
- 집 주변의 부대시설 체크하기

셋째주 플래닝

♧ 항목1) 주방, 침실 정리하기

대강 정리해 둔 신혼집이지만 당장 사용하려고 보면 부족한 것이 한두 가지가 아니다.

일단 슈퍼마켓에 들러 장을 보고 냉장고를 정리한다. 주방에 있는 여러 가지 주방용품들도 손이 가는 빈도에 따라 제자리를 만들어 놓는다.

♧ 항목2) 옷장 정리하기

결혼준비에 바빠 친정에 아직 자신의 물건이 남아 있을 경우, 시댁과 친정을 방문해 문안을 드리고 각자의 짐을 챙겨와 정리한다. 이 때, 자기 것이라고 먼지 하나까지 톡톡 털어 모두 가져오는 것은 자제한다. 자칫 친정어머니에게 상처를 줄 수 있으므로 중요한 것이 아니면 나중에 하나씩 가져오도록 한다.

출근을 해야 한다면 출근복을 먼저 정리하고 시간이 날 때마다 틈틈이 나머지를 쉽게 찾을 수 있도록 정돈한다. 바쁜 아침에 시간을 절약할 수 있도록 양말 있는 곳, 와이셔츠 있는 곳을 남편에게 일러주며 되도록 함께 작업을 하도록 한다.

♧ 항목3) 거실 정리하기

집들이 준비 중 중요한 것 하나가 거실 정리이다. 손님 대부분을 거실에서 대접해야 하므로 깔끔하고 넓어 보이게 공간을 배치한다. 저녁 때 남편과 함께 가까운 인테리어 숍으로 쇼핑을 나가 장식할 인테리어 용품을 사오는 것도 좋다.

♧ 항목4) 집 주변의 부대시설 체크하기

앞으로 신접살림을 하게될 집 주변을 남편과 함께 돌며 슈퍼는 어디가 좋고, 맛집은 어디고, 목욕탕, 재래시장, 비디오 대여점, 세탁소 등등 생활에 꼭 필요한 부대시설을 일일이 체크한다. 전화번호가 프린트된 스티커나 동네상가 전화번호부를 활용한다.

♧ 항목5) 양가 어른 초대하기

친구들과 집들이에 앞서 정돈된 모습을 어른들께 먼저 보이고 인사를 드리는 것이 좋다.

미리 연락을 해서 어른들께 시간이 마땅한지 여쭈어 보고 날짜를 잡는다. 한꺼번에 모시는 것도 괜찮지만 인원이 많은 경우에는 따로 모시는 것이 좋다.

재치 있는 초대예절로 시댁 식구들을 일일이 전화로 모신다.

집들이 할 날짜를 정할 때에는 우선, 당일 날에 다른 일정이 없는지를 살핀다. 친한 친구 결혼식이나 집안 대소사가 같은 날 겹치지 않도록 고려해서 결정하는 것이 기본이다.

날짜가 정해지면 늦어도 4～5일 전에는 미리 알려서 여유를 갖고 스케줄을 조정할 수 있게 한다. 초대할 손님들 중 가장 신경 쓰이는 시댁 식구들에게는 일일이 전화를 걸어서 알리도록 한다. 또 날짜를 이미 정해 놓았다 하더라도 시어머니께 전화를 걸어 '이 날 초대를 하려고 하는데 어머님 생각은 어떠세요?' 하면서 조언을 구한다.

- 둘만을 위한 식단 짜기
- 남편과 오붓한 시간 갖기
- 집 근처 문화센터에 등록하기
- 두 사람만의 오붓한 휴식을 취하기

넷째 주 플래닝

항목1) 대청소

일단 큰일은 대강 마쳤으니 어지러운 집안을 다시 한 번 대청소를 겸해 털어 내도록 한다.

이것은 조용하고 차분한 일상으로 돌아가는 첫 번째 준비일 수도 있다. 이 때, 자리잡힌 물건들은 쉽사리 재배치를 하기 어려우니 사용 빈도, 장식성 등을 고려해 최대한 효율적이고 보기 좋게 배열한다.

♧ 항목2) 집 근처 문화센터에 등록하기

맞벌이가 아닌 전업주부의 경우는 매일 똑같은 일상으로 되풀이 되어 자칫 소외감이 들거나 우울증에 빠질 수도 있다. 주부로서 바쁜 일도 많지만 시간을 내서 뭔가를 배우도록 한다. 스포츠를 배워 생활에 활력을 주거나, 평소 관심이 있었던 분야를 공부하는 것도 좋다.

♧ 항목3) 남편과 오붓한 시간 갖기

자신과 백년가약을 맺은 사람이 지친 당신의 손을 꼭 잡아 줄 것이다. 힘들다고 투정만 부리지 말고, 함께 해 주어 고맙다는 말을 전한다. 조그만 일도 기념일로 삼던 연애시절의 감정으로 다시 되돌아가 둘 만의 결혼 30일 기념 파티를 열어 보는 것도 좋은 방법일 것이다.

집들이 플래닝

결혼 후 치르는 많은 행사 중 큰 비중을 차지하는 집들이에 양가의 가족들을 포함해 직장동료, 친구 등을 초대해야 한다. 처음 하는 행사이고 보니 음식이라든지 여러 가지 신경 쓰이는 부분이 많아 당황할 수도 있다. 하지만 철저한 계획을 하고 정성스럽게 준비를 한다면 좋은 결과를 얻을 수 있을 것이다.

■ **첫 번째**

초대할 손님(가족, 친지, 친구, 직장동료 등)의 명단을 작성한다.

함께 할 수 있는 그룹별로 인원 수를 파악해야 예산을 세우고 음식의 양을 조절 할 수 있다. 음식은 가장 자신 있게 할 수 있는 음식을 중심으로 메뉴를 구성한다.

■ **두 번째**

초대할 손님들에게 여유 있게 알린다.

올 수 있는 사람과 그렇지 못한 사람을 파악할 수 있다. 또한 그룹별 초대 날짜를 하루, 이틀 차이로 시일을 한 번에 몰아서 초대하면 비용도 절감되고 마련된 음식을 적적히 활용할 수 있어 좋다. 이 경우, 주의할 것은 음식을 만들 때 넉넉히 만들어 놓아야 한다는 것이다.

■ **세 번째**

초대하는 손님들의 연령층을 고려한다.

음식의 선택에 있어서 나이가 많으신 분들이 많이 계시면 담백한 한식을 준비하고, 젊은 층은 독특한 요리를 선호하므로 주요리 3~4 가지와 밑반찬 3~4가지 정도를 준비하며, 가계에 크게 부담이 되는 않는 선에서 간단하지만 취향에 맞춰 준비한다.

■ 네 번째

시댁, 친정 식구들에게는 조언을 구한다.

조언을 구하면서 시일을 통보한다면 가족 모두에게 사랑 받을 수 있을 것이다.

■ 다섯 번째

먼저 결혼한 선배에게 조언을 구한다.

친정 어머니나 시어머니 또는 언니, 친구 등 미리 그 날 상 차릴 때 도와 줄 수 있는 사람을 정하여 부탁한다(성의가 담긴 조그마한 선물도 잊지 않는다).

■ 여섯 번째

필요한 재료는 미리 메모해서 장을 본다.

불필요한 낭비를 막고 필요한 재료는 빠뜨리지 않게 된다. 그리고 미리 집에 있는 재고를 점검해서 파악한 후 메모하고 집들이 2~3일 전에 미리미리 사서 보관한다. 물론, 신선도를 요하는 제품은 당일이나 하루 전에 준비한다.

■ 일곱 번째

양념이나 소스는 미리 준비해서 보관한다.

파, 마늘 등은 2~3일 전에 다지고 샐러드, 냉채의 소스도 미리 만들어 냉장고에 보관한다. 이외에 물론, 음식에 따른 다른 소스가 필요하다면 만들어 둔다.

■ **여덟 번째**

교자상(일반적으로 큰상)이나 그릇, 컵, 수저 등을 미리 준비한다. 부족한 경우에는 빌린다.

■ **아홉 번째**

찬요리 후에 더운 요리 순으로 대접한다.

이럴 경우, 음식을 음미하며 먹을 수 있어 더욱 좋다. 하지만 연세가 많은 분들은 한꺼번에 차린 상을 좋아하시므로, 고려해서 상황에 맞게 차려야 한다. 그리고 음식은 넉넉히 준비하되, 담아 낼 때에는 조금씩 담아야 먹기도, 보기도 좋다. 디저트도 연령을 고려하거나 취향을 고려해 식혜나 수정과, 과일이나 커피, 주스 등을 구별하여 대접한다. 취향에 따라 주류를 조금 준비하는 것이 좋다.

■ **열 번째**

손님이 오기 전에 대부분의 준비를 끝낸다.

냉채 등은 미리 그릇에 담아 두고 소스만 뿌리도록 하고, 튀김은 미리 튀겨 두었다가 기름에 청주 한 방울을 넣고, 한 번 더 튀긴다. 정성으로 음식을 준비하였다면 이제 손님들이 방문하기 전에 옷을 갈아입고 가벼운 메이크업을 한다.

예산 및 예정 짜기

결혼 후 처음으로 많은 사람들에게 살림과 음식솜씨를 공개해야 하는 집들이야말로 신랑·신부에게는 큰 뜻을 지니는 손님 접대가 아닐 수 없다. 편안한 집들이를 하려면 무엇보다도 완벽한 계획을 세우는 것이 중요하다.

1주일에 두 팀이 적당하다.

집들이에 초대되는 사람들은 보통 양가 친척들, 회사동료, 신랑·신부들로 나눈다. 시간과 돈과 힘을 절약할 수 있는 가장 좋은 방법은 1주일에 두 번이 적당하다.

손님의 성격과 규모를 적절히 안내해서 초대한다.

좁은 집에 너무 많은 손님을 초대하는 것은 큰 실례이다. 그러나 신랑·신부의 직장동료는 동시에 초대해도 직장이라는 공통의 화제가 있어 어색하지 않으며, 신랑·신부의 친구들도 결혼식 때 이미 안면을 익혔으므로 친근한 분위기를 연출할 수 있다.

신부는 그 날의 주빈이 되어야 한다.

집들이의 주빈이 되어야 할 신부님이 정작 그 날은 부엌데기가 되고 마는 것이 우리나라 집들이의 모습이다. 이런 집들이는 아무런 의미가 없다. 친정 어머니나 친구들에게 이날 만큼은 철저하게 서비스를 부탁한다(집들이 후에 반드시 고마움을 표시하는 예의는 갖추어라).

어려운 손님일 경우, 출장 요리사를 부르는 것도 현명한 방법이다.

출장 요리사를 부른다고 하면 너무 사치스럽다고 생각할지 모르나, 경우에 따라서는 꼭 필요 할 때가 있다. 출장 요리사를 부를 경우, 1인당 1만 2천원~2만원 사이의 식단 중 하나를 정하고 손님 수에 맞춰 그 돈을 요리사에게 준다. 그러면 요리사는 재료구입에서부터 상차림까지 모든 것을 도맡아 해 준다.

호칭 알아보기

신부가 시댁 쪽을 부를 때

- 부모 → 시아버지, 시어머니
- 형님의 아내 → 형님
- 동생 → 도련님
- 누나 → 형님
- 여동생 → 아가씨
- 형님 → 아주버님
- 남편 → 여보, 당신
- 남동생의 아내 → 동서
- 누나의 남편 → 서방님
- 여동생 남편 → 서방님

신랑이 처가 쪽을 부를 때

장인어른, 장모님보다 아버님, 어머님이라고 불리는 것을 더 좋아하신다.

- 부모 → 장인어른, 빙장 어른, 아버님, 장모님, 어머님
- 오빠 → 형님
- 남동생 → 처남
- 언니 → 처형
- 여동생 → 처제
- 오빠의 아내 → 아주머니
- 남동생의 아내 → 처남 댁
- 언니의 남편 → 형님
- 여동생의 남편 → 서방

신랑이 어른들 앞에서 신부를 부를 때

누구 엄마, 집사람, 안사람

■ 신부가 어른들 앞에서 신랑을 부를 때

애비, 아범, 그 사람, 그이 등으로 부르고, 성을 빼고 이름만 넣어서 ○○씨라고 부른다.

※ 주의사항

어른들 앞에서 남편을 존칭하지 말라. 예의에 어긋난다.

특히 오빠, 자기 등으로 부르지 말라.

결혼비용 예산 편성표

준비기간 : 월 일 ~ 월 일

<table>
<tr><th colspan="2" rowspan="2">비 율(%)</th><th rowspan="2">품 목</th><th rowspan="2">비 율(%)</th><th colspan="2">비 고</th><th rowspan="2">확정
비용</th></tr>
<tr><th>상 품</th><th>예상비용</th></tr>
<tr><td rowspan="12">혼수</td><td rowspan="11">%</td><td>가 구</td><td>%</td><td rowspan="4">각
체크리스트
참고</td><td></td><td></td></tr>
<tr><td>가전제품</td><td>%</td><td></td><td></td></tr>
<tr><td>주방용품</td><td>%</td><td></td><td></td></tr>
<tr><td>침 구 류</td><td>%</td><td></td><td></td></tr>
<tr><td rowspan="3">한 복</td><td rowspan="3">%</td><td>신 랑
신 부</td><td></td><td rowspan="3"></td></tr>
<tr><td>두루마기</td><td></td></tr>
<tr><td>양가부모님</td><td></td></tr>
<tr><td rowspan="4">예 물</td><td rowspan="4">%</td><td>다이아</td><td></td><td rowspan="4"></td></tr>
<tr><td>진주</td><td></td></tr>
<tr><td>순 금</td><td></td></tr>
<tr><td>시 계</td><td></td></tr>
<tr><td colspan="2">소 계</td><td>%</td><td></td><td></td><td></td></tr>
<tr><td rowspan="5">예단</td><td rowspan="4">%</td><td>현 금</td><td>%</td><td>예단비</td><td></td><td></td></tr>
<tr><td rowspan="3">현 물</td><td rowspan="3">%</td><td>반상기</td><td></td><td rowspan="3"></td></tr>
<tr><td>은수저</td><td></td></tr>
<tr><td>예단이불</td><td></td></tr>
<tr><td colspan="2">소 계</td><td>%</td><td></td><td></td><td></td></tr>
<tr><td rowspan="2">예식</td><td>%</td><td>결혼식 비용</td><td>%</td><td></td><td></td><td></td></tr>
<tr><td colspan="2">소 계</td><td>%</td><td></td><td></td><td></td></tr>
<tr><td rowspan="4">기타</td><td rowspan="3">%</td><td>신혼여행</td><td>%</td><td></td><td></td><td></td></tr>
<tr><td>신랑 예복
잡 화</td><td>%</td><td></td><td></td><td></td></tr>
<tr><td>신부 예복
잡화</td><td>%</td><td></td><td></td><td></td></tr>
<tr><td colspan="2">소 계</td><td>%</td><td></td><td></td><td></td></tr>
<tr><td colspan="4">총 합 계</td><td colspan="3"></td></tr>
</table>

종류별 웨딩 체크리스트

D – 100 결혼 체크리스트(1) – 결혼용품

기간 체크항목	결혼식	웨딩드레스 ·한복·예복	신혼집
D – 100	택일, 양가부모 상견례, 결혼 예산 세우기		분가 여부 결정
D – 80		피부관리 시작	집 알아보기
D – 70	예식장 예약		
D – 60	청첩장 주문		
D – 50	주례 부탁	한복 맞춤	계약할 집 등기부 열람, 집 계약, 전입신고 및 확정 신고
D – 40	청첩장 봉투 주소 적기, 사회자, 축의금 받을 사 람 선정	예복 스타일 결정	
D – 30	주례선생님 찾아뵙기, 청첩장 발송	신부 메이크업 예약, 부케 예약, 한복 찾기	
D – 20		예물 고르기	도배, 보수, 가구배치
D – 10	함 받기	예복구입	우편배달 신고, 인테리 어 완료 전화가입, 가스설치, 물건들이기
D – 5	폐백음식 주문, 결혼식 날 쓸 웨딩 카 준비, 도와줄 친구 최종점검	웨딩드레스 입어 보기, 웨딩 액세서리 결정, 부 케예약 재확인, 부케 가 져올 친구 연락	신혼집 정리
D – 1	결혼식 당일 준비사항 점검 (차량, 지갑, 소품)사례 비 준비	웨딩드레스 부케 점검	

D – 100 결혼 체크리스트(2) – 혼수용품 / 신혼여행 / 기타

기간 체크항목	혼수품	신혼여행	기 타
D – 100	혼수 리스트 작성(예물, 예단, 가구, 가전 등)		건강진단 (산부인과, 치과 등)
D – 80	예물·예단 상의		
D – 70		신혼여행지 결정 교통 편, 숙박비용 알아보기	
D – 60		여행사 예약, 여권·비자 준비	
D – 50			웨딩 스튜디오 결정
D – 40	시부모님 예단 준비	신혼여행 가방 마련, 신혼여행 준비물 구입	회사 그만둘 경우 회사에 통보 / 인수인계, 리허설(스튜디오 / 야외) 촬영
D – 30	가구와 가전제품 구입·예약		
D – 20	침구류, 주방·욕실·구입		
D – 10	시댁에 예단 보내기	신혼여행지에서 입을 옷 구입	
D – 5		여행경비 환전, 여행가방 꾸리기	회사에 휴가서 제출, 혼인신고 서류 준비
D – 1		준비물 최종 점검	

결혼 D – 30 체크리스트

기간 체크리스트	준비 과정	최종시한	비 고
D – 30	신혼집 인테리어 시작		
D – 28	가구, 가전제품 구입		
D – 26	결혼식 도우미 결정		
D – 24	침구류, 주방제품 구입		
D – 22	예물, 한복, 예단구입		
D – 20	예단 보내기		
D – 18	청첩장 돌리기		
D – 16	사용하던 물건정리		
D – 14	신혼여행 물품정리		
D – 12	폐백 음식 주문		
D – 10	신혼집 이사 및 정리		
D – 9	결혼식 도우미 만나 일정 상의		
D – 8	함받기		
D – 7	부모님과 시간 갖기		
D – 6	신혼여행 가방 꾸리기 & 환전		
D – 5	각종 예약상황 확인		
D – 4	결혼식과 신혼여행 준비물 챙기기		
D – 3	예비신랑과 둘만의 시간 갖기		
D – 2	미용실에서 마사지		
D – 1	충분한 휴식과 수면		

결혼 D – 15일 체크리스트

기간 체크 항목	준비과정	최종시한	비 고
D – 15	공항까지의 차편 준비 주례자에게 참고사항 전달 허니문 선물리스트 작성		
D – 8	함받기 결혼휴가원 제출		
D – 6	각종예약 점검 결혼식 준비점검 보디 케어 마지막 웨딩드레스 가봉 웨딩 액세서리 확인		
D – 5	신혼살림집 최종점검 여행지 기념선물 정보 정리 자신의 방 소지품 정리 친척·이웃·친구들에게 인사		
D – 3	신혼여행가방 최종점검 새 지폐로 사례비 봉투 준비		
D – 2	직장에 인사 및 업무 인수인계 제모관리, 피부영양 마사지		
D – 1	스킨케어, 네일 케어, 전신목욕 웨딩드레스, 턱시도, 부케 확인		

웨딩 D – day 체크리스트(1)

구 분	항 목	예상금액	예비비	비 고
결혼식	웨딩드레스			
	턱시도			
	식장사용료			
	피로연비용			
	뒤풀이비용			
	청첩장			
	사진&비디오			
	꽃 값			
	도우미 답례비용			
	연주자 답례비용			
	메이크업 & 헤어			
	차량대여비용			
	결혼식 총비용			
신혼 여행	신혼여행비			
	선물구입비			
	예비비			
	신혼여행 총비용			
혼수	가구			
	가전제품			
	주방용품			
	침구류			
	예물			
	예단			
	혼수 총비용			
신혼집 마련	전세비용 또는 구입비용			
	수리비용			
	이사비용			
	신혼집 마련 총비용			
기타	가족·친지선물 비용			
	의상비용			
	소품비용			
	기타 총비용			

웨딩 D – day 체크리스트(2)

구 분	내 용	확 인	상호 이름	연락처	담 당	비 용
예물	예물보관					
예식장	식장대여					
	연주					
	폐백 옷					
	폐백 음식					
사진	폐백실 대여					
	원판					
	야외촬영					
	스냅 사진					
	비디오					
의상	신랑예복					
	예복용 액세서리					
	웨딩드레스 애프터 드레스					
	드레스용 속옷					
	신랑 정장					
	신부 정장					
	신랑 한복					
	신부 한복					
	신랑 허니문					
	신부 허니문					
	흰 장갑					
	손수건					
	예비 스타킹					
기타						

웨딩 D – day 체크리스트(3)

구분	내 용	확 인	상호 이름	연락처	담 당	비 용
꽃	들러리 꽃					
	꽃 장식					
	화환					
사진	식장 원판사진					
	야외사진					
	식장 비디오					
	야외 비디오					
	스냅 사진					
피로연	피로연 음식					
	웨딩 케이크					
뒤풀이	뒤풀이 진행					
인쇄물	약도					
	식장 안내벽보					
	기타					
도우미	신부 도우미					
	방명록					
	축의금 접수					
	하객 수송차량					
	공항까지의 차편					
	피로연 서빙					
	식장 및 피로연 안내					
	대여 물품 반환					
신혼여행	여행사					
	신혼여행 짐 싸기					
신혼집	이사					
	신혼여행 중 관리					

결혼식 준비 예상 비용 체크리스트

구분	항목		예상 금액	단가
의상	신랑	예복(턱시도)		
		액세서리		
		폐백의상		
		피로연 의상		
		허니문 의상		
	신부	웨딩드레스		
		액세서리		
		폐백의상		
		피로연 의상		
		허니문 의상		
	총액			
예식	식장 대여료			
	폐백			
	주례 사례금			
	사회자 사례금			
	연주자 사례금			
	본식도우미 사례금			
	폐백도우미 사례금			
	총액			
미용	에스테틱 프로그램			
	신부 헤어·메이크업			
	신랑 헤어·메이크업			
	양가 부모님 헤어 메이크업			
	총 액			

구분	항목	예상 금액	단가
꽃	부케 (부토니아7개)		
	꽃길용		
	화동(들러리)용		
	웨딩 카 장식		
	총액		
사진	원판사진		
	야외촬영		
	CD제작		
	비디오 촬영		
	총액		
피로연	음식		
	음료수		
	술		
	안주		
	웨딩 케이크		
	샴페인		
	총액		
그외	방명록		
	차량비용		
	웨딩 카		
	하객 수송차량		
	청첩장		
	총 액		
총비용 합계			

가구 체크리스트

아이템	브랜드	모델명	예상가격	가격	구입처(문의)
장롱					
침대					
사이드 테이블					
서랍장					
화장대					
거울					
장식장					
식탁					
식탁 의자					
소파					
스탠드					
테이블					
책상					
의자					
책장					
큰 솔					
CD 수납					
TV 테이블					
DVD · VTR 테이블					
총비용					

침구 & 가전 & 욕실용품 체크리스트(1)

아이템	브랜드	모델명	예상가격	가격	구입처(문의)
텔레비전(홈시어터)					
비디오					
오디오					
DVD					
냉장고					
세탁기					
전자레인지					
가스오븐레인지(가스레인지)					
에어컨					
전화기					
다리미					
주서·믹서					
정수기					
식기세척기(식기 건조기)					
청소기					
토스터기					
커피메이커					
가습기					
헤어드라이기					
김치냉장고					
전기밥솥					
컴퓨터					
캠코더(디지털카메라)					
MP 3					
기타					
총비용					

침구 & 가전 & 욕실용품 체크리스트(2)

아이템	브랜드	모델명	예상 가격	가격	구입처 (문의)
솜(누비) 이불					
차렵이불					
요					
베개					
방석					
쿠션					
침대 세트					
커튼 (거실, 방)					
카펫(러그)					
욕실용품					
욕실 청소용품					
비누 세트					
샤워 커튼					
옷걸이					
슬리퍼					
다리미판					
타월					
면도기					
휴지통					
빨리 건조대					
기타					
총비용					

예물 품목 & 비용 체크리스트

<신부용 예물>

항목	브랜드	예상가격	가격	구입처
다이아세트				
유색 세트				
진주 세트				
쌍가락지				
시계				
총비용				

<신랑용 예물>

항목	브랜드	예상가격	가격	구입처
다이아반지				
시계				
총비용				

주방용품 체크리스트

아이템	브랜드	모델명	예상 가격	가격	구입처 (문의)
그릇 세트					
김치통 세트					
반찬기					
양념통 세트					
조리기구					
도 마					
칼					
찻잔 세트					
머그잔					
크리스털 세트					
수저 세트					
냄비 세트					
프라이팬 세트					
쟁 반					
티스푼&포크					
계량컵&스푼					
주전자					
냄비 받침					
냄비 장갑					
밀폐 용기					
저울&타이머					
쌀 통					
기 타					
총비용					

웨딩드레스 체크리스트

구분	견적1	견적2	견적3	비 고
상호				
위치				
전화				
홈페이지				
담당자				
디자인				
베일				
액세서리 소품				
가봉비용				
야외촬영 비용				
서비스				
가 격				
총비용				
최종 결정	상호		문의	
	담당자		가격	

웨딩홀 옵션(필수) 사항 체크리스트

구분	견적 1	견적 2	견적 3	비 고
상 호				
위 치				
전 화				
홈페이지				
담당				
제공되는 웨딩패키지1				
제공되는 웨딩패키지 2				
가격				
인화크기				
선택 가능한 견본 인화수				
앨범 사이즈				
추가 인화 비용				
서비스				
출장비				
앨범비용				
지불 계획				
예약금				
견본 보는 날짜 제작 완료 날짜				
사진 선택				
총비용				
최종결정	상호		문의	
	담당자		가격	

웨딩홀 옵션(필수) 사항 체크리스트(2)

구분	예식장 1	예식장 2	예식장 3	비고
상 호				
위 치				
전화(홈페이지)				
가능한 예식 일자				
가능한 예식 시간 1				
가능한 예식 시간 2				
리허설 날짜·시간				
수용 가능한 하객 수				
폐백실 사용료				
피로연 음식 메뉴 및 가격				
피로연 장소의 수용 인원				
음악이나 장식계약				
부대용품과 사용료				
예식장 이용조건				
예식장 이용조건				
예식장 이용시 서비스				
주차 공간과 주차 가능 여부				
예약금				
잔금 지불 날짜				
총비용				
최종 결정	상 호		문 의	
	담당자		가 격	

한복 체크리스트

항목	브랜드	예상가격	가격	구입처	비고
신부 한복					
두루마기					
신랑 한복					
두루마기					
양가 부모님 한복					
총 합계					

스튜디오 사진촬영 체크리스트

진행 요원	할 일	인원	이름	연락처	사례비	비고
포토 그래퍼	식장 원판 사진, 야외촬영	( )명				
비디오 기사	식장, 야외 비디오 촬영	( )명				
연주 피아노 등	결혼축하 연주	( )명				
축가	친구나 선후배	( )명				
사회자	예식진행	1명				
접수자	축의금 접수	2명				
사진 촬영자	예식 스냅 사진	1명				
피로연 담당	서빙과 계산	( )명				
안내 담당	식장, 피로연 안내	( )명				
운전자	웨딩 카 운전	1명				
뒤풀이 담당	피로연 후 신부 친구들과 뒤풀이 진행	1명				
공항 배웅자	공항 배웅	( )명				
드레스 도우미	드레스 뒷마무리	( )명				
신부 도우미	미용실, 야외 촬영 폐백 도와주기, 가방 챙기기 등	( )명				
주례	주례사	1명				
화동 1	신랑 에스코트	1명				
화동 2	신부 에스코드	1명				
안내 담당	식장 안내	( )명				
부케 받을 사람	부케받기	1명				
기타						

도우미가 확인해야 할 사항

품목	아이템	용도	수량	비용	담당자
착용 소품	흰 장갑	주례용	1개		
		신랑 혼주용	2개		
		신부 혼주용	2개		
		사회자용	1개		
		신랑용	1개		
		신부용 (드레스 숍에서 준비)	1개		
꽃	부토니아	신랑용	1개		
		주례용	1개		
		신랑 부모님용	2개		
		신부 부모님용	2개		
		사회자용	1개		
	기타	관계자	( )개		
	부케	신부용	1개		
	꽃다발	화동용	2개		
주례석 소품	단상장식	주례단상 장식 꽃	( )개		
	혼인서약서	혼인서약	1벌		
	성혼선언서	결혼선언	1벌		
	결혼 초	양가 어머니 점화	2개		
접수 석 소품	방명록	하객 기념사인	2권		
	필기도구	방명록 사인	( )개		
	접수 노트	축의금 접수	2권		
	축의금 봉투	예비용 봉투	약간		
아치장식 소품 (야외 결혼식)	생화(조화)	꽃 아치 장식용			
	풍선	아치 장식용			
	색종이	입장, 퇴장시			
	꽃 길	입장 꽃길 장식			

신혼여행 준비 체크리스트

여권신청 여권 발급 구비서류 신청서(소정 양식)	주민등록등본(2통)	
	여권 사진 4장(3.5×4.5)	
	주민등록증	
	주민등록초본	
	(30세 미만 남자 필요)	
여행경비	현금, 현지화폐	
	여행자 수표	
	크레디트 카드(세계 공용)	
항공	항공사 국내 본점 연락처	
	여행지 지점 연락처	
	항공권 체크	
여행사	여행사명	
	국내 담당자	
	현지 지점	
	현지 담당자	
호텔	호텔명	
	예약확인	
	연락처	
기타	현지 대사관	
	현지 영사관	
	여행자보험	
	국제 운전면허증	
	유레일패스	

여권분실

만일, 여권을 잃어 버렸다면 곧바로 재외공관 한국대사관이나 총 영사관에 분실신고를 하고 재발급 신청을 해야 한다. 여권 없이는 출국이 불가능하기 때문에 현지에 있는 우리나라의 공관으로 가야 한다.

신청에 필요한 서류

- 여권용 사진(많이 가지고 있는 것이 좋음)
- 여권분실증명서(현지 경찰이 발행한다)
- 여권번호와 발행 연월일

신혼여행 가방 체크리스트

구분	수량	체크	비고
티셔츠			
스웨터			
청바지			
반바지			
속 옷			
양 말			
잠 옷			
운동화 · 샌들			
수영복 · 수경			
모자 · 선글라스			
면도기			
카메라			
필 름			
신분증			
여행지도			
구급약			
피임 도구			
크레디트 카드			
현지 가이드북			
회화용 책자			
국제전화카드			
여권 비자			
생리용품			
기 타			

결혼선물 체크리스트

선물 항목	브랜드	모델명	준 사람	비고

혼인신고 관련 법률

상대방의 얼굴만 보고 있더라도, 밥을 먹지 않더라도 살 수 있을 것 같은 신혼이지만 결혼생활은 현실이다. 이것저것 챙겨야 할 법률적 절차들이 많다. 나중에 후회하는 일이 없도록 하기 위해 챙겨야 할 것들을 알아보도록 하자.

혼인신고에 대한 법률

결혼을 하고 나면 정신없이 바쁘기는 하겠지만 배우자로서의 정당한 권리를 주장하려면, 결혼식 후 적어도 1주일 이내에는 혼인신고를 해야 한다. 혼인신고를 하더라도 호적은 정리가 되겠지만 주민등록은 정리가 안 되기 때문에 주민등록 전・출입신고를 따로 하는 것은 명심해야 한다.혼인신고는 혼인신고서 용지에 필요한 사항을 기록하고, 부부와 성인 2인이 연서하여 남편의 본적지 혹은 현 주소지의 구청에 신고하면 된다. 장남일 경우에는 혼인신고서 3통과 신부의 호적등본(초본) 2통이 필요하며, 차남 이하부터는 혼인신고서 4통과 신부의 호적등본 2통을 준비하면 될 것이다.

전세계약에 관한 법률

♧ 등기부 등본 확인

전셋집 계약 전에 등기부 등본부터 확인하는 것은 필수사항이다. 등기부는 표제부, 갑 구, 을 구로되어 있는데, 갑 구에 가등기,

예고등기, 가처분등기가 되어 있는 집은 조심해야 한다.

♧ 실제 소유자와의 계약

계약을 할 때에는 반드시 실제 소유자와 직접 계약하며, 대리인이 나올 경우에는 인감증명서가 첨부된 위임장을 받아 두어야 한다. 작은 것이지만 소홀히 한다면 큰 낭패를 겪을 수 있다.

♧ 잊으면 안 되는 확정일자

법적으로 보호를 받기 위해서는 확정일자를 받아 두어야 한다. 계약을 한 후에는 임대계약서를 가지고 동사무소에 가서 전입신고를 하면 그 자리에서 받아 올 수 있다.

♧ 전입신고

전입신고는 세대주의 도장, 신고자의 주민등록증, 자동차 등록증, 운전면허증, 의료보험증을 첨부하여 동사무소에서 하는데, 수수료는 없다.

■ 자동차 등록변경

등록변경은 전입신고를 할 때 운전면허증과 자동차등록증을 가지고 가는데, 과태료에 주의한다. 15일 내에 변경 사실을 알리지 않으면 2만원, 3개월 이후에는 3일에 30만원까지의 과태료를 내야 한다. 운전을 하지 않는 경우라도 면허증을 가지고 있다면 등록변경을 해야 한다.

부부가 지켜야 할 10계명

하나

취미를 가져라.

부부가 서로 길이할 수 있는 취미를 가져라.

그리하여 항상 대화하고 서로를 격려하면서 서로에 대한 이해를 넓혀 나가야 한다.

둘

성의 있는 행동을 하라.

작은 일에도 열과 성의로서 임해야 하고

서로 성의 있는 태도로 존중하는 생활에 임해야 한다.

셋

항상 서로를 격려하라.

상대방을 격려하는 것은 힘을 주는 일이니 서로를 격려하고 위로하면 힘든 일이 반으로 줄어든다.

■ 넷

함께 식사하라.

한 집에 사는 부부가 함께 식사하는 것은 당연한 일이다.

최소한 하루 한 끼는 마주 앉아 식사를 하라.

■ 다섯

함께 외출하라.

아무리 바빠도 일주일에 한 번은 부부가 손잡고 함께 외출하라.

동네 한 번 둘러보는 시간을 가져라.

손을 잡으면 마음을 읽을 수 있다.

■ 여섯

서로에게 편지를 하라.

아무리 부부라고 해도 마주 앉아 할 수 없는 일이 있다.

한 달에 한 번은 편지를 써서 일상적인 마음을 전하라.

■ 일곱

함께 여행하라.

일상적으로 움직이는 나들이 외에 일년에 한 번은 가까운 곳으로라도 둘만의 여행을 하라. 서로를 이해하는 시간이 된다.

■ 여덟

여유있는 생각을 하라.

함께 반평생을 살아야 한다. 급할 이유가 없다.

천천히 생각하고 행동하라.

■ 아홉

기념일을 만들어라.

결혼기념일, 생일, 엄마된 날, 아빠가 된 날 등

서로 함께 할 수 있는 기념일을 만들고, 그것을 함께 나누어라.

■ 열

즐겨라.

모든 일을 스스로 즐기면서 화는 버리고, 욕심은 줄이며,

다른 사람과 비교하지 말고 있는 그대로 즐겨라.

기념혼인식

은혼식(銀婚式)

하얗게 빛나는 은(銀) 쟁반에 서로의 얼굴을 비추니 비친 얼굴에 풍상세월 흔적은 남아도 거울 같은 은 쟁반에 마음까지 비친다는 결혼 25주년을 축하하는 행사이다.

금혼식(金婚式)

반백 세월을 같이 하였으니, 서로가 금(金)과 같이 귀한 사람이라.

금관은 못 씌워주더라도 멋진 금가락지 한 개씩은 장만해서 끼워 봄이 어떨까 한다.

금혼식은 결혼 50 주년을 축하하는 행사이다.

회혼식(回婚式)

유교적인 예속(禮俗)으로 해로(偕老)하는 부부의 결혼 예순 돌(60주년)을 기념하는 의식으로, 늙은 부부가 혼례의 복장을 갖추고 혼례의식을 재연하며, 자손들의 헌수(獻壽)를 받고 친족·친지들의 축하를 받는다. 이 같은 풍습이 어느 때부터 시작되었는지는 확실치 않으나, 조선시대에는 회혼례가 성행하였으며, 오늘날에도 행해지고 있다.

과거에는 사람들의 수명이 짧았기 때문에 회혼례는 극히 드문 일로서 사람들의 선모(羨慕)의 대상이 되었다. 관직을 지낸 이에 대해서는 나라에서 식품·옷감 등을 내리기도 하고, 고관을 지낸 이에게는 궤장을 내리기도 했다.

금강혼식(金剛婚式)

날로 자라는 다이아몬드와 같아서 주위의 부러움을 한껏 받고도 고귀함에 고개 숙여지니 존경과 찬사를 받기에 부족함이 없었다.

금강혼식은 다이아몬드혼식이라고도 하며, 결혼 70주년을 축하하는 행사이다. 결혼기념일은 한 쌍의 남녀가 결혼을 한 후 특별히 정해진 주년에 부부가 함께 건재하고 있음을 축하하는 날이다. 기념혼례는 이런 뜻 깊은 날을 기리기 위해 다시 혼례식을 열어 주는 행사로서, 25주년의 은혼식, 50주년의 금혼식, 60주년의 회혼례, 70주년의 금강혼식 등이 있다. 이 날에는 혼례 당사자는 물론이고, 일가친척과 친분 관계가 있는 모든 사람들에게 의미가 깊다. 당사자인 부부는 그 날의 엄숙한 기분을 되살려 앞으로의 생활설계를 다시 세우고 그 동안의 많은 삶을 정리할 수 있으며, 온갖 일들을 함께 헤쳐 나온 서로를 축하하고 감사하는 시간이 될 것이다.

또한 혼례를 했을 때나 살아가면서 도움을 주셨던 분들께 화목한 모습을 보여 주고, 음식을 대접하며 자리를 함께 함으로써 답례를 할 수 있는 계기도 된다. 자손들은 두 분께 다시금 혼례를 올려드리고 축하드림으로써 존경과 감사와 사랑의 표현을 실천하는 효 실천의 의미가 강하다.

특히, 회혼례는 부부가 60년간 해로한 것을 축하하던 통과의례이다. 회혼식은 자손들이 모두 생존해 있는 다복한 부부만이 할 수 있으며, 자손들이 의복을 준비해 노부부에게 혼인의 예를 다시 올리게 하고 축가를 부르며 헌수한다. 옛날에는 수명이 짧았기 때문에 회혼례는 극히 드물었으므로 사람들의 선망이 되었다. 교배 상에는 혼례시의 교배상과 같이 대개 촛불, 푸른 대나무 화병, 사철나무 등이 진설된다.

여기서 대나무와 사철나무는 곧은 정절과 변함없는 항상성의 마음을 상징하고, 밤과 대추는 자손의 번창을 의미하는 것이다. 이 상 앞에서 노부부가 서로 절하는 교배례를 올린다.

이처럼 회혼례는 혼례와 회갑연이 적절하게 조화를 이룬 의례로써 부부가 평생 신혼 때처럼 변함없이 행복하게 살아 갈것과, 또 살아왔음을 축하하고 여생도 백년해로할 것을 염원하던 잔치였다.

Wedding Planner